Psychological Capital and Beyond

心理资本
——激发内在竞争优势
（第二版）

[美] 弗雷德·路桑斯（Fred Luthans）
卡洛琳·约瑟夫-摩根（Carolyn M. Youssef-Morgan） 著
布鲁斯·阿沃利奥（Bruce J. Avolio）

王垒 童佳瑾 高永东 李冠军 译

中国轻工业出版社

图书在版编目(CIP)数据

心理资本：激发内在竞争优势／(美)弗雷德·路桑斯，(美)卡洛琳·约瑟夫-摩根，(美)布鲁斯·阿沃利奥著；王垒等译. —2版. —北京：中国轻工业出版社，2018.9（2025.3重印）

ISBN 978-7-5184-2133-6

Ⅰ. ①心… Ⅱ. ①弗… ②卡… ③布… ④王…
Ⅲ. ①管理心理学 Ⅳ. ①C93-051

中国版本图书馆CIP数据核字 (2018) 第229843号

版权声明

Copyright © Oxford University Press 2015.

Psychological Capital and Beyond was originally published in England in 2015. This translation is published by arrangement with Oxford University Press. Beijing Multi-Million Electronic Graphics And Information CO. LTD is solely responsible for this translation from the original work and Oxford University Press have no liability for any errors, omissions or inaccuracies or ambiguities in such translation or for any losses caused by reliance thereon.

责任编辑：刘　雅　　　责任终审：杜文勇
策划编辑：高小菁　　　责任校对：刘志颖　　　责任监印：吴维斌

出版发行：中国轻工业出版社（北京鲁谷东街5号，邮编：100040）
印　　刷：三河市鑫金马印装有限公司
经　　销：各地新华书店
版　　次：2025年3月第2版第4次印刷
开　　本：710×1000　1/16　印张：22.25
字　　数：271千字
书　　号：ISBN 978-7-5184-2133-6　定价：99.00元
读者热线：010-65181109
发行电话：010-85119832　　010-85119912
网　　址：http://www.chlip.com.cn　　http://www.wqedu.com
电子信箱：1012305542@qq.com
版权所有　侵权必究
如发现图书残缺请拨打读者热线联系调换
250305Y2C204ZYW

《心理资本》（第二版）中译本序

这是一本不可多得、不可不读的书！因为它为你揭示和解释了人的积极本性和心理力量！它们究竟是什么，从哪里来，如何挖掘和评估，如何运用和发挥，如何增强和提升，如何助力人生成长，如何增强个人和组织的竞争优势！

作为本书作者弗雷德·路桑斯（Fred Luthans）教授的老朋友，我和他从积极心理学起源之初就一起探索有关学术研究与企业应用，共同参与积极心理学与企业领导力的论坛。我见证作者先后出版了《心理资本》（*Psychological Capital*）[*]、《心理资本》（第二版）（*Psychological Capital and Beyond*）[**]，我了解作者的整个学术思想、研究及其企业与社会推广的来龙去脉，因此对上述观点坚信不疑。

如果说，该书第一版的中译本问世正逢 2008 年袭来的全球金融风暴，恰好慰藉人们怅惘的心灵并激发人们浴火重生的信念，那第二版中译本则正值

---

[*]《心理资本》中文版在 2008 年由中国轻工业出版社出版。

[**] *Psychological Capital and Beyond* (2015) 是在 *Psychological Capital* (2007) 初次出版后八年问世的，前者继承了后者的框架结构和主体内容，并在此基础上有了相当大的超越，因而原著使用了超越（beyond）一词，但是为了让中国读者更容易了解到两书的内在关联，我们将前者视为《心理资本》的第二版，并将后者视为第一版。

全球化遭遇极其复杂的变幻格局和挑战，而此时中国社会正风风火火地走上新的发展历程，面对新的契机与考验，无论是个人还是各类组织，整个社会都在寻求新的心智定向和提升，为此本书也恰可以提供有效的助推，响应时代的主旋律，为激昂的奋斗大军壮行。

可以说，我们的时代，我们的社会需要这样的书籍来参考，为我们在艰辛而快乐中的不懈坚持提供一种特殊的精神营养。我们的确很需要这种营养。

当今社会需要梦想。每个人都有梦想。每个人都可以有梦想。每个人都有权利去追求自己的梦想。但，追求梦想的事业从来都不容易，人们可能会面对种种坎坷，在困难重重中挣扎，有时会不知道追求梦想的路在何方，以至于会饥渴地迷失在路上，或者在遥遥望不见目标的时候彷徨。这时，心理资本这种精神营养，不能缺席。在学业上，在职场上；在子女教育时，在家庭维系中；在商战中，在领导、驾驭各类组织时；在与各种艰难困苦的对抗中；心理资本都是人们急需的精神营养。因为有它，人生的路上不再困窘，即使颠簸也可变现无尽风光。

心理资本之所以成为人生旅途的精神营养，是因为路桑斯教授等学者认为它有四个核心的要素。

其一，效能，简化于"自我效能"。这是说，人们在需要时相信自己有能力采取有效的行动并达成所期望的结果。富有自我效能感，能给人提供自信，使人采取和付诸必要的努力去成功实现挑战性的任务，达成自己的理想。自我效能是一种精神动力。就好比在大海里航行，要相信自己能驾驭风浪。没有自我效能，即使本可以做到的，也可能得不到；很多时候人们在生活和工作中与自己的期望失之交臂，是因为不相信自己能行，结果理想化成空想。所以，正如著名心理学家班杜拉所说的，要相信自己；那样就会最大限度地接近理想。

其二，乐观。乐观是对现实和将来的成功做积极的归因。例如，把成功归结于一贯的、个人内在的因素；相信成功总是会到来的，只是时间问题。

这种心态是一种精神策略，能帮助人们调剂自己的心情，把失败和成功同样看作是人生常态，既乐于拥抱成功，也从容而有尊严地接受失败。就好比在大海里航行，乐观的人把风平浪静和波涛汹涌同等看待，二者都是航行中不可或缺的阅历。这样的心态能使人坦然接受现实，享受人生中的各种苦乐时光。

其三，希望。希望是指人们始终坚持既定目标，必要时重新确定迈向目标的路径以便获得成功。希望就如心灵中永不干涸的甘泉，滋养着人生。满怀希望的人因此绝不会放弃，不会轻易言败，相信未来有美好的果实在等待。这也印证新东方教育集团创始人俞敏洪先生一本书的格言式书名：《在绝望中寻找希望》。这也好比在大海里航行，相信彼岸就在前方。

其四，坚韧。坚韧也称韧性，是指当遭遇逆境或困难，能坚持不懈，迅速恢复活力甚至超越以往，获取成功。坚韧是一种精神胜利的法宝。这就好比是"泰山压顶不弯腰"；也可比作不屈的弹簧，压力之后总能恢复原状。它是一种执着，催人不断迈向理想。就好比在大海里航行，无论风吹浪打，总能回到正确的航向。

更重要的是，心理资本不只是这四种心理要素的简单相加，它是一种整体的心理建构，能产生超出各成分的简单之和的额外效应。这是一种超越。所以，心理资本是一种综合的、整体的心理力量。

已经有大量的研究和实践证明，积极心理资本有助于提升积极的工作态度、行为和绩效，与员工创造力、解决问题的能力和创新密切相关，与学业、职场成功和心理健康有关。心理资本甚至对解决工作-家庭冲突、提升服务质量、客户满意度和企业收入也有积极的作用。所以，大家阅读和研习本书，会对个人的工作、生活有多方面的裨益。

值得庆幸的是，作者路桑斯特别强调，心理资本是一种动态的、可以后天培养的积极心理力量。这是广大读者的福音！无论你过去是怎样度过，现在是怎样的人，只要悉心修炼、打造自己的积极心理资本，都能在未来更好地实践自己的梦想。

每个人都希望有一种不一样的人生，每个人都希望活得精彩。不妨让心理资本给你提供帮助，它既有扎实的科学研究成果作后盾，也有大量的组织和个人实践作基础，不会让你失望！有了强大的心理资本，你会有一个更充实、健康、高效、成功和幸福的人生。

路桑斯教授是世界著名的管理学家和管理心理学家，因其在所有管理类顶级学术期刊发表论文数之多，入选美国管理科学名人堂。然而，作为一位著名的管理学和管理心理学大师级的人物，路桑斯教授却是为人极其谦和、乐于助人的学者。他尤其乐于将其学说、理论运用于发展中国家，对于提升发展中国家的学术研究和实践应用水平始终充满热情，这可以从他的研究遍布亚洲、非洲、拉丁美洲诸多发展中国家得到印证。

尤其值得一提的是，路桑斯教授对中国十分友好，曾帮助、支持、培养了不少中国学者。他对于在中国推广、应用积极心理学和积极心理资本付诸了巨大努力。我就认识许多国内的学者曾拜师于他的门下，或得到他各种形式的指点与帮助。

我本人于世纪之交开始用路桑斯教授的教科书《组织行为学》作为我在北京大学本科生、研究生有关课程的教学参考，自此交道甚多。2001年我去美国做在中国推广积极心理学的演讲，当时路桑斯教授作为盖洛普公司的高级科学家也在席间。后来我们与盖洛普公司的董事会主席唐纳德·克里夫顿博士（Donald Clifton，著名心理学家、被美国心理学会誉为积极心理学之祖）及其他高管层一起就在中国开展积极心理学的研究与实践进行了深度沟通和研讨，并于2002年在北京大学成立了当时国内第一个积极心理学研究中心（Gallup-Peking University Positive Psychology Center, GPPP），由我出任主任，这与路桑斯教授的大力推荐不无关系。此前盖洛普公司曾在美国五所大学资助成立了积极心理学研究中心，著名学者马丁·塞利格曼（Martin Seligman）就是其中的受益人之一。那时路桑斯教授还没有提出"积极心理资本"的概念。此后我多次请路桑斯教授在北京大学讲学，也关注他的研究进展。他每次有新作问世，都会第一时间发给我分享。他的《心理资本》更新的第二版问世后，他亲自带给我英文版新书，并当面沟通，由我来翻译他这部作品的新版，我感到十分荣幸。

随后我组织了一个团队一起翻译这本书，其中既有学者，也有企业家和经理人。他们都曾和我一起研究、实践积极心理资本，熟悉有关核心理念，感谢他们的积极参与，其中有北京大学助理教授童佳瑾博士（翻译第7—10章）、经理人高永东博士（翻译第2章）、企业家李冠军（翻译第3—6章）。全书由我最后校对统稿。

感谢"万千心理"总策划石铁先生，当我和他提起翻译、出版该书，他欣然支持，并立即着手办理有关版权事宜。也感谢"万千心理"的刘雅等各位编辑，他们付诸了大量努力，协助本书顺利付梓。

为了配合本书的使用，我们借鉴美国英文版本的做法，为读者推荐了"积极心理资本"的在线测评。读者可扫描本书附上的二维码参与测评，具体请参考附带卡片上的相关说明。读者可以据此了解自己的"心理资本"，并对照本书的内容进行修炼，提升自己的心理资本。

祝愿心理资本的修习助力每一位读者实现人生梦想！

王垒

2018年9月

于北京大学

前　言

第一版《心理资本》的主要目的，是把当时新兴的积极心理学的观点、理论、研究和应用引入到职场。我们最先全面地定义了心理资本（psychological capital, PsyCap），并提供了理论和研究基础，有效的自陈式测量方法，以及能让个人、团队、组织获得竞争优势的应用建议。我们构建的心理资本，引起了巨大的反响。在学术领域，大量的论文发表在涵盖广泛的管理学和心理学期刊上；在实践领域，人们对于将心理资本应用在领导和员工开发以改善其绩效的兴趣呈爆炸式增长。不夸张地说，全球有数以千计的研究和应用项目，在探究心理资本及其对改善个体、群体、组织效力的帮助。

本书的第一版在2007年问世时，大约正值全球市场开始经历过去100年里最重大的经济衰退和地缘政治动荡不断升温的时期。它导致失业率急剧增加，工作没有保障，巨无霸型不倒翁组织纷纷倒闭，历经百年沧桑的银行、保险公司、汽车制造组织相继垮台，房地产和金融市场的泡沫破灭。人力资源也见证了各种创伤，例如福利下降，在长期失业中体验疏离感和无助感，以及全球所有地域里的中产阶级出现不同程度的缩水。

这一"大萧条"以及随之而来的洪水般的负面信息，导致许多组织领导和员工失去希望和信心，他们对自己能否保持原有职位上的竞争力变得非常悲观，并质疑自己的组织在这个动荡的全球环境中的可持续竞争力。而当似乎有迹象表明经济前景开始好转时，失业问题依然存在，人们对政治或组织领导的控诉依然不断，另一届政府则因债务问题岌岌可危。

我们意识到，在如此阴沉、悲观的背景下，开始写这本关于积极引导的重要性的著作，似乎是异端。但是，通过描绘这个消极的画像，我们可以与你达成最佳的一致：似乎是时候要回到积极心理学和积极组织行为学（positive organizational behavior, POB）的基本前提了。在这个时候，我们迫切地感到要更新和超越原书，加强研究和实践的内容，探索更为主动和循证的方法来理解：驱动并维持个体、群体和组织层面的积极性所必需的一般性资本及特殊心理资本是什么。

这个世界固然有许多消极的障碍要跨越，但我们还是意识到，我们正在进入以技术和医学进步为标志的最令人瞩目和最有活力的人类历史时期，整个社会振奋起来，包括整个非洲，这个在全球化发展进程中经常被忽视的大陆。不妨考虑一下，十亿人通过一家称为脸书（Facebook）的公司联结在一起的潜在积极力量，这家公司最近又收购了另一家社交媒体公司瓦次普（Whatsapp），它有近五亿用户，且目前正以每天一百万用户的速度增长。技术突破似乎正在以迅猛的速度横扫各个领域，从人类基因组学和干细胞研究，到电动汽车和3D打印机*。领导、政府、组织、社区和个体将如何使用这些正被创造出来的令人惊奇的工具，借以解决近几百年来最棘手的一些问题，例如营养不良、无家可归以及那些在第一世界国家早已消失的疾病。

当前的全球环境，固然存在着大量令人感到焦虑和悲观，或令人充满希望和乐观的理由。不过，经过了十年有关心理资本的研究和实践，现在我们对如何最好地推展心理资本十分自信，至少在促进人类潜力和积极心态方面是如此。我们不去琢磨那些我们无法控制的，那些我们无法保持兴趣的，那些对今天的员工、管理者、组织而言是错误的以及有关如何"修复"它们的

---

* 3D 是英文 three dimensions（三维）的简称。3D 打印机即三维打印机。——译者注

内容，我们需要回到积极心理学和积极组织行为学的前提。我们需要采取积极的态度和方法。我们需要进一步探究（而不是倡导）从而理解背后的驱动因素，并继续了解如何优化、完善个体的希望（hope）、效能（efficacy）、韧性（resilience）和乐观（optimism），也就是多年来我们称之为"内在的英雄（HERO within）"的东西。

与许多流行的积极性文献不同，心理资本采取了"严谨"和"相关"的方法来理解积极的心理资源及其运用，如何能超越传统形式的资本（如经济、人力和社会资本），产生杠杆作用来获得和维系竞争优势（Luthans, 2002a, 2002b; Luthans & Avolio, 2003; Luthans, Luthans, & Luthans, 2004; Luthans & Youssef, 2004）。"严谨"是指基于实证支持来评估和发展积极心理资本；"相关"是指促进其适用性，以加强个人和集体在生活各方面特别是在工作中的生活条件。

积极心理学领域的学者们坚持理论建设与研究，例如 Ed Diener 有关快乐和主观幸福感的工作，巴布·弗雷德里克森（Barb Fredrickson）和她的"拓展与建构模型"，都为我们最初创造并命名"积极组织行为学"，以及之后更具体地提出"心理资本"，提供了必要的背景和基础。我们专门用来将心理资源纳入心理资本的科学标准是：（1）基于理论和研究，（2）有效的测量方法，（3）是状态类的（相对于禀赋或特质），因此是可改变和可开发的，以及（4）对所期望的态度、行为，特别是绩效有积极影响。众所周知的心理资源是来自于积极心理学的希望、效能、韧性和乐观（其英文首字母缩写刚好是 HERO; Luthans, 2012），它们最符合这些标准，尽管我们建议其他符合这些标准的成分也可以补充到心理资本的结构集合中来，例如感恩（gratitude）、心智觉知（mindfulness）或勇气（courage）（见第 7 章和第 8 章）。

在第一版和本书中，我们专门奉献给大家一个单独的章节，总结和整合了迄今为止满足心理资本成分四个标准的有关文献和研究。我们也评估其他心理结构是否满足我们科学严谨的入选标准。在本书的最后，第 9 章是关于心理资本的测量、开发和投资回报；第 10 章是关于心理资本的未来发展方向。最重要的是，本书的第一版为那些想在职场学习、研究和应用有循证基础的积极性的人们提供了一个蓝图和科学模型，这不同于泛滥的通俗读物——它们缺乏科学严谨性，因而缺乏可持续性和有效的循证实践。本书的目的是要产生持续性的影响。这意味着对心理资本采取以理论和研究为基础的方法，而且还要抱以一种不断质询考问而不是鼓吹的观点。虽然有明显的继承，但我们对本书的看法以及在本书的写作中，都没有将它单纯地视为只是一个典型的更新版本，因为正如你会看到的，它真的远远超越了几年前的初版，富有新的研究、观点、深刻见解和有关广泛应用的建议。

本书有什么新内容

自 2007 年本书第一版出版以来，针对一般的以及特别是心理资本里的积极性结构的理论、研究和实践，已呈指数级增长。来自各个行业和全球不同文化背景的大量证据表明，心理资本可以被有效地测量，是一个更高阶的核心心理构念。这意味着心理资本比其四个单独组成部分能更好地预测所期待的结果（见 Luthans、Avolio 和 Avey 等人在 2007 年做的基础研究；Avey、Reichard 和 Luthans 等人在 2011 年对 51 项使用和验证心理资本作为核心构念的研究做的元分析；以及 Newman、Ucbasaran 和 Zhu 等人在 2014 年的综合文献综述中所确定的 66 篇有关心理资本的文章）。此外，实证研究表明，心理资本超越了人口统计学因素和其他已有的积极特质，如自我评估、人格、个人-组织匹配和个人-工作匹配，能更好地预测良好的行为，而与不良行为呈负相关（Luthans & Youssef, 2010；另见 Choi 和 Lee 在 2014 年做的研究，他们控制了大五人格特质的作用）。通过实验（Luthans & Avey, 2014；Luthans, Avey, Avolio, & Peterson, 2010; Luthans, Avey, & Patera, 2008）和纵向研究（Peterson, Luthans, Avolio, Walumbwa & Zhang, 2011），心理资本被实证证明是可以培养的，并能提升业绩。

以循证为基础的心理资本得到了来自美国乃至全球的研究支持，其中包括来自中国（Luthans, Avey, Clapp-Smith, & Li, 2008; Wang, Sui, Luthans, Wang & Wu, 2014; Wang, Liu, Wang, & Wang, 2014），韩国（Choi & Lee, 2014），澳大利亚（Avey, Nimnicht, & Pigeon, 2010），新西兰（Roche, Haar, & Luthans, 2014），罗马尼亚（Karatepe & Karadas, 2014），南非（Cascio & Luthans, 2014; Reichard, Dollwet, & Louw-Potgieter, 2014），越南（Nguyen & Nguyen, 2012），巴基斯坦（Abbas, Raja, Darr, & Bouckenooghe, 2014），葡萄牙（Rego, Marques, Leal, Sousa, & Pina e Cunha, 2010），埃及和中东（Badran & Youssef, 2014; Youssef, 2011）。另外，无论从概念还是实证角度，都表明心理资本在发展整体心智（Clapp-Smith, Luthans, & Avolio, 2007; Story, Barbuto, Luthans, & Bovaird, 2014）以及积极的全球领导力方面（Youssef & Luthans, 2012）发挥着重要作用。

Avey 和 Reichard 等人（2011）的元分析定量地汇聚了先前的心理资本研究，发现心理资本确实与所期望的员工态度、行为和绩效密切相关。Newman 等人（2014）的综述指出，心理资本也与员工创造力（Huang & Luthans, 2014; Rego, Sousa, Marques, & Pina e Cunha, 2012; Sweetman, Luthans, Avey, & Luthans, 2011）、解决问题与创新（Luthans, Youssef, & Rawski, 2011）、求职（Chen & Lim, 2012）以及健康（Avey, Luthans, Smith, & Palmer, 2010; Baron, Franklin, & Hmieleski, 2013; Culbertson, Fullagar, & Mills, 2010; Luthans, Youssef, Sweetman, & Harms, 2013; Roche et al., 2014）有关。更近期的研究还发现，心理资本对工作－家庭冲突（Karatepe & Karadas, 2014; Wang, Liu et al., 2014）以及群体层面的服务质量、客户满意度和单位收入（Mathe-Soulek, Scott-Halsell, Kim & Krawczyk, 2014）有积极的作用。

对于研究和促进一般的以及特别是心理资本里的积极性的兴趣和热情，

也扩大到包括全球数十家公司、大学和研究中心的范围。本书第一版的中文和韩文译本都成了畅销书。从实践领域来看，无数的管理者和组织顾问发现，基于循证的心理资本是当前人力资源开发和绩效管理模式的高质量替代品或补充品。许多人正在将心理资本干预措施纳入其咨询和领导实践的组成部分。除了美国，中国（多次）、韩国、印度尼西亚、马来西亚、澳大利亚、英国、西班牙、挪威、芬兰、德国、意大利、法国和南非也举办了关于心理资本的会议和讲习班，在不久的将来会更多。

此外，对心理资本的兴趣已经超越了组织领域。例如，美国陆军的综合性士兵健康训练、美国空军的综合性飞行员健康训练和美国国家航空航天局的项目都直接或间接地使用了心理资本。儿童宣传中心、心理健康计划、公立学校的动物救援中心和医疗机构（特别是针对员工的）都实施了基于心理资本的活动。更多的工作正在警方服务以及多种职业领域中的公共和志愿工作者中展开，在全球范围内，在本科和研究生的商业与组织心理学课程里，有关心理资本的讨论无所不在。

考虑到对一般的以及特别是心理资本里的积极性的兴趣、研究和实践与日俱增，本书的具体目标如下。

- 展示现在所积累的大量证据，支持把心理资本作为积极组织行为学和心理学领域的核心、关键构念之一。
- 在一个急剧变异、后经济衰退的环境中，消极态度、裁员和削减培训预算已成为常态，而积极性和心理资本对选拔、培养和管理人才至关重要。
- 如前所述，将心理资本的范围扩大到其他国家和组织文化。
- 提供更有针对性和更新的有关积极性和心理资本的文献综述，特别是"内在的英雄"的四个成分：希望、效能、韧性和乐观。我们也会更新其他我们最初认为可以包括进来的心理资源，以及其他最近在积极性文献中出现或受到额外重视的内容。
- 提供多种有效、可靠的心理资本测量方法；提供多种近期被证明有效的新型干预方法；提供更全面的模型，用于评估职场中的积极性、心理资本及其开发的经济效益和投资回报。
- 对于积极性在职场上的应用，本书整合了有趣新鲜的真实案例研究和现实样本，以满足不断增长的对心理资本有兴趣的学者–从业者、从业者–学者以及各类学生的需要。
- 为研究人员提供了广泛的思路，未来的研究可以考察心理资本的前因和结果，心理资本影响绩效和其他结果的机制，以及如何在团队、单位、组织、社区和国家层面提升心理资本的分析和应用。
- 将心理资本与其他无形的组织资源如团队工作、氛围、文化和领导力联系起来。
- 提供经验教训，以及利用心理资本增强个人、团队、单位、组织、社区和国家福祉的方法。

换句话说，本书的广度和深度反映了正在日益拓展的有关积极性和心理资本的研究与实践工作。这一趋势反映了当前环境的新现实，代表着我们是探究而不是宣传导向，因为我们将继续在永无止境的心理资本探究旅程中不断取得新进展，这也是新版较之旧版所超越的地方。

目 录

第 1 章 导言：心理资本的意义与必要性 // 1
 采取不同方法的必要性 // 3
 积极取向的必要性 // 7
 积极与消极：并非同一维度的两极 // 9
 积极心理学的贡献 // 11
 积极组织学术研究的贡献 // 13
 参考文献 // 14

第 2 章 积极组织行为学（心理资本框架） // 21
 积极性标准 // 22
 基于理论和研究的标准 // 24
 有效测量标准 // 25
 状态类和可开发标准 // 26
 绩效影响标准 // 30

满足标准的积极心理资源 // 31

心理资本作为一种高阶核心构念 // 33

心理资本和真实领导力 // 37

心理资本分析水平在美国和国际上的延展 // 38

结语 // 40

参考文献 // 41

第3章 心理资本效能（信心） // 51

关于效能的个人反思练习 // 54

关于效能的五个关键发现 // 55

什么是心理资本范畴下的效能 // 57

支持性的认知过程 // 58

影响效能的其他因素 // 60

效能与工作绩效 // 62

提升组织管理者和员工的信心和效能 // 64

通过熟练掌握和成功来提升效能 // 64

通过替代学习和模仿提升效能 // 66

通过社会说服或积极反馈来提升效能 // 68

身心唤醒与健康 // 69

充满信心的群体或组织：集体效能 // 70

集体效能的真实案例 // 72

个人效能的潜在陷阱 // 74

对未来个人效能研究和实践的展望 // 77

参考文献 // 80

第4章 心理资本希望（意志与路径） // 89

关于希望的个人反思练习 // 91

一个关于希望的故事 // 92

什么是心理资本范畴下的希望 // 93

希望与绩效的关系 // 95

当今管理者和员工希望值的开发 // 96

高希望值的领导或管理者 // 105

高希望值的员工 // 107

高希望值的组织：培养高希望值和高绩效的组织文化 // 108

希望的潜在陷阱 // 112

对希望研究和实践的未来展望 // 115

参考文献 // 117

第5章 心理资本乐观（现实与灵活） // 127

关于乐观的个人反思练习 // 128

乐观是整体的积极预期 // 131

心理资本乐观是一种解释或归因风格 // 132

过度乐观的价值 // 135

乐观的现实与灵活 // 137

我们需要员工具备乐观吗 // 139

具备乐观的组织领导 // 142

发展今天员工的乐观 // 144

乐观的组织 // 146

乐观的潜在陷阱 // 149

乐观研究和实践的未来启示和方向 // 150

参考文献 // 152

第6章 心理资本韧性 // 157

关于韧性的个人反思练习 // 159

一个韧性故事 // 161

心理资本韧性的意义 // 163

韧性资产 // 163

韧性风险因素 // 164

价值观对韧性的作用 // 166

行动中的韧性因素 // 167

工作环境中的韧性：对绩效的影响 // 169

在今天的员工中发展韧性 // 171

具备韧性的领导和员工 // 174

职业韧性 // 175

领导力的影响 // 176

韧性组织：创造复原和超越的环境 // 177

韧性的潜在陷阱 // 182

韧性研究和实践的未来启示和方向 // 184

参考文献 // 188

第 7 章 | 潜在的心理资本：创造力、福流、心智觉知、感恩和宽恕 // 197
创造力作为潜在的心理资本 // 200
福流作为潜在的心理资本 // 204
心智觉知作为潜在的心理资本 // 209
感恩和宽恕作为潜在的心理资本 // 213
参考文献 // 220

第 8 章 | 潜在的心理资本：情绪智力、精神性、真实性和勇气 // 229
情绪智力作为潜在的心理资本 // 230
精神性作为潜在的心理资本 // 234
真实性作为潜在的心理资本 // 240
勇气作为潜在的心理资本 // 247
有关研究和实践的未来意义和方向 // 252
参考文献 // 253

第 9 章 | 心理资本的测量和开发：评估投资回报率 // 263
心理资本测量的特点 // 267
在工作中测量心理资本 // 272
心理资本测量与工作相关结果的实证关系 // 274
开发工作中的心理资本 // 276
评估心理资本投资的回报率 // 278
可能的局限性和缺陷 // 288
参考文献 // 294

第 10 章	心理资本的旅程：现在和进入未来　// 303

提出的概念模型　// 304

心理资本概念模型的支持证据与不足之处　// 311

心理资本的中介因素和调节因素　// 318

心理资本的跨水平分析　// 321

心理资本研究和实践的将来意义和方向　// 324

参考文献　// 325

PSYCHOLOGICAL CAPITAL AND BEYOND

第1章

导言：心理资本的意义与必要性

那些在前景黯淡时敢于挑战传统观念以及能"绝境逢生"并茁壮成长的个体、团队、单位、组织、社区甚至国家，有哪些共同之处？那些曾经被摧毁的国家（如日本），正在崛起的经济体（如印度尼西亚），在艰苦中挣扎的社区（如密歇根州的卡拉马祖），以及有远大抱负的企业家（如Facebook的马克·扎克伯格）是如何实现其独特的竞争优势的？毫无疑问，要满足和超越当今超级竞争环境的要求，愈发艰难，需要有相当的才能、动机和毅力。

本书的主要意图是提供指导，帮助找到可靠、循证的答案，以使通过人力获得竞争优势。我们呼吁大家来投资和开发我们十年前就已完好界定的"心理资本"。我们把心理资本（psychological capital, PsyCap）定义为：个体具有的一种积极的心理发展状态，有如下特征：（1）有信心（效能，efficacy）以采取和诉诸必要的努力在挑战性任务中获得成功；（2）对于现在和未来的成功采取积极的归因（乐观，optimism）；（3）坚定目标，必要时调整迈向目标的路径（希望，hope）；（4）当陷于困难和逆境时，坚持不懈，恢复甚至超越常态（韧性，resilience）以获得成功。

上述心理资本的综合性定义受到广泛认可，正如该定义所示，以及迄今为止超过十年的大量研究所支持的（Avey, Reichard, Luthans, & Mhatre, 2011; Dawkins, Martin, Scott, & Sanderson, 2013），心理资本在研究文献里被称为高阶的积极心理构念，由四个一阶的构念组成：希望、效能、韧性和乐观，四个词的英文单词首字母放在一起就是HERO（Luthans, 2012）。这可以类比于，高阶的智力构念是由低阶成分（如语言、量化、推理、逻辑等）组成的。

我们使用"内在的英雄（HERO within）"来概括和提示构成心理资本的

四个核心成分（Luthans，2012）。我们认为，这种心理资本可以扩增其他有形资本（如经济、财务）和无形资本（如人力、社交），使我们更好地了解如何最大限度地创造可持续性的、基于人力的竞争优势。我们主张，心理资本有助于克服今天和未来最具压力的挑战，同时也推动个人、团队、组织充分利用由此产生的机会。正如你将学到的，心理资本是可开发培养的，具有切实的绩效影响力，使其与个人、团队、单位、组织、社区、国家的可循证和可管理的资源密切关联。

采取不同方法的必要性

已经证明，仅仅是简单地聚集和堆积曾经被认为对组织成功很重要的传统资源，对维系可持续性竞争优势是无效的。举例来说，这些传统资源包括经济和金融资本、先进的技术、拥有的信息，或者那种如今被精巧地包装，但其实定义十分模糊且无法一致性操作的"结构资本"或"智力资本"（见Youssef-Morgan 等人目前尚未发表的综述和批判性分析）。基于资源的观点（resource-based view, RBV; Barney, 1991）被广泛认可，它把竞争优势归结于拥有有价值的、稀缺的、无法效仿的、不可替代的资源。然而，这些竞争资源策略依赖于日益高涨的准入门槛以便遥遥领先竞争对手。

在如今的动态、复杂市场中，这种传统方法已不足以创造可持续的独特优势来源（Kraaijenbrink, Spender, & Groen, 2010）。渐渐地，来自各个不同领域的组织实践者们，包括从健康到金融，零售到制造，到非政府组织，都认识到积极性是一种强有力的因素，能增强人和组织的绩效。过去人们只关注拥有更多的传统资源，而今取而代之的是，关注动态能力，这些能力主要是以人力资源为基础的，能够使组织以不断发展为基础来重构、整合、平衡它们的各种资源，从而在迅速变化的环境中保持竞争力。因此，在响应环境变化时，以独特和与众不同的方式创造、获得、开发、重构资源的活力，可能是获得可持续性竞争优势的最佳要素（Barreto, 2010; Helfat & Peteraf, 2003; Teece, 2011）。我们现在已知的是，相对于一个以积极性和高心理资本为特征的环境，在一个以厌世和消极性为特征的环境中实现动态资源的转换是非常耗时的。重要的是，这种缓慢的转换，会给组织的"有形"资产带来相当大的影响。例如，许多组织的大量变革努力都失败了，而我们越来越多地了解到，这些失败大部分都可以直接归因于员工们在尝试这些变化之前或之中感到消极或不确定。

基于资源的观点已对人力资源管理业产生重大影响（例如，"人才战争"的观点在过去几年势头大增就是个很好的例证；见 Pfeffer, 2001）。由于这种影响，很多组织似乎已经很熟练于挖走竞争对手的最佳员工，或是以自损的方式增加内部员工的不满，从而迫使他们另谋高就。对于潜在员工通常要探寻他们的人力资本，也就是"他们知道什么"，这包括他们外显和内隐的知识、技能、才干，往往可以依据他们的学历和经历来客观地衡量。潜在员工还可能因为具有社会资本而被吸纳，即"他们认识谁"，他们的关系，他们的个人和职业网络的密度以及他们在这些网络中的战略位置（目前是通过社会网络关系分析技术来测量的；Wasserman & Faust, 1994），以及他们能带来的关系联结（Adler & Kwon, 2002; Coleman, 1988; Hitt & Ireland, 2002; Luthans & Youssef, 2004; Youssef-Morgan et al.; 2014）。聘用后，会通过培训和开发对新的组织成员进行"投资"，目的在于丰富他们的人力资本和社会资本。

我们认为这种广泛推行的方法有两个潜在的问题。其一，雇用和开发人力或社会资本并不能保证这些形式的"资本"能够在实际中被明智地投资或转化，从而产生所期望的回报。甚至早期培育人力资本的工作清晰地表明，员工自己并不是组织所拥有的"资本"。他们是"资本所有者"或"投资者"，具有思想和行动的自由意志。因此他们可以基于风险、回报和机会成本选择将自己的多少资本投资于工作（Becker, 1964; Davenport, 1999; Schultz, 1961）。

例如，一位制造业的员工告诉我们，在他现任的工厂主管就任之前，他通常是，到单位后把脑壳往墙上一挂（打个比方），进到里面然后开始漫不经心地工作，几乎不用"内在的英雄"（我们所说的心理资本），等到晚上再带上他的脑壳回家！

虽然聘用正确的人并开发他们的人力资本和社会资本是相当重要的，但这些组织的投入只能通过员工自己以及在领导的帮助下才能转化为"投资"，员工和领导都是控制这一"资本"的重要动因。这就是为什么无形"资本"的文献经常被严厉批评为是循环论证，其定义冗赘反复，其主张其实是马后炮，违背了事前预测效度（Bechtel, 2007; Dean & Kresschmer, 2007）。

其二，一个员工今天具有的人力和社会资本，在明天未必仍有价值。知识发展和获取的速度在许多领域都大大加快，以致个体今天所拥有的知识不到五年就作废了。组织对人力资本和社会资本的需求是一个移动的靶子，它要求不断地调适，有些情况下意味着几乎每天都要被组织和员工调整，以便能站稳脚跟和保持竞争力。我们需要员工能提供必要的"动态能力"，不能也不应该仅仅依赖于"他们知道什么"（人力资本）或"他们认识谁"（社会资本）。这正是心理资本进入（而不是替代）有可持续性竞争优势的"资本公式"的原因。

心理资本虽然与人力和社会资本相联系，但却超越其上。特别地，心理资本和现在"你是谁"相联系，从发展的视角来看，又和明天"你能成为谁"相联系（Avolio & Luthans, 2006; Luthans, Luthans, & Luthans, 2004; Luthans & Youssef, 2004）。心理资本的确影响也因此包括知识、技能、技术才干、学历和经验，因为这些内容也属于"你是谁"。与社会资本的关系也是如此。心理资本影响也因此包括群体水平的元结构，例如社会支持和关系网络，它们也是"你是谁"的一部分，尤其在今天这个充满心理压力的时代（Sarason, Sarason, Shearin, & Pierce, 1987）。例如，一位年轻的首席执行官（chief executive officer, CEO）刚刚带领他的公司经历了首次公开募股（initial public offering, IPO）。他对工商管理硕士的学生讲述了让劳动力保持积极心态的重要性。要知道，许多员工一夜暴富，而后来的人，没有赶上一周前的股票期权计划，没有看到任何净财富的爆发式增长。在劳动力经历了如此的IPO之前、之中、之后的过程后，个体如何能维持高水平的"HERO"，以保持公司的增长和发展？我们建议，关键的资源在于领导自身，他们理解个体内在心理资本的能量，知道如何在他人身上最佳地维系和利用，而且还历尽组织发展与变化的顺境与逆境。

在本书中，我们始终强调心理资本"超越"于其他更广为之人知的资本，这些积极心理资源在人力资本和社会资本中通常被忽视，尤其是心理资本的发展维度，即"你和他人将要成为什么人"。也就是说，心理资本主张从现实的自我（人力、社会和心理资本）向可能的自我，或从组织意义上说，向集体的自我运动（发展）（Avolio & Luthans, 2006）。

我们并不是要为组织行为学的研究者和人力资源管理实践者介绍另一套"胜任力"或"最佳实践"方法供其使用，无论是单一的还是组合的模式。取而代之的是，我们提出，心理资本提供了一个更为完整、高阶的概念框架，以便那些今天和明天即将诞生的组织能更好地理解和积累人的积极心理资源（Avolio & Luthans, 2006; Luthans et al., 2004; Luthans & Youssef, 2004; Luthans, Youssef, & Avolio, 2007）。我们相信，协同地整合人力、社会和心理资本是实现人类潜能的核心（即成就"最佳的自我"，这不直接等同于积极心理学里常用的干预练习）。例如，在面对困难和逆境时构建和维持韧性所必需的许多资产，实际上是人力资本（知识、技能、才干、教育和经历）的整合成分。具有支持性并贡献于个体韧性的资产还包括社会资本的关键要素（例如，关系和社会网络）。同样的，培养效能的核心要素是提供有效能的角色榜样和具有社会说服力的积极反馈来源（也就是社会资本）。然而，当考虑到它们的动态交互作用时，我们认为，心理资本具有更强大的预期影响作用，超越于单独的人力资本或社会资本，而这所有三种"资本"的整合则大于它们的简单相加，正如我们在"心理资本作为一种高阶核心构念"一节中所阐释的。

积极取向的必要性

数十年以来，从基础行为科学领域到组织行为学与人力资源管理领域，例如心理学和社会学，无数研究聚焦于消极取向的观点和问题，却很少能够提供对人的优势、茁壮成长和最佳机能的认识。不幸的是，虽然在理论和实践中已经不再那么突显了，对消极性的侧重仍然贯穿在组织行为学和人力资源管理领域。积极心理学家弗雷德里克森（Fredrickson, 2001, 2009）的拓展与建构模型可用于解释：为什么这种"缺陷导向"的消极方法，导致了有关如何运用人力资源和组织领导来获得可持续性竞争优势的不完备认识。弗雷德里克森的研究明确地指出，积极性可以产生广泛的思想－行动方法库，建构物质、社会和心理的资源。这使个体和组织对于动态地探索新可能性更加开放。

另一方面，消极性使个人和组织置身于采取"或战或逃"模式的危险中，这时，稀缺的时间、能量、资源仅仅被用于寻找非常狭隘的若干可靠的生存机制。消极的方法还聚焦于将失误最小化，即人力资源、领导、组织发展的赤字削减模型，这显然是有很多局限性的，你最多只能将问题削减为零，然而积极成长的向上发展，从本质上来讲却是无限的。因为风险太大、太温和、太耗时间，顾虑眼下情景的各种质疑，从而规避了更多具有更大潜在回报的积极方法。结果，虽然迫在眉睫的威胁会被短暂地缓解，但个体和组织却被置于关键资源的消耗之中，这只能通过后续的积极性以及拓展与构建个体和集体的人力资源来补充。

回溯心理学的历史可更好地说明这一点。在第二次世界大战以前，心理学家肩负三个不同方向的使命：治疗心理疾病，帮助健康的人使之更快乐和更高效，以及实现人类潜能。然而，随着"终结所有战争"的战争结束，对修缮性心理治疗的需求急剧增加，大量的资源被用于危险控制和缺陷修补机构，心理学的其他两个使命成为牺牲品。我们最近看到故事重演，随着美国和其他盟国的军队从伊拉克和阿富汗撤军，那些士兵中创伤后应激障碍（posttraumatic stress disorder, PTSD）高发，而创伤后成长（posttraumatic growth, PTG）却被忽视。总的说来，直到 21 世纪初以前，心理学很少把注意力诉诸整合或运用人类的优势。即便是心理问题的预防，心理学领域的工作也很少能真正地超越哲学式的论述以及以应用疾病导向范式的研究成果为基础做的零散推导（Keyes & Haidt, 2002; Seligman & Csikszentmihalyi, 2000）。

和心理学的状况类似，我们认为，当今的管理（无论是通俗还是学术性）研究以短期导向的危机管理模式为特征，这也极其频繁地导致了消极的观点。例如，相当大的注意力被放在消极导向的概念上，诸如应激、工作倦怠、工作-生活冲突、辱虐式管理、不道德行为，或者其他我们同事称之为"黑暗面"的诸多要素。最近，人们的注意力转向失业、不断上升的健康保障成本、网络欺凌、工作场所的不文明行为。我们当然不是有意要贬低这些问题的重要性。这些负面问题带来的严重伤害得到学者和业界人士的广泛重视。然而，被消极所主导的观点有两个问题。

过度消极导向的问题之一是，它往往耗费巨大的时间、能量和资源，置高绩效的个体和群体于不顾，不予研究，不加赞赏。例如，不是投资于识别、庆贺、奖赏卓越的绩效，取而代之的是，很多组织花费大量的资源处理少数失常员工的低劣绩效，或是使用声名狼藉的杰克·韦尔奇在通用电器公司用的"末位淘汰（rank and yank）"法，如此一来，管理层持续关注最差的 10%。幸运的是，这种消极导向的评价系统正在被抛弃。例如，微软公司的领导们认为这个系统导致难以置信的毁灭性内讧、一人独尊、机能失调和地域文化，现在他们已将其抛弃。

各类组织已创立了精细的体系、政策和流程，无一例外地使每个人的生活变得极其复杂，使人们感到被操纵和不被信任，其本质上惩罚的是合作或竞合关系之类，而忽略了将与日俱增的关注放在高绩效一端的优秀员工上。经典的实例包括出勤打卡钟，在线监控系统，向管理者报道所有事宜，非人性化的正式绩效评估，标准化的培训要求，等等。这些方法和规程无疑流失了组织的积极性和心理资本。

第二个问题并不在于消极观点本身的特性，而在于学者和从业人员倾向于夸大他们对积极性的理解和应用，因为这种理解往往源于他们对消极取向的概念和观念的认识。不幸的是，这种取向的逻辑是靠不住的。例如，组织行为学先驱弗雷德里克·赫茨伯格（Fredrick Herzberg）指出，减低工作的不满并不必然有助于提升工作满意度，因为这两种态度受不同的因素影响（Herzberg, Muesner, & Snyderman, 1993）。对于更好地理解优势、最佳机能和实现人类潜能，消极取向的研究和实践能力有限。

积极与消极：并非同一维度的两极

在积极心理学里，得到普遍认可的是，摆脱心理疾病并不能等于成功迈向美满的生活。有大量的文献指出，积极和消极的心理结构通常代表不同的维度，而不是同一个维度的两极。许多积极和消极的心理结构曾经被认为是同一维度的相反两极，而今被认为是各自独立的，有着不同的前因和后果以及潜在的机理。例如，工作倦怠与全情参与（Schaufeli & Bakker, 2004）；组织公民行为与反生产工作行为（Dunlop & Lee, 2004; Sackett, Berry, Wiemann, & Laczo, 2006）；积极与消极态度及评价过程（Cacioppo & Berntson, 1994; Pittinsky, Rosenthal, & Montoya, 2011）；乐观与悲观（Change, Maydeu-Olivares, & D'Zurilla, 1997; Kubzansky, Kubzansky, & Maselko, 2004）；以及积极和消极情感（Watson, Clark, & Tellegen, 1988）。因此，积极性应被独立地加以研究和应用，而不是从消极取向的观点直接外推。

从本质上说，人类倾向于被积极、愉悦以及对生活有促进作用的内容所吸引，就像植物的向光性一样。但尽管存在这些"向光""快乐""幸福"的取向（有关比较和深度讨论请见 Huta, 2013），Cameron（2008）强调了若干机制，以解释指向消极性的偏差为何如此流行。

- 强度（intensity）：和积极刺激相比，对消极刺激的体验会更强烈，因为它们被知觉为威胁，必须立刻、坚决地予以处理，我们或许可以将此归因为人类的进化。
- 新奇性（novelty）：常规情况下，积极事件更司空见惯，因此倾向于被忽视。消极事件往往更不同寻常，或意外地偏离我们的日常机能，因此它们突显出来，抓取了我们的注意力。这可以解释为什么许多员工说，"如果它没有坏，就不用尝试去维修它。"和相对罕见的消极事件相比，被更为频繁体验的积极事件平淡无奇。
- 适应性（adaptation）：消极刺激警示着机能失常，要求做出改变。相反，积极刺激提供了确认性反馈"一切平安无事"，而并不提供做出改变的动机。
- 奇异性（singularity）：在任何系统中，仅一个消极的或有缺陷的成分即可导致整个系统失常。相反，一个积极的或运作正常的部件并不能保证系统的最佳运行。

出于这些原因，消极性对我们的信息加工系统、记忆、自我概念和关系往往会有更强的作用效应（Baumeister, Bratslavsky, Finkenauer, & Vohs, 2001）。积极性的结果通常似乎模棱两可，因为它们微小、模糊、不确定、非明确化（Wright & Quick, 2009），至少短期而言是如此。结果，积极性就会被搁置，直到消极事件能够被处置。要解决这种消极性偏差，得通过提升积极体验和互动影响的频率来恢复平衡。例如，业已发现，婚姻需要五六次积极的互动去平衡一次消极互动，以便推向佳境并在较长的岁月里得以维系（Gottman, 1994）。

我们再次强调，我们并不反对研究或应用消极性，尽管有些内容受到更为批判性的质疑，但某些质疑和消极性也许对维持现实是必要的。就此而言，有研究文献指出，过多的积极性不一定是最佳的（Diener, Ng, & Tov, 2009；Oishi, Diener, & Lucas, 2007），比如过度自信（Vancouver, Thompson, Tischner, & Putka, 2002; Vancouver, Thompson, & Williams, 2001），虚假希望（Snyder, 2000），以及盲目乐观（Davidson & Prkachin, 1997; Peterson & Chang, 2002; Schneider, 2001）。

弗雷德里克森（2009）运用两个有趣的比喻说明了积极性与消极性之间的张力，以及平衡的必要性。她的第一个比喻是把积极性和消极性比作浮力和重力。每个人都需要一个"升力"以便能"飘"起来，但我们也需要重力来着陆和维持真实感。第二个比喻是帆船，其中巨大的桅杆代表积极性，而较小的龙骨代表消极性。龙骨藏在水面下，但对于避免帆船漫无目的地漂流或倾覆，则是至关重要的。

积极心理学的贡献

由马丁·塞利格曼（Martin Seligman）这位曾是传统消极取向（例如他的习得性无助）的著名学者为领导的心理学家们，在21世纪之初盘点了他们在第二次世界大战后50年来在疾病模式下的研究成果。尽管在寻找心理疾病和机能紊乱行为的有效治疗方面取得了确凿的成就，但心理学整体而言较少关注心理健康的个体，包括他们的成长、发展、自我实现和幸福。

塞利格曼和其他一些学者（如 Mike Csikszentmihalyi、Ed Diener）呼吁

将心理学研究重新定位到两个被人遗忘的使命上来：帮助心理健康的人使之更快乐和更高效，以及实现人类潜能。这一恢复平衡的诉求不仅激发了对积极性所具价值的巨大兴趣，也促成了理论建构和实证研究，成为今天我们所知的积极心理学。

最初，该呼吁始于1999年在内布拉斯加州林肯市举办的一个峰会，该峰会由盖洛普（Gallup）公司资助，本书的第一作者当时也是与会者。接着，很快出现了一批文章，其他学术会议上出现了一些争议，在一些学术期刊上还出版了专辑［例如，《美国心理学家》（American Psychologist）2000年1月、2001年3月的专辑，以及《心理学探新》（Psychological Inquiry）2003年的第2期］，如今积极心理学已经得到心理学领域的广泛认可，甚至有其自己的学术期刊《积极心理学期刊》（Journal of Positive Psychology）。此外，专门关于积极心理学的手册、书籍也越来越多（Aspinwall & Staudinger, 2003; Carr, 2011; Compton & Hoffman, 2012; David, Boniwell, & Conley Ayers, 2013; Keyes & Haidt, 2002; Linley, Harrington, & Garcea, 2010; Linley & Joseph, 2004; Lopez & Snyder, 2003, 209; Peterson, 2006; Peterson Seligman, 2004; Sheldon, Kashdan, & Steger, 2011; Snyder, Lopez, & Pedrotti, 2011），而由积极心理学的领衔学者所执笔、专为从业者撰写的畅销书呈爆炸性增长（Achor, 2010, 2013; Ben-Shahar, 2007; Diener & Biswas-Diener, 2008; Fredrickson, 2009, 2013; Gilbert, 2005; Lopez, 2013; Lyubomirsky, 2007, 2013; Sligman, 2002, 2011）。

重要的是，积极心理学将其结论建筑于严谨的科学方法，而不是哲学、修辞学、奇闻轶事、传统哲理、专家或个人的经验和观点。值得注意的是，积极心理学的理论和研究要求，使其有意并的确区别于多年来有关积极思考的力量的成堆通俗读物，也区别于大多数积极取向的人本心理学、个人发展、人类潜能运动。这一科学基础慎重地充当了重要前提和视角，也成为我们将基于循证的积极性以心理资本的形式应用于职场的先决条件。科学的观点和方法是在我们所有的工作中一贯强调的。这也是我们的品牌的独特标识，然而的确也存在着相当大的"品牌模糊性",以致一些顶级的组织和他们的领导会购买一本畅销的通俗心理学书籍,而全然不质疑其内容的科学基础。

积极组织学术研究的贡献

除了积极心理学之外,组织理论和行为学学者们也认识到以科学为基础的积极取向方法有着未被开发的潜力,它业已促成两个平行又互补的主要运动。大致来说,一个是积极组织学术研究(positive organizational scholarship, POS; Cameron, Dutton, & Quinn, 2003; Cameron & Spreitzer, 2012),另一个是积极组织行为学(positive organizational behavior, POB; Luthans, 2002a; 2002b; Luthans & Youssef, 2007),它是心理资本的基础理论。

积极组织学术研究是"组织科学领域的一项运动,专注于促成卓越的个人和组织绩效的动力,例如开发人类优势,产生韧性和恢复,培养活力"(Cameraon & Caza, 2004, p. 731)。与积极心理学相似,积极组织学术研究被看成是一个"模糊的大概念",它整合了各种不同的积极的方法,包括积极的特质、状态、过程、动力、视角,以及各种结果。其中一个例子说明了积极组织学术研究是模糊的大概念:在最近出版的《积极组织学术研究手册》(*Handbook of positive organizational scholarship*, Cameron & Spreitzer, 2012)里,我们撰写的心理资本一章先导于其他 77 个有关组织科学不同积极专题的章节。然而,相对于积极组织行为学,积极组织学术研究的独特性在于它主要关注发生在组织环境里的积极现象。这些现象可以发生于各个分析水平,包括更多涉及个体水平而较少涉及团队水平的心理资本构念(Cameron & Spreitzer, 2012)。

积极组织学术研究最重要的一个贡献是,它提供了独特的视角来定义和描绘组织积极性的范围。例如,Cameron 和 Spreitzer(2012)提供了四个观点来阐述积极性的独特之处。其一，积极取向采取独特或可变换的视角，来改变对积极或非积极现象的解释。例如，问题、障碍、麻烦不会被忽视，而是被解释为学习、发展和有生命力的成长机会。其二，积极性聚焦于惊人的效果和非凡的成就，而不是一般的成功。其三，存在着确认偏差（affirmation bias），更看重能保持资源和能力成长的积极品质、动力、效果的作用，远胜过对消极因素的看重。其四，积极性关乎于理解人类的最佳状态，例如兴盛、发达、机能至善、卓越、贞洁、宽恕、热情、善良，以及其他赋予生命力的动因，它们均出自出于本意，而不是作为实现其他目的的手段。

正如我们在下一章以及全书要详尽阐述的，积极组织行为学和心理资本大量汲取了积极组织学术研究的贡献（Paterson, Luthans, & Jeung, 2014）。然而，积极组织学术研究是一个相对比较宽泛的"模糊的大概念"，积极组织行为学和心理资本则在概念结构、测量、结果方面更为明确，并且它们主要关注于个人水平的分析，但也正在向团队、单位、组织、社区和国家水平拓展。

参考文献

Achor, S. (2010). *The happiness advantage: The seven principles of positive psychology that fuel success and performance at work.* New York, NY: Crown.

Achor, S. (2013). *Before happiness.* New York, NY: Crown.

Adler, P. S., & Kwon, S. (2002). Social capital: Prospects for a new concept. *Academy of Management Review, 27,* 17-40.

Aspinwall, L., & Staudinger, U. (Eds.). (2003). *A psychology of human strengths: Fundamental questions and future directions for a positive psychology.* Washington, DC: American Psychological Association.

Avey, J. B., Reichard, R. J., Luthans, F., & Mhatre, K. H. (2011). Meta-analysis of the impact of positive psychological capital on employee attitudes, behaviors, and performance. *Human Resource Development Quarterly, 22,* 127-152.

Avolio, B. J., & Luthans, F. (2006). *The high impact leader: Moments matter in acceler-*

ating authentic leadership development. New York, NY: McGraw-Hill.

Barney, J. (1991). Firm resources and sustained competitive advantage. *Journal of Management, 17,* 99-120.

Barreto, I. (2010). Dynamic capabilities: A review of past research and an agenda for the future. *Journal of Management, 36,* 256-280.

Baumeister, R. F., Bratslavsky, E., Finkenauer, C., & Vohs, K. D. (2001). Bad is stronger than good. *Review of General Psychology, 5,* 323-370.

Bechtel, R. (2007). Calculating human capital: The market based valuation of the human resource. *German Journal of Human Resource Research, 21,* 206-231.

Becker, G. S. (1964). *Human capital.* New York, NY: Columbia University.

Ben-Shahar, T. (2007). *Happier.* New York, NY: McGraw-Hill.

Cacioppo, J. T., & Berntson, G. G. (1994). Relationship between attitudes and evaluative space: A critical review, with emphasis on the separability of positive and negative substrates. *Psychological Bulletin, 115,* 401-423.

Cameron, K. S. (2008). Paradox in positive organizational *change. Journal of Applied Behavioral Science, 44,* 7-24.

Cameron, K. S., & Caza, A. (2004). Contributions to the discipline of positive organizational scholarship. *American Behavioral Scientist, 47,* 731-739.

Cameron, K., Dutton, J., & Quinn, R. (Eds.). (2003). *Positive organizational scholarship.* San Francisco, CA: Berrett-Koehler.

Cameron K., & Spreitzer, G. M. (Eds.). (2012). *Oxford handbook of positive organizational scholarship.* New York, NY: Oxford University Press.

Carr, A. (2011). *Positive psychology: The science of happiness and human strengths* (2nd ed.). New York, NY: Brunner-Routledge.

Chang, E. C., Maydeu-Olivares, A., & D'Zurilla, T. J. (1997). Optimism and pessimism as partially independent constructs: Relations to positive and negative affectivity and psychological well-being. *Personality and Individual Differences, 23,* 433-440.

Coleman, J. S. (1988). Social capital in the creation of human capital. *American Journal of Sociology, 94,* S95-S120.

Compton, W. C., & Hoffman, E. (2012). *Positive psychology: The science of happiness and flourishing* (2nd ed.). Belmont, CA: Wadsworth.

Davenport, T. O. (1999*). Human capital.* San Francisco, CA: Jossey-Bass.

David, S., Boniwell, I., & Conley Ayers, A. (Eds.). (2013). *Oxford handbook of happiness.* New York, NY: Oxford University Press.

Davidson, K., & Prkachin, K. (1997). Optimism and unrealistic optimism have an interacting impact on health-promoting behavior and knowledge changes. *Personality and Social Psychology Bulletin, 23,* 617-625.

Dawkins, S., Martin, A., Scott, J., & Sanderson, K. (2013). Building on the positives: A psychometric review and critical analysis of the construct of Psychological Capital . *Journal of Occupational and Organizational Psychology, 86,*348-370.

Dean, A., & Kretschmer, M. (2007). Can ideas be capital? Factors of production in the postindustrial economy: A review and critique. *Academy of Management Review, 32,* 573-594.

Diener, E., & Biswas-Diener, R. (2008). *Happiness: Unlocking the mysteries of psychological wealth.* Malden, MA: Blackwell.

Diener, E., Ng, W., & Tov, W. (2009). Balance in life and declining marginal utility of diverse resources. *Applied Research in Quality of Life, 3, 277-291.*

Dunlop, P. D., & Lee, K. (2004). Workplace deviance, organizational citizenship behavior, and business unit performance: the bad apples do spoil the whole barrel. *Journal of Organizational Behavior, 25,*67-80.

Fredrickson, B. L. (2001). The role of positive emotions in positive psychology: The broaden-and-build theory of positive emotions. *American Psychologist, 56,* 218-226.

Fredrickson, B. L. (2009). *Positivity.* New York, NY: Crown.

Fredrickson, B. L. (2013) *Love 2.0.* New York, NY: Hudson.

Gilbert, D. (2005). *Stumbling on happiness.* New York, NY: Vintage.

Gottman, J. M. (1994). *What predicts divorce?* Hillsdale, NJ: Erlbaum.

Helfat, C. E., & Peteraf, M. A. (2003). The dynamic resource based view: Capability lifecycles. *Strategic Management Journal, 24,* 997-1010.

Herzberg, F., Mausner, B., & Snyderman, B. (1993). *The motivation to work.* Somerset, NJ: Transaction.

Hitt, M. A., & Ireland D. (2002). The essence of strategic management: Managing human and social capital. *Journal of Leadership and Organizational Studies, 9,*3-14.

Huta, V. (2013). Eudaimonia. In S. A. David, I. Boniwell, & A. C. Ayers (Eds.), *The Oxford handbook of happiness* (pp. 201-213). Oxford, UK: Oxford University Press.

Keyes, C., & Haidt, J. (Eds.). (2002). *Flourishing: Positive psychology and the life well-lived.* Washington, DC: APA.

Kraaijenbrink, J., Spender, J. C., & Groen, A. J. (2010). The resource-based view: A review and assessment of its critiques. *Journal of Management, 36,* 349-372.

Kubzansky, L. D., Kubzansky, P. E., & Maselko, J. (2004). Optimism and pessimism in the context of health: Bipolar opposites or separate constructs? *Personality and Social Psychology Bulletin, 30,*943-956.

Linley, P. A., Harrington, S., & Garcea, N. (Eds.). (2010). *Oxford handbook of positive psychology and work.* Oxford, UK: Oxford University Press.

Linley, P. A., & Joseph, S. (Eds.). (2004). *Positive psychology in practice.* Hoboken, NJ: Wiley.

Lopez, S. (2013). *Making hope happen: Create the future you want for yourself and others.* New York, NY: Atria.

Lopez, S., & Snyder, C. R. (Eds.). (2003). *Positive psychological assessment: A handbook of models and measures.* Washington, DC: American Psychological Association.

Lopez, S., & Snyder, C. R. (Eds.). (2009). *Oxford Handbook of positive psychology* (2nd ed.). New York, NY: Oxford University Press.

Luthans, F. (2002a). The need for and meaning of positive organizational behavior. *Journal of Organizational Behavior, 23,* 695-706.

Luthans, F. (2002b). Positive organizational behavior: Developing and managing psychological *strengths. Academy of Management Executive, 16(*1), 57-72.

Luthans, F. (2012). Psychological capital: Implications for HRD, retrospective analysis, and future directions. *Human Resource Development Quarterly, 23,*1-8.

Luthans, F., Luthans, K., & Luthans, B. (2004). Positive psychological capital: Going beyond human and social capital. *Business Horizons, 47(*1), 45-50.

Luthans, F., & Youssef, C. M. (2004). Human, social, and now positive psychological capital management: Investing in people for competitive advantage. *Organizational Dynamics, 33(2),* 143-160.

Luthans, F., & Youssef, C. M. (2007). Emerging positive organizational behavior. *Journal of Management, 33,*321-349.

Luthans, F., Youssef, C. M., & Avolio, B. J. (2007). Psychological capital: Investing and developing positive organizational behavior. In D. Nelson & C. L. Cooper (Eds.), *Positive organizational behavior* (pp. 9-24). Thousand Oaks, CA: Sage.

Lyubomirsky, S. (2007). *The how of happiness.* New York, NY: Penguin.

Lyubomirsky, S. (2013). *The myths of happiness.* New York, NY: Penguin.

Oishi, S., Diener, E., & Lucas, R. (2007). The optimum level of well-being: Can people be too happy? *Perspectives on Psychological Science, 2,* 346-360.

Paterson, T. A., Luthans, F., & Jeung, W. (2014). Thriving at work: Impact of psychological capital and supervisor support. *Journal of Organizational Behavior, 35,* 434-446.

Peterson, C. (2006). *A primer in positive psychology.* Oxford, UK: Oxford University Press.

Peterson, C., & Chang, E. (2002). Optimism and flourishing. In C. Keyes & J. Haidt (Eds.), *Flourishing: Positive psychology and the life well-lived* (pp. 55-79). Washington, DC:

American Psychological Association.

Peterson, C., & Seligman, M. (2004). *Character strengths and virtues: A handbook and classification.* New York, NY: Oxford University Press.

Pfeffer, J. (2001). Fighting the war for talent is hazardous to your organization's health. *Organizational Dynamics, 29,* 248-259.

Pittinsky, T. L., Rosenthal, S., & Montoya, R. M. (2011). Liking is not the opposite of disliking: The functional separability of positive and negative attitudes toward minority groups. *Cultural Diversity and Ethnic Minority Psychology, 17,* 134-143.

Sackett, P. R., Berry, C. M., Wiemann, S. A., & Laczo, R. M. (2006). Citizenship and counterproductive behavior: Clarifying relations between the two domains. *Human Performance, 19,* 441-464.

Sarason, I., Sarason, B., Shearin, E., & Pierce, G. (1987). A brief measure of social support: Practical and theoretical implications. *Journal of Social and Personal Relationships, 4,* 497-510.

Schaufeli, W. B., & Bakker, A. B. (2004). Job demands, job resources, and their relationship with burnout and engagement: A multi-sample study. *Journal of Organizational Behavior, 25,* 293-315.

Schneider, S. L. (2001). In search of realistic optimism. *American Psychologist, 56,* 250-263.

Schultz, T. W. (1961). Investment in human capital. *American Economic Review, 1,* 1-17.

Seligman, M. E. P. (2002). *Authentic happiness.* New York, NY: Free Press.

Seligman, M. E. P. (2011). *Flourish.* New York, NY: Atria.

Seligman, M. E. P., & Csikszentmihalyi, M. (2000). Positive psychology. *American Psychologist, 55,* 5-14.

Sheldon, K. M., Kashdan, T. B., & Steger, M. F. (Eds.). (2011). *Designing positive psychology: Taking stock and moving forward.* Oxford, UK: Oxford University Press.

Snyder, C. R. (2000). *Handbook of hope.* San Diego, CA: Academic Press.

Snyder, C. R., Lopez, S. J., & Pedrotti, J. T. (2011). *Positive psychology: The scientific and practical explorations of human strengths* (2nd ed.). Oxford, UK: Sage.

Teece, D. J. (2011). *Dynamic capabilities and strategic management: Organizing for innovation and growth.* New York, NY: Oxford University Press.

Vancouver, J., Thompson, C., Tischner, E., & Putka, D. (2002). Two studies examining the negative effect of self-efficacy on performance. *Journal of Applied Psychology, 87,* 506-516.

Vancouver, J., Thompson, C., & Williams, A. (2001). The changing signs in the relationship between self-efficacy, personal goals, and performanc t. *Journal of Applied Psychology, 86,* 605-620.

Wasserman, S., & Faust, K. (1994). *Social network analysis.* New York, NY: Cambridge

University Press.

Peterson, C., & Chang, E. (2002). Optimism and flourishing. In C. Keyes & J. Haidt (Eds.), *Flourishing: Positive psychology and the life well-lived* (pp. 55-79). Washington, DC: American Psychological Association.

Peterson, C., & Seligman, M. (2004). *Character strengths and virtues: A handbook and classification.* New York, NY: Oxford University Press.

PSYCHOLOGICAL CAPITAL AND BEYOND

第 2 章

积极组织行为学（心理资本框架）

积极组织行为学最早被定义为"为提升今天工作场所中的绩效，针对那些具有消极取向的人力资源优势和可测量、可开发、可有效管理的心理能力所进行的研究和应用。"（Luthans, 2002b, p. 59）。因此，在积极组织行为学概念中所说的一项心理优势或资源，必须是积极、可测量、状态类、能够开发的，且与我们希望获得的态度、行为，特别是绩效结果相联系。最重要的是，它必须在理论和研究基础上都符合科学标准。我们构建积极组织行为学时采用了循证实践的方法，这与其在医学和组织科学中的增长趋势非常一致（Pfeffer & Sutton, 2006）。

前述的一套积极组织行为学标准起到一个重要作用，使其超越了仅仅是被标签化和市场化的新研究潮流，或者是一时兴起的人力资源管理、领导力等流行术语。类似于积极心理学和第 1 章讲述的积极组织学术研究，我们认可研究消极取向的构念和方法依然重要，但我们也主张积极组织行为学可以代表一种范式转变，在过去十年，已经证明了其在激励和转换组织行为、领导力和人力资源管理的研究和实践中的潜在优势。由此，我们将开始这一章更详细的讨论，并阐述积极组织行为学包含的每一项标准背后的理论依据。

积极性标准

在临床心理学工作中通常采用的缺陷和疾病视角使我们不能充分认识和加强对整个最佳功能的理解和欣赏。类似地，但公认不是同等程度地，消极取向的组织理论和实践强调无效和蹩脚的领导，无良的管理者和员工，压力，工作倦怠和矛盾，功能失调的态度和行为，以及运转不良的组织结构、战略和文化。

我们认为，这样一种消极导向损害了对真正的优秀业绩、持续学习以及积极主动的战略性变革和适应等的关注，这些关注本该至少旗鼓相当的。这些积极的组织现象总体上被忽略，也当然被低估了（Spreitzer, 2012）。太多时候，提供给组织及其成员的管理方法只是一些基本生存技巧，它们通过减少错误而不是加强或建设正确性，来帮助组织在一段合理的时间内维持"平均"业绩。然而，这样的"平均"业绩或者"刚刚过得去"，在今天的高竞争环境中是不可持续的。一种新的、前瞻性的积极方法似乎需要在现有方法上进行补充和建构（Avolio & Luthans, 2006; Sutcliffe & Vogus, 2003）。

因此，在组织行为学领域的研究和应用中运用的所谓"积极性"是什么？积极组织学学者将它定义为，"提升的过程和结果"（Cameron & Caza, 2004, p. 731），"用可敬的方法脱离参照群体常态的目的性行为"（Spreitzer & Sonenshein, 2003, p. 209），并"显著超出了常规或期望绩效……令人瞩目的结果、惊人的产出、非凡的成就、超常的业绩等"（Cameron, 2008, p. 8）。换句话说，要理解积极性需要深入研究引发超常行为和结果的解释机制。

基于这些特征，我们把积极性定义为：关于起源、过程、实践和结果的一套整合体系，且不同的观察者和利益相关者都轻易识别并一致同意，将其作为对个体和情境都能充分发挥作用并增加持续价值的独特标准（Youssef-Morgan & Luthans, 2013, p. 149）。这个综合定义意味着积极性需要从包括情境在内的整体体系视角来理解，而不是用来描述消极性的单个视角。它还应该可以用客观证明的形式或循证的结果来验证，这些结果是能被他人观察且对其所处的环境有影响力。

基于理论和研究的标准

由于主流的消极取向在理解人类功能和潜能方面有明显缺陷，积极性的直观吸引力导致了近些年积极取向的自助类畅销书的繁荣，例如诺曼·文森特·皮尔的《积极思考的力量》(The Power of Positive Thinking, Norman Vincent Peale)、戴尔·卡内基的《如何赢得朋友及影响他人》(How to Win Friends and Influence People, Dale Carnegie)、肯尼斯·布兰查德的《一分钟管理者》(One Minute Manager, Kenneth Blanchard)、史蒂芬·柯维的《高效人士的七个习惯》(Seven Habits of Highly Effective People, Steven Covey)，以及斯宾塞·约翰逊的《谁动了我的奶酪》(Who Moved My Cheese?, Spencer Johnson)等。尽管填补了巨大的空白并促进了积极性的发展，但这些畅销的通俗读物，就算有的话，也仅提供了非常有限的科学理论和研究来支持他们的观点，因此从循证的角度来看是不合格的。尽管它们报告了佚事类的描述性发现，但也缺乏最低标准的科学严谨和有意义、可持续的知识来弄明白是什么原因导致了事件的发生。因此，任何根据这些书中的描述来实践的人都要承担达不到预期结果或者持续作用的风险。

还有，这些书提供的自我测量问卷，可能具有表面效度、创造性和趣味性以使问卷容易完成，但是它们没有任何从实验得出的构念效度或因果证据。当在工作场景中应用时，就会有严重的内部和外部效度的威胁，所谓"重要发现"也经常是脱离情境的推测。

例如，那些兜售可能有实际作用的特殊方法或应用技术的从业者经常忽略了一个问题，在一个情境中有效的，不一定能推广到另一个情境中，这是在科学中使用的一项决定"实践"既可靠又有效的高标准。更重要的是，即使我们的确使用了这种方法或技术，却并不必然意味着是它导致了观察到的变化。这只能通过操作高度控制的实验研究来确认。正如 Pfeffer 和 Sutton（2006）指出，管理者常常对哪些方法有用或无用一无所知，还没有动机去弄清楚。很多管理者迷恋那些没有足够证据来保证其在组织中持续有用的补救措施。你能想象一个工程师满意于用同样的证据水平建造出来的桥梁、飞机或任何东西吗?

通过使用积极心理学来代替这些畅销书做基础标准,积极组织行为学在致力于寻求一套科学的方法,累积一个持续有效的知识体系,用于领导力、人力资源开发和绩效管理。我们可以非常肯定,我们正在通过用科学的方法,正确的积极构念在对持续成长和绩效改善做出贡献。

有效测量标准

测量总是处于科学研究和应用的核心。很多学者遵循格言"没有有效的测量,你将一无所获"。关于工作相关构念的可信、有效测量工具的存在,把整个组织行为学特别是积极组织行为学(Dawkins, Martin, Scott, & Sanderson, 2013)提升到了科学领域。运用有效的测量,使得系统的分析、预测与控制成为可能。再次地,跟随积极心理学(例如,见 Lopez & Snyder, 2003,对一些积极心理评估的解释性总结)的引导,积极组织行为学要求必须有可靠和有效的测量才能纳入一个构念。这个标准排除了很多有趣但非常哲学化且不适于操作和评估的元构念。另外,排除了靠佚事论述和畅销书中有限的可靠性和成功的个体经验支撑的"软"素质和积极特质。

我们自己开发的心理资本问卷是科学有效的测量,发表于学术文献中(Avey, Avolio, & Luthans, 2011; Harms & Lutnans, 2012; Luthans, Avolio, Avey, & Norman, 2007; Luthans, Youssef, Sweetman, & Harms, 2013; Wernsing, 2014),并被全世界的积极组织行为学学者使用。截止到写作本书时,正式向我们申请使用心理资本测量的数量就将近 2000 份。我们将在后面的章节中再度回到这些心理资本评估,在本书第 9 章,我们将讨论这些心理资本量表的心理测量学以及它们的相同点和区别。

状态类和可开发标准

人力资源管理中有各种基于研究的预测特质用于选拔人才。例如，有大量的人格特质被证明与绩效、态度等工作结果有关。这些不可争辩地成为人力资源选拔工具。这些例子包括：大五人格特质（Barrick & Mount, 1991）、核心自我评价（Judge & Bono, 2001）、认知心理能力（Schmidt, 2009）。

类似地，积极心理学也提出很多特质类（trait-like）的优势和长处，都倾向于表现出长期相当的稳定性（Lopez & Snyder, 2009; Peterson & Seligman, 2004）。不像由基因决定的因素，积极心理学特质表现出了某些延展性，如果存在最优的刺激因素、特定的触发时刻、波动或广泛的咨询，那在人的一生中它们能够经历一些成长和发展（Avolio & Luthans, 2006; Linley & Joseph, 2004）。然而，由于在短期内很难发生变化，因而这些积极特质很难开发和改变以用于人力资源开发和绩效管理。

今天的环境以高周转率为特征，强调持续改善，要求陡峭的学习曲线，而大部分长期倡议用来创造和培育与工作相关的人才、特征优势、积极长处及相对稳定的人格特质，在成本上不划算，很多情况下，几乎是不可能的。进入职场所须具备的持久才能、优势，特别是人格特质，以及相对早期的开发都很重要，使得这些倡议大部分都转移给了各级教育机构。因此，在工作领域，人力资源管理已经聚焦在了高效补充、选拔、配置以"匹配"倡议上，而不是人力资源开发和绩效管理。

我们当然相信，选择正确的人并把他们放在正确的岗位上（如适配）对高效人力资源管理是必要的，但是再一次强调，就其本身而言是远远不够的。我们相信人的发展或潜能要比先前假定的更有弹性和可开发性。同理，只聚焦于开发知识、技巧和技术能力（如人力资本）也是必要的，但不够。尽管有证据表明某个构念兼具特质类和状态类（state-like），但我们主张的积极组织行为学，仅包括那些已被明确证明是状态类和有延展性的积极心理资源。作为状态类，这些积极资源可以通过相对简短的培训课程、在职活动和简短而高度聚焦的"微干预"来开发和改善（Luthans, Luthans, & Avey，2014; Luthans, Avey, Avolio, Norman, & Combs, 2006; Luthans, Avey, Avolio, & Peterson, 2010; Luthans, Avey, & Patera, 2008）。我们的心理资本干预模型将在第 9 章末展示。

状态类标准可能是积极组织行为学与积极心理学和积极组织学术研究最大的不同点，后者倾向于更多地被秉性类、特质类的构念主导。为进一步区分特质–状态，我们提出（Luthans, Avolio, et al., 2007; Luthans & Youssef, 2007），特质和状态是介于"纯粹特质"（由基因决定几乎不可改变的，如智力、身高或眼睛颜色）和"纯粹状态"（不稳定和随时变化的，如心情和瞬时情绪）之间的连续体。相对稳定或"特质类"的人格特征可以放在连续体靠近特质的一端，而更有延展性但也不是高度不稳定的特征，如心理资本，放在连续体靠近状态这一端。图 2.1 描绘了这个特质–状态连续体。

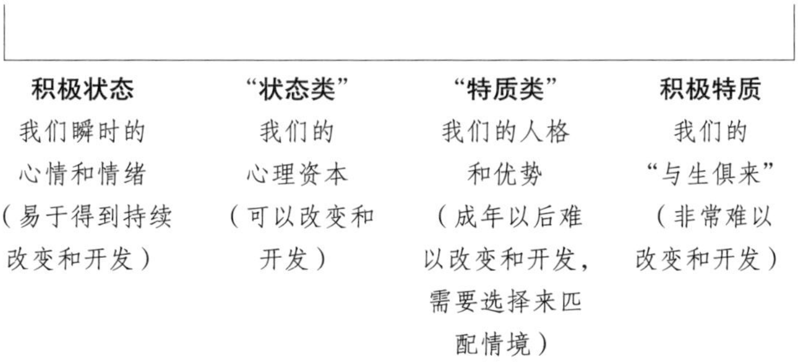

积极状态	"状态类"	"特质类"	积极特质
我们瞬时的心情和情绪（易于得到持续改变和开发）	我们的心理资本（可以改变和开发）	我们的人格和优势（成年以后难以改变和开发，需要选择来匹配情境）	我们的"与生俱来"（非常难以改变和开发）

图 2.1 心理资本改变和开发的循证连续体

重要的是，我们用连续体是因为大部分积极心理学家指出，即使是状态和状态类特征也有特质基线（trait baseline）或所谓的定点（set point）。基于天性（如生物的输入和遗传）和教养（如文化输入和学习或开发），定点解释了个体积极性水平变异的一半（Lyubomirsky, 2007）。另一方面，高达积极性水平40%的部分是可以有目的地开发和自我控制的。我们相信心理资本可以放在这40%里面。仅剩下10%属于不可控的环境因素，它们影响更短暂和难以管理的"纯状态"。而且或许更重要的是，天性和教养长期交互作用，所以，即使40%都很可能是低估的（Avolio, 2011）。

传统的智慧相信，环境因素（如年龄、收入、住址，甚至长相）在决定一个人的幸福感和积极性上有更多的作用。另一方面，人对于定点能做的不多。但还剩下巨大的40%是有目的输入，在决定幸福感和积极性上这是可控的。换句话说，用班杜拉的名言："我们既是积极性的产品（如50%的定点和10%的环境因素），也是积极性的生产者（如40%的有目的输入）"。正是这部分有目的、自主性的（Bandura, 2001, 2008）积极性，帮助解释了心理资本可开发、可改变的本质。实验证据（Luthans et al., 2008, 2010, 2014）和纵向研究（Peterson, Luthans, Avolio, Walumbwa, & Zhang, 2011）支持了参与者的心理资本及其产出的改变。

除了天性、教养、环境、意图或自主性在积极性中所起的作用，近来人们对大脑给予了激增的关注。尤其是，神经科学的证据表明积极性和消极性远不止是原始进化的情感反应。在大脑的前额皮质发现了它们的踪迹，与负责更高等级的理性思考的脑区相同。这个脑区在更高的积极性、乐观和韧性方面表现出显著的可塑性（Davidson, 2012）。因此，人类提高积极性的潜能就完全超过已经确信可以有目的开发的那40%。换句话说，即使那50%被传统思想认为主要由基因或"与生俱来"的定点先天决定，也是能够适应和改变的，正如前面我们提出的关于天性和教养的交互作用。甚至，生物遗传学家指出进化发生在单个生命周期内，不是跨多个生命周期，进而指出人的可塑性来源于开发。

神经科学研究支持了（1）"不同的易感性"，指跨个体的可塑性变化；（2）"有利的敏感性"，对积极影响高度敏感；及（3）"特异性压力"，对消极事件高度敏感（Pluess & Belsky, 2013）。这些发现与不同个体的特质–状态是固定不变的概念相对立。开头的分析指出心理资本有神经科学的含义（Peterson, Balthazard, Waldman, & Thatcher, 2008）。因此，心理资本研究超出仅把心理资本定位于特质–状态连续体内，还要研究心理资本改变现有的特质并帮助人们达到其全部潜能的机制。

除了与工作场景内的发展状态相匹配，还有一点很重要，积极组织行为学可以扩展的领域，不仅包括工作绩效预测等积极心理资源领域，而且包括人际关系、健康和整体幸福感之类的领域（Avey, Luthans, Smiths, & Palmer, 2010; Luthans et al., 2013）。正如关于循证的管理学所指出的，在这些重要的领域，只有通过在干预实验研究中操控积极组织行为学的有关因素，因果结论才能被坚实地确立。在微干预（用于开发状态）前后对状态进行测量（特别是和一个随机分配的对照组进行比较时，无论是未接受开发干预或已经接受了下一个更好干预方案的对照组），能够证明个体的人际关系、健康和幸福感的状态是可以发展或改善的。第 9 章将报告，通过我们的微干预研究，确实可以阐明心理资本的开发，而未来的研究则需要确定这类开发是否能引起上述结果的改善。

在心理资本干预前后对实验组和控制组都做了工作绩效测量，而且由于绩效的提高仅发生在实验组而控制组没有，我们得到了一个强有力的例子，实验组的心理资本提升导致了其绩效的改善（Luthans et al., 2010）。作为对照，人格特质的稳定性限制了它们在工作场所的解释力。虽然不管出于何种理由，例如包括与绩效相联系（Barrick & Mount, 1991）等，像责任心这种可识别且相对稳定的特质都是迫切需要的，因而对选拔和职业规划是有效果的，但是一直以来，这些已经在心理资本领域发现的可开发状态的价值被忽略了。通过强调状态而不是特质，积极组织行为学为人力资源开发和绩效管理以及将来在组织内部和外部建立更好的人际关系、健康和幸福感创造了新的机会和维度。

绩效影响标准

衡量整体人力资源回报以及人力资源培训和开发专向投资已经成为组织决策者最重要的关切（Cascio & Boudreau, 2011; Fitz-Enz, 2009; Hubbard, 2010; Kravetz, 2004）。在组织内部，各种有吸引力的投资在竞争有限的资源，充分的回报成为决定人力资源开发主动权能在多大程度上得到组织支持的最关键因素之一。要承认很多人力资源投资有高于平均回报的潜力，但是，怀疑的假设和衡量这些回报的困难可能引导资源投入离开这些有价值的投资，而转到更传统的资产——如物质、财务和技术资本——累积上。

通过仅选择那些符合"与绩效相联系"标准的积极心理资本，积极组织行为学能够对工作结果有显著影响。正如一个对51项研究进行的元分析所指出的，它支持员工的心理资本和广泛的工作结果相联系（Avey, Reichard, Luthans, & Mhatre, 2011）。它们与绩效（多种方法测量）、工作满意度、组织承诺、心理幸福感、组织公民行为有正相关，与玩世不恭、离职意愿、压力、焦虑和反生产行为有负相关。最近的心理资本文献综述（Newman, Ucbasaran, Zhu, & Hirst , 2014）也支持了上述及其他一些行为（如失业人员找工作）和结果（类似于创造性绩效和安全氛围等）。越来越多的研究持续表明心理资本对绩效有积极影响（Mathe-Soulek, Scott-Halsell, Kim, & Krawczyk, 2014; Choi & Lee, 2014）。我们相信这种已经被证明的绩效导向和第9章将详细描述的底线相关性使用了一个重要的方法来区分心理资本，这将被今天和明天的组织关注和引入。

满足标准的积极心理资源

当积极组织行为学建立起前述标准以后,我们将考虑把在积极心理学中发现的几项积极心理资源纳入进来,那些已确定能很好满足积极组织行为学标准的心理资源有希望(hope)、效能(efficacy)、韧性(resilience)和乐观(optimism),综合起来就是心理资本(Luthans, 2002a; Luthans & Avolio, 2003; Luthans, Luthans, & Luthans, 2004; Luthans & Youssef, 2004; Luthans, Youssef, & Avolio, 2007)。正如我们在前言部分指出的,这四个组成因素为了称呼方便有时称为HERO。我们将简单介绍这四项资本,因为在后面四章将详细逐一讨论。

在班杜拉(Bandura, 1997)广泛的工作中特别是其社会认知理论中发现的"效能",或者简单说信心(Kanter, 2004),可以定义为"个体对于自己在给定情境中为了执行专门的行动要动员动机、认知资源和一连串必要行为的能力的信念"(Stajkovic & Luthans, 1998b, p. 66)。元分析的发现支持效能和工作绩效有高度显著的正相关(Stajkovic & Luthans, 1998a)。

在我们认为符合积极组织行为学入选标准的四项心理资本中,效能是最具理论建构和实验研究基础的,特别是在工作场所。效能的开发方法也在研究文献中很好地建立起来了,包括操作实验、各种学习或模仿、社会说服,以及生理和心理的唤醒(Bandura, 1997)。本书的下一章专门用于阐述这一强有力的积极心理资源,它在心理资本中扮演着重要角色。

基于已故著名心理学家斯奈德(Snyder, 2000)广泛的理论大厦和研究,"希望"被定义为"一种积极的动机状态,并以(1)自主性(目标导向的能量)和(2)路径(计划达成目标)交互驱动的成功感为基础"(Snyder, Irving, & Anderson, 1991, p. 287)。希望的自主性(或意志力)和路径(或路径力)成分使其与今天在工作场所强调的自我激励、自治和应变行为特别相关。近来有研究指出,希望在概念和实践中与包括工作场所在内的各种领域的绩效相关（Adams et al., 2003; Jensen & Luthans, 2002; Luthans, Avolio, et al., 2007; Luthans & Jensen, 2002; Luthans, Van wyk, & Walumbwa, 2004; Luthans & Youssef, 2004; Peterson & Byron, 2008; Peterson & Luthans, 2003; Snyder, 1995; Youssef & Luthans, 2005b, 2006, 2007）。

尽管希望可以被设定和测量为特质类（Snyder et al., 1991; Tong, Fredrickson, Chang, & Lim, 2010），但重要的是，希望也可以被认为是可开发的状态（Snyder et al., 1996）。开发希望的实践方法包括设定有挑战的"弹性"目标、应变的计划以及必要时重设目标以避免虚假的希望。希望将在第 4 章全面讨论。

第三个符合积极组织行为学入选标准的积极心理资源是"乐观"，通常被描绘成一种整体的积极展望或期望（Carver, Scheier, Miller, & Fulford, 2009）。然而，在马丁·塞利格曼的影响下，乐观也被定义为一种归因方式，用来把积极事件解释为个人的、永久的、普遍的原因，而把消极事件解释为外部的、暂时的和特定情境的（Seligman, 1998）。换句话说，尽管和希望一样，乐观有时被描绘成特质性的（Kluemper, Little, & DeGroot, 2009; Scheier & Carver, 1987），但作为一种乐观解释方式，它是可以学习和开发的（Seligman, 1998）。另外，它对于工作绩效的潜在贡献也已经被实验证明（Luthans, Avolio, et al., 2005, 2007; Seligman, 1998; Youssef & Luthans, 2007）。乐观的现实性（Schneider, 2001）和灵活性（Peterson, 2000）尤其与工作场所相关。组织领导和员工在洞察何时采用乐观解释方式以及何时采用悲观解释方式时一定是灵活的，把这些方式现实地应用于当时的情境的能力也是一样的。第 5 章会呈现关于灵活现实的乐观的详细讨论。

第四个积极心理资源是"韧性"，我们定义为"一种从逆境、挫折和失败中，甚至是从积极事件、进步和增加的责任感中恢复或反弹回来的可开发能力"（Luthans, 2002a, p. 702）。从临床和积极心理学中发现对韧性有贡献或阻碍的因素包括：个体在生理、认知、情感和社会方面的资产存货；遭遇风险的本质、强度和频率；面对风险时平衡使用这些资产的适应机制；潜在的价值体系（Coutu, 2002; Masten, 2001; Masten, Cutuli, Herbers, & Reed, 2009）。我们也从日益增加的有关韧性的文献以及从发展心理学中得到证明，韧性在今天的工作场所中是有重要关系以及是必要的（Luthans, Vogelgesang, & Lester, 2006），而且实验已经表明它与绩效结果相关（Luthans et al., 2005, 2007; Youssef & Luthans, 2005a, 2007）。将在第7章对韧性给予详细关注。

重要的是，除了我们描述的四项积极构念以外，积极心理学和积极组织学术研究都有与日俱增的大量研究在研究其他心理构念。有些能力在不同程度上符合我们的入选标准。由于它们的发展及其他能力的出现，我们不会把它们排除在心理资本的考虑范围。我们将在第7章和第8章仔细评估这些不同程度上符合积极组织行为学标准的潜在的积极心理资源。特别地，我们认为创造性潜力、福流（flow）、心智觉知、感恩、宽恕、情绪智力、精神性、真实性和勇气是将来潜在的入选者，我们将在第7章和第8章详细讨论。

心理资本作为一种高阶核心构念

正如指出的，我们通过整合符合积极组织行为学标准的四项积极心理资源而形成了心理资本，不仅仅是累加而是基于实验分析，使其成为了协同相互作用的高阶核心构念（Luthans, Avolio, et al., 2007）。因此，投资、开发和管理整体心理资本在态度、行为和绩效结果上的最终影响，要大于其组成成分——个体积极心理能力——的影响（Avey, Reichard, et al., 2011; Luthans, Avolio, et al., 2007）。换句话说，整体（心理资本）大于部分（希望、效能、韧性和乐观）之和。特别地，联合希望、效能、韧性和乐观的潜在基础理论机制是"在动机性努力和毅力的基础上对环境和成功可能性的积极评价"（Luthans, Avolio, et al., 2007, p. 550）。

根据社会认知和自主性理论（Bandura, 2001, 2008），希望、效能、韧性和乐观共享内化的自主性、控制和意向感。这个自主的和"意动的"机制（Youssef & Luthans, 2013, Youssef-Morgan & Luthans, 2013）促进积极的展望、选择挑战性目标和为达成那些目标投入能量和资源而不管有什么潜在的问题、障碍和挫折。这是因为环境和成功机会一贯被现实地以积极视角评估。这些积极期望变成强大的驱动力，产生资源投入的动机和朝向目标达成的毅力，伴随渴望的态度、行为和绩效。

心理资本的因素协同地交互作用。例如，充满希望的个体拥有自主性和路径以达成目标，他们更可能被驱动，更有能力克服逆境，因而更有韧性。有效能的人能够转换和应用其希望、乐观和韧性于生活特殊领域内的特殊任务。韧性的个体擅长为现实和灵活的乐观采用必要的适应机制。心理资本的效能、希望和韧性能通过受控的内化认知反过来贡献于乐观的解释方式。这些只是心理资本四个有效因素之间的交互作用所导致的无数个积极协同的一些代表。

根据进一步分析，通过跨四项个体心理资本能力的区分效度（Alarcon, Bowling, & Khazon, 2013; Bryant & Cvengros, 2004; Gallaghar & Lopez, 2009; Magaletta & Oliver, 1999; Rand, Martin, & Shea, 2011），每一项都增加了独特的变化，为整体心理资本带来附加值（Luthans, Avolio, et al., 2007）。进而，无论概念性发展（Avolio & Luthans, 2006; Bandura & Locke, 2003; Gillham, 2000; Youssef & Luthans, 2013; Youssef-Morgan & Luthans, 2013）或者实验证据（Avey, Reichard et al., 2011; Luthans, Avolio, et al., 2007），都支持符合积极组织行为学标准的四项能力——希望、效能、韧性和乐观——的聚合效度。这个理论和研究支持了潜在的心理资本核心构念，而个体的资源协同对其做出了贡献。重要的是，在近期对组织承诺的多维结构所进行的以人为中心（以变量为中心的反面）的潜在构型分析（latent profile analysis, LPA）（Meyer, Stanley, & Vandenberg, 2013）之后，我们也用这样的分析来改善和确定，心

理资本的潜在因素的不同组合或构型是否及如何对结果产生不同的影响（见Bouckenooghe等人还未发表的研究）。

资源理论的贡献

为进一步支持心理资本作为更高阶的核心构念，通过"理论借用"（Whetten, Felin, & King, 2009），我们也可以从心理资源理论（Hobfoll, 2002）做出推导。这些被广泛认可的理论强调，有必要把个体的心理资源（在此为四项积极资源）作为潜在的中心构念或整合的资源设定（在此为心理资本）的表现而不是孤立的存在。例如，关键资源理论（Thoits, 1994）已经确认，个体水平的资源，如自我效能、乐观、韧性、目标追求的程度（希望的一个完整成分），本质上是一种基础资源，用来管理和适应其他资源以取得有利的结果。这些关键资源已经被实验支持是交互和协同作用的（Cozzarelli, 1993; Rini, Dunkel-Schetter, Wadhwa, & Sandman, 1999）。

类似地，多成分资源理论支持资源的协同性，即整体大于部分之和。这类理论的例子包括感觉一致性理论（Antonovsky, 1979），它在概念上与心理资本的乐观类似；还有著名的坚韧性（hardiness）构念（Kobasa, 1979），它在很多方面与心理资本的韧性（Hobfoll, 2002）是相通的。换句话说，资源理论可以作为对我们理论大厦和研究的理论理解和支持，协同性既存在于个体心理资本能力的成分内，也存在于这些使心理资本成为更高阶的核心构念的组成能力之间。

测量和发展的贡献

值得强调的是，另一个对心理资本作为更高阶构念做出重要贡献的是其独特的测量。为了我们的心理资本研究，我们系统地建构了一个自陈式测量。特别地，我们从广泛认可的关于自我效能（Parker, 1998）、呈现希望（Snyder et al., 1996）、乐观（Scheier & Carver, 1987）和韧性（Wagnild & Young, 1993）

的标准量表中，决定并采用了分别与四个心理资本成分各自最相关的6个条目。我们称之为《心理资本问卷》（Psychological Capital Questionnair）或PCQ-24，并提供了心理测量学分析和效度（Luthans, Avolio, et al., 2007）。至今，有大量心理资本研究已经使用了该PCQ-24量表（Newman et al., 2014）。不过除此之外，我们用心理测量学方法从PCQ-24中选取了3个效能条目、4个希望条目（自主性和路径各2个条目）、3个韧性条目、2个乐观条目（Avey, Avolio, et al., 2011）形成了简版PCQ-12，并用统计学方法进行了确定和验证。

几年来，PCQ量表的可靠性和有效性得到了反复证明，在统计学上被用来决定心理资本更高阶的本质及其在预测结果上对个体成分的附加价值（Avey, Reichard, et al., 2011; Dawkins et al., 2013; Luthans, Avolio, et al., 2007）。而且，为了解决一般自陈式量表会有的社会赞许性和失真问题，特别是与PCQ类似的量表相联系的心态类问题（如"我应该是积极的"），我们开发并验证了一个易于管理的《内隐心理资本问卷》（Implicit Psychological Capital Questionnaire）或I-PCQ（Harms & Luthans, 2012）。为了把我们的测量从工作心理资本扩展到人际关系心理资本、健康心理资本和整体幸福感心理资本，近来我们也把PCQ量表应用在这些领域并得到了验证（Luthans et al., 2013）。我们将在第9章更详细地讨论这些测量。

最后，运用本书的"发展中的心理资本理论框架"，我们已经能够引入微干预（2~24小时的面对面工作坊及在线提供的干预）于工作场所的心理资本开发（Luthans, Avey, et al., 2006；第9章）。如指出的，通过实验研究设计，我们能够证明这些微干预能导致参与者的心理资本显著提高（Luthans et al., 2008, 2010, 2014）并导致绩效改善（Luthans et al., 2010）；进而运用效用分析证明这些发展能产生很高（超过200%）的投资回报（Luthans, Avey, et al., 2006；第9章）。我们将在第9章呈现这些微干预并提供一些实践技术，用于在各种环境和条件下计算心理资本投资的潜在回报，或我们称之为心理资本的发展收益（return on development, ROD；Avolio, Avey, & Quisenberry, 2010）。

心理资本和真实领导力

从一开始，我们就把心理资本作为真实领导力开发（authentic leadership development, ALD）的一项主要输入（Avolio & Luthans, 2006; Luthans & Avolio, 2003）。特别是在一个积极的组织情境中，其计划内和计划外的触发事件是整合的，当开发心理资本的尝试被引入其中时，发展中的领导能加强自我意识、自我调节和自我开发。结果是，不仅产生了高水平的心理资本的领导，也培养了更真实的领导。如果领导是既具有较高的心理资本又是更真实的，那么我们就可以期望其下属也能获得同样的发展（Avey, Avolio, et al., 2011; Avolio, Gardner, Walumbwa, Luthans, & May, 2004; Gardner, Avolio, Luthans, May, & Walumbwa, 2005; Wang, Sui, Luthans, Wang, & Wu, 2014）。

除了自我发展之外，真实领导还有一个基本特征，就是他们有能力也有动机发展其下属。正直、能平衡正义或公平、可信和透明的真实领导能够鼓励下属的互惠行为，并形成积极的组织文化，使开放、分享、持续的心理资本发展成为常态。实际上，积极性可能表现出螺旋上升和螺旋下降，以及"传染效应"，这已经被持续用作积极组织学术研究和积极心理学研究的背景了（Cameron, Dutton, & Quinn, 2003; Fredrickson, 2001）。我们最近的工作整合了这些概念，既有概念上的（Luthans, Norman, & Hughes, 2006; Youssef & Luthans, 2005a; Youssef-Morgan & Luthans, 2013），也有实验性的（Avey, Avolio, et al., 2011; Haar, Roche, & Luthans, 2014; Story, Youssef, Luthans, Barbuto, & Bovaird, 2013）。

心理资本分析水平在美国和国际上的延展

将心理资本从个体引入到领导和下属,是认识到有必要延展心理资本分析水平的第一步。例如,在未来,心理资本可能需要多层次的分析。近来特别让人感兴趣的是,如何把心理资本提高到团队、部门、组织、社区或国家层面的分析。已经有快速增长的研究开始在团队、集体水平(Haar et al., 2014; Mathe-Soulek et al., 2014; Memili, Welsh, & Luthans, 2013)分析心理资本,还有一个最近的研究采用组织层面的心理资本分析水平(Memili, Welsh, & Kaciak, 2014; Memili, Welsh, & Luthans, 2013)。然而,"概念性同构"(关于构念的操作和关系网络是否在不同分析水平上变化)和"功能性同构"(更高水平的构念是否与低水平的构念预测同样的结果)的程度仍需仔细地验证(McKenny, Short, & Payne, 2013)。与螺旋上升和积极性的向下传染效应相反,资源理论——如资源保存理论(Hobfoll, 1989)和选择性最优化补偿模型(Baltes, 1997)——基本上聚焦于人们应对资源损失和恶化的机制。这样,延展心理资本的现实问题就变成了,以前建构的心理资本是否会随时间变差。

由于心理资本能力是状态而不是持久的特质,我们预期它们随时间波动,增长或降低则主要取决于测评时的情境。例如,效能属于某领域专属的能力,当一个员工近来被推到一个他不熟悉或不确定责任的急需岗位时,他很可能表现出至少是短暂的效能下降。因此,在今天不断变化的工作环境中,为了保持一个高水平的效能,有必要持续地努力开发效能。类似地,在本地管理非常高效的一个管理者被外派到国外作业时,则很可能表现出"迷失"了韧性。韧性的迷失可能是由于巨大的社会支持资源被抽走了。另一方面,由于总部持续地指导和支持,加上管理者在新的地方积极建立人际关系和连接,韧性可以被重建,或许可以加速重建,这取决于干预被聚焦和被验证的程度。

尽管有这些潜在的问题和局限性,我们还是主张,我们所提出的协同的心理资本不像传统的人力和社会资本,甚至也不像单独的积极心理资源,它提供一种动态的资源潜力，可以成长并随着时间保持。例如，移居国外者的韧性可能因为社交资产丢失而受到威胁，他们可以利用心理资本的希望路径来寻找新办法，解决障碍并恢复过来。移居者可以利用和加强其个人与伴侣、孩子、同事等的人际关系，并可能因此获得长期资源而不是丢失。而且，如果他们贸然返回，将给组织造成重大损失，包括重新安置费、工作中断和心理资本（如效能）损失。他们还可以通过友谊和新的社区活动建立一个新的社交网络以支撑其心理资本。这种社会化很可能影响组织的声誉，以及移居者的幸福感和其下属的责任心与合作性。

类似地，这个例子中的移居者如果之前有在其他国际作业中成功的经验，那他们也可以利用先前已经建立的效能资本。他们还可以利用乐观资本，将一开始的消极事件解释为外部的（如"在文化冲击的情境下，任何人一开始都会自然地产生那种感觉"）、暂时的（如"这只是一小会儿，一切最终会变好的"）、情境特定性（如"我这样感觉肯定是因为我与团队的第一次见面进展不太顺"）。这些方法可以帮助移居者维持甚至加强他们的韧性，反弹到一个更高水平的绩效和幸福感。

这个例子指出构成心理资本的状态类积极资源如何与积极资源理论的其他资源区别。我们倾向于主张，与其争夺会过时、耗竭或失去竞争倾向的稀缺、不可再生资源，还不如争取可再生、互补、协作的四项心理资本资源。我们进一步假定高心理资本个体或团队可以灵活、适应性地满足工作的动态需求，而且心理资本同时能帮助他们体验更高水平的竞争力和幸福感。这与传统资源获得机制（如，数小时的培训以获得人力资本或印象管理和政治手段以建立社会资本）造成的压力和紧张相反。

心理资本的新定位不否定在心理资本开发进程中需要牺牲一些资源（如时间、能源，甚至财务资源），然而，如我们在第9章展示的，应将这些牺牲看作是有很高的潜在回报（平衡表和"底线"视角）的投资，而不是获得或损失（短期的损益表法）。心理资本的高投资回报主动追求自我管理和组织领导力，不仅因为从财务视角上看是需要的，而且因为它们可以激励并能对短期和长期绩效都产生积极影响。同理，损失倾向于是让人害怕、尽力避免的，或在必要时让人反应性地被动应对。显然，心理资本在所有水平上（员工个体、领导、团队、部门和整体组织）都更好地与积极反应和幸福感相吻合，而不是与消极性和螺旋下降相关联，后者与停滞、压力、筋疲力尽、离职、退缩和财务损失相关。

与心理资本延展相关的另一个方面是跨文化应用。由于心理资本是状态类和可发展的，它可能会被文化背景影响。文化差异与Hobfoll（2002, p. 312）的"资源大篷车（resource caravan）"概念一致，它影响人们在其一生中所获得的资源集合。例如，由于效能和希望更基于自我，而乐观和韧性更依赖于他人和外部环境，这可能导致个体主义文化和集体主义文化的差异，其程度取决于这些心理资本资源受激励开发的程度。

如上所指，至今我们的工作总体上支持了不同文化背景的心理资本有相关性（Wernsing, 2014; Youssef & Luthans, 2003），也包括一些具体的国家，如中国（Huang & Luthans, 2014; Luthans, Avey, Clapp-Smith, & Li, 2008; Luthans et al., 2005）、南非（Cascio & Luthans, 2014; Reichard, Dollwet, & Louw-Potgieter, 2014）和中东（Youssef, 2011; Youssef & Luthans, 2006）。在目前的发展阶段，我们相信无论对美国本土还是跨文化的研究和应用而言，心理资本都代表了一个高潜力构念，它可以被推广到跨度范围很大的文化和背景里。

结语

为了总结最初的两个基本章节，我们强烈鼓励读者对整个心理资本持有一个"全局"视角，后面的每一章要分别深入探究四项符合标准的积极资源（希望、效能、韧性和乐观，或由其首字母组成的"内在的英雄"），并探索其他一些潜在的心理资本资源。需要记住，心理资本作为高阶构念要大于其部分之和。我们希望，你不要满足于学习一两个符合你学术或研究兴趣的资源。重申一下，我们的目的是采用探寻的视角，持续探索符合标准的新心理资源，建立理论体系，就新出现的研究问题开展研究，并提高实践应用。读了本书以后，你应该相信自己学到了很多，心理资本是一个整体，并且能对作为个体的你是什么样的人产生巨大的影响，但更重要的是，你（或你的人）能成为谁。本书能在自我意识和发展方面帮助你，不过它也可以作为新范式，在开发和管理人力资源中提高绩效和竞争优势。

参考文献

Adams, V. H., Snyder, C. R., Rand, K. L., King, E. A., Sigmon, D. R., & Pulvers, K. M. (2003). Hope in the workplace. In R. Giacolone & C. Jurkiewicz (Eds.), *Handbook of workplace spirituality and organizationalperformance* (pp. 367-377). New York, NY: Sharpe.

Alarcon, G. M., Bowling, N. A., & Khazon, S. (2013). Great expectations: A meta-analytic examination of optimism and hope. *Personality and Individual Differences, 54,* 821-827.

Antonovsky, A. (1979). *Health, stress, and coping* San Francisco, CA: Jossey-Bass.

Avey, J. B., Avolio, B. J., & Luthans, F. (2011). Experimentally analyzing the impact of leader positivity on follower positivity and performance. *Leadership Quarterly, 21,* 350-364.

Avey, J. B., Luthans, F., Smith, R. M,, & Palmer, N. F. (2010). Impact of positive psychological capital on employee well-being over time. *Journal of Occupational Health Psychology, 15,* 17-28.

Avey, J. B., Reichard, R. J., Luthans, F., & Mhatre, K. H. (2011). Meta-analysis of the impact of positive psychological capital on employee attitudes, behaviors, and performance. *Human Resource Development Quarterly, 22,* 127-152.

Avolio, B. J. (2011). *Full range leadership development.* Thousand Oaks, CA: Sage.

Avolio, B. J., Avey, J. B., & Quisenberry, D. (2010). Estimating return on leadership development investment. *Leadership Quarterly, 21,* 633-644.

Avolio, B. J., Gardner, W. L., Walumbwa, F. O., Luthans, F., & May, D. R. (2004). Unlocking the mask: A look at the process by which authentic leaders impact follower attitudes and behaviors. *Leadership Quarterly, 15*, 801-823.

Avolio, B. J., & Luthans, F. (2006). The high impact leader: Moments matter in accelerating authentic leadership development. New York, NY: McGraw-Hill.

Baltes, P. (1997). On the incomplete architecture of human ontogeny: Selection, optimization, and compensation as foundation of development theory. *American Psychologist, 52,*366-380.

Bandura, A. (1997). *Self-efficacy: The exercise of control.* New York, NY: Freeman.

Bandura, A. (2001). Social cognitive theory: An agentic perspective. *Annual Review of Psychology, 52,*1-26.

Bandura, A. (2008). An agentic perspective on positive psychology. In S. J. Lopez (Ed.), *Positive psychology: Exploring the best in people* (pp. 167-196). Westport, CT: Greenwood.

Bandura, A., & Locke, E. A. (2003). Negative self-efficacy and goal effects revisited. *Journal of Applied Psychology, 88,* 87-99.

Barrick, M. R., & Mount, M. K. (1991). The big five personality dimensions and job performance: A meta-analysis. *Personnel Psychology, 44,*1-26.

Bryant, F. B., & Cvengros, J. A. (2004). Distinguishing hope and optimism. *Journal of Social and Clinical Psychology, 23,*273-302.

Cameron, K., Dutton, J., & Quinn, R. (Eds.). (2003). *Positive organizational scholarship.* San Francisco, CA: Berrett-Koehler.

Cameron K., & Spreitzer, G. M. (Eds.). (2012). *Oxford handbook of positive organizational scholarship.* New York, NY: Oxford University Press.

Cameron, K. S. (2008). Paradox in positive organizational *change. Journal of Applied Behavioral Science, 44,*7-24.

Cameron, K. S., & Caza, A. (2004). Contributions to the discipline of positive organizational scholarship. *American Behavioral Scientist, 47,*731-739.

Carver, C., Scheier, M., Miller, C., & Fulford, D. (2009). Optimism. In S. Lopez & C. R. Snyder (Eds.), *Oxford handbook of positive psychology* (2nd ed., pp. 303-312). New York, NY: Oxford University Press.

Cascio, W., & Luthans, F. (2014). Reflections on the metamorphosis at Robben Island: The role of institutional work and positive psychological capital .*Journal of Management Inquiry, 23,* 51-67.

Cascio, W. F,, & Boudreau, J. W. (2011). *Investing in people: Financial impact of human resource initiatives* (2nd ed.). Upper Saddle River, NJ: Pearson Education.

Choi, Y,, & Lee, D. (2014). Psychological capital, Big Five traits, and employee outcomes. *Journal of Managerial Psychology, 29,*122-140.

Coutu, D. L. (2002). How resilience works. *Harvard Business Review, 80(*3), 46-55.

Cozzarelli, C. (1993). Personality and self-efficacy as predictors of coping with abortion. *Journal of Personality and Social Psychology, 65,* 1224-1237.

Davidson, R. (2012). *The emotional life of your brain.* New York, NY: Hudson/ Penguin.

Dawkins, S., Martin, A., Scott, J., & Sanderson, K. (2013). Building on the positives: A psychometric review and critical analysis of the construct of psychological capital. *Journal of Occupational and Organizational Psychology, 86,* 348-370.

Fitz-Enz, J. (2009). The ROI of human capital: Measuring the economic value of employee performance. New York, NY: AM ACOM.

Fredrickson, B. L. (2001). The role of positive emotions in positive psychology: The broaden-and-build theory of positive emotions. *American Psychologist, 56,* 218-226.

Gallaghar, M. W., & Lopez, S. J. (2009). Positive expectancies and mental health: Identifying the unique contributions of hope and optimism. *Journal of Positive Psychology, 4,* 548-556.

Gardner, W. L., Avolio, B. J., Luthans, F., May, D. R., & Walumbwa, F. O. (2005). "Can you see the real me?" A self-based model of authentic leader and follower development. *Leadership Quarterly, 16,* 343-372.

Gillham, J. (Ed.). (2000). *The science of optimism and hope.* Radnor, PA: Templeton Foundation.

Haar, J. M., Roche, M. A., & Luthans, F. (August 1-5, 2014). *Do leaders' psychological capital and engagement influence follower teams or vice-versa?* Paper presented at Academy of Management Conference, Philadelphia, PA.

Hannah, S., & Luthans, F. (2008) A cognitive affective processing explanation of positive leadership: Toward a theoretical explanation of the role of psychological capital. In R. Humphrey (Ed), *Affect and emotion: New directions in management theory and research* (pp. 95-134). Charlotte, NC: Information Age.

Harms, P., & Luthans, F. (2012). Measuring implicit psychological constructs in organizational behavior: An example using psychological capital. *Journal of Organizational Behavior, 33,* 589-594.

Hobfoll, S. (1989). Conservation of resources: A new attempt at conceptualizing stress. *American Psychologist, 44,* 513-524.

Hobfoll, S. (2002). Social and psychological resources and adaptation. *Review of General Psychology, 6,* 307-324.

Huang, L., & Luthans, F. (2014). Toward better understanding of the learning goal orientation-creativity relationship: The role of psychological capital. *Applied Psychology: An International Review,* doi:10.111/apps.l2028.

Hubbard, D. W. (2010). How to measure anything: Finding the value of "intangibles" in business (2nd ed.). Hoboken, NJ: Wiley.

Jensen, S. M., & Luthans, F. (2002). The impact of hope in the entrepreneurial process: Exploratory research findings. In *Decision Sciences Institute Conference Proceedings*. San Diego, CA; Decision Sciences Institute.

Judge, T. A., & Bono, J. E. (2001). Relationship of core self-evaluations traits—self-esteem, generalized self-efficacy, locus of control, and emotional stability—with job satisfaction and job performance: A meta-analysis. *Journal of Applied Psychology, 86*, 80-92.

Kanter, R. M. (2004). *Confidence.* New York, NY: Crown Business.

Kluemper, D. H., Little, L. M., & DeGroot, T. (2009). State or trait: Effects of state optimism on job-related outcomes .*Journal of Organizational Behavior, 30,* 209-231.

Kobasa, S. (1979). Stressful life events, personality and health: An inquiry into hardiness. *Journal of Personality and Social Psychology, 37,* 1-11.

Kravetz, D. (2004). Measuring human capital: Converting workplace behavior into dollars. Mesa, AZ: KAP.

Linley, P. A., & Joseph, S. (Eds.). (2004). *Positive psychology in practice.* Hoboken, NJ: Wiley.

Lopez, S., & Snyder, C. R. (Eds.). (2003). *Positive psychological assessment: A handbook of models and measures.* Washington, DC: American Psychological Association.

Lopez, S., & Snyder, C. R. (Eds.). (2009). *Oxford handbook of positive psychology* (2nd ed.). New York, NY: Oxford University Press.

Luthans, B. C., Luthans, K. W., & Avey, J. B. (2014). Building the leaders of tomorrow: The development of academic psychological capital. *Journal of Leadership and Organizational Studies, 21,* 191-199.

Luthans, F. (2002a). The need for and meaning of positive organizational behavior. *Journal of Organizational Behavior, 23,* 695-706.

Luthans, F. (2002b). Positive organizational behavior: Developing and managing psychological *strengths. Academy of Management Executive, 16(*1), 57-72.

Luthans, F., Avey, J. B., Avolio, B. J., Norman, S. M., & Combs, G. J. (2006). Psychological capital development: Toward a micro-intervention. *Journal of Organizational Behavior, 27,* 387-393.

Luthans, F., Avey, J. B., Avolio, B. J., & Peterson, S. (2010). The development and resulting performance impact of positive psychological capital. *Human Resource Development Quarterly, 21,* 41-66.

Luthans, F., Avey, J. B., Clapp-Smith, R., & Li, W. (2008). More evidence of the value of Chinese workers' psychological capital: A potentially unlimited competitive resource?

InternationalJournal of Human Resource Management, 19, 818-827.

Luthans, F., Avey, J. B., & Patera, J. L. (2008). Experimental analysis of a web-based training intervention to develop positive psychological capital. *Academy of Management Learning and Education, 7,* 209-221.

Luthans, F., & Avolio, B. (2003). Authentic leadership: A positive development approach. In K. S. Cameron, J. E. Dutton, & R. E. Quinn (Eds.), *Positive organizational scholarship* (pp. 241-258). San Francisco, CA: Berrett-Koehler.

Luthans, F., Avolio, B. J., Avey, J. B., & Norman, S. M. (2007). Positive psychological capital: Measurement and relationship with performance and satisfaction. *Personnel Psychology, 60*, 541-572.

Luthans, F., & Jensen, S. M. (2002). Hope: A new positive strength for human resource development. *Human Resource Development Review, 1,* 304-322.

Luthans, F., Luthans, K., & Luthans, B. (2004). Positive psychological capital: Going beyond human and social capital. *Business Horizons, 47(*1), 45-50.

Luthans, F., Norman, S. M., & Hughes, L. (2006). Authentic leadership. In R. Burke & Cooper (Eds.), *Inspiring leaders* (pp. 84-204). London, UK: Routledge, Taylor & Francis.

Luthans, F., Van Wyk, R., & Walumbwa, F. O. (2004). Recognition and development of hope for South African organizational leaders. *Leadership and Organization Development Journal, 25,* 512-527.

Luthans, F., Vogelgesang, G. R., & Lester, P. B. (2006). Developing the psychological capital of resiliency. *Human Resource Development Review, 5,* 25-44.

Luthans, F., & Youssef, C. M. (2004). Human, social, and now positive psychological capital management: Investing in people for competitive advantage. *Organizational Dynamics, 33(2*), 143-160.

Luthans, F., & Youssef, C. M. (2007). Emerging positive organizational behavior. *Journal of Management, 33,*321-349.

Luthans, F., Youssef, C. M., & Avolio, B. J. (2007). Psychological capital: Investing and developing positive organizational behavior. In D. Nelson & C. L. Cooper (Eds.), *Positive organizational behavior* (pp. 9-24). Thousand Oaks, CA: Sage.

Luthans, F., Youssef, C. M., Sweetman, D., & Harms, P. (2013). Meeting the leadership challenge of employee well-being through relationship PsyCap and health PsyCap. *Journal of Leadership and Organizational Studies, 20,*114-129.

Lyubomirsky, S. (2007). *The how of happiness.* New York, NY: Penguin.

Magaletta, P. R. & Oliver, J. M. (1999). The hope construct, will and ways: Their relations with self-efficacy, optimism and well-being. *Journal of Clinical Psychology, 55,*539-551.

Masten, A. S. (2001). Ordinary magic: Resilience processes in development. *American Psychologist, 56*, 227-239.

Masten, A. S., Cutuli, J. J., Herbers, J. E, & Reed, M. G. J. (2009). Resilience in Development. In S. J. Lopez & C. R. Snyder (Eds.), *Oxford handbook of positive psychology* (2nd ed., pp. 117-131). New York, NY: Oxford University Press.

Mathe-Soulek, K., Scott-Halsell, S., Kim, S., & Krawczyk, M. (2014). Psychological capital in the quick serve restaurant industry: A study of unit-level performance. *Journal of Hospitality & Tourism Research,* doi:10.1177/1096348014550923

McKenny, A. F., Short, J. C., & Payne, T. (2013). Using computer-aided text analysis to elevate constructs: An illustration using psychological capital. *Organizational Research Methods, 16*, 152-184.

Memili, E., Welsh, D., & Luthans, F. (2013). Going beyond research on goal setting: A proposed role for organizational psychological capital of family firms. *Entrepreneurship Theory and Practice, 37*, 1289-1296.

Memili, E., Welsh, D. H., & Kaciak, E. (2014). Organizational psychological capital of family franchise firms through the lens of the leader-member exchange theory. *Journal of Leadership and Organizational Studies, 21,* 200-209.

Meyer, J. P., Stanley, L. J., & Vandenberg, R. J. (2013). A person-centered approach to the study of commitment. *Human Resource Management Review, 23*, 190-202.

Newman, A., Ucbasaran, D., Zhu, F., & Hirst, G. (2014). Psychological capital: A review and synthesis. *Journal of Organizational Behavior, 35,* S120-S138.

Parker, S. (1998). Enhancing role-breadth self-efficacy: The roles of job enrichment and other organizational interventions. *Journal of Applied Psychology, 83,* 835-852.

Peterson, C. (2000). The future of optimism. *American Psychologist,* 55, 44-55.

Peterson, C., & Seligman, M. (2004). *Character strengths and virtues.* Washington, DC: American Psychological Association.

Peterson, S. J., Balthazard, P. A., Waldman, D. A., & Thatcher, R. W. (2008). Neuroscientific implications of psychological capital. *Organizational Dynamics, 37,* 342-353.

Peterson, S. J., & Byron, K. (2008). Exploring the role of hope in performance: Results from four studies .*Journal of Organizational Behavior, 29,* 785-803.

Peterson, S. J., & Luthans, F. (2003). The positive impact and development of hopeful leaders. *Leadership and Organization Development Journal, 24(*1), 26-31.

Peterson, S. J., Luthans, F., Avolio, B. J., Walumbwa, F. O., & Zhang, Z. (2011). Psychological capital and employee performance: A latent growth modeling approach. *Personnel Psychology, 64*, 427-450.

PfefFer, J., & Sutton, R. I. (2006). Evidenced-based management. *Harvard Business Review, 84(*1), 63-74.

Pluess, M., & Belsky, J. (2013). Vantage sensitivity: Individual differences in response to positive experiences. *Psychological Bulletin, 139,* 901-916.

Rand, K. L., Martin, A. D., & Shea, A. (2011). Hope, but not optimism, predicts academic performance of law students beyond previous academic achievement. *Journal of Research in Personality, 45,* 683-686.

Rini, C. K., Dunkel-Schetter, C., Wadhwa, P. D., & Sandman, C. A. (1999). Psychological adaptation and birth outcomes: The role of personal resources, stress, and sociocultural context in pregnancy. *Health Psychology, 18,* 333-345.

Scheier, M. F., & Carver, C. S. (1987). Dispositional optimism and physical well-being: The influence of generalized outcome expectancies on health .*Journal of Personality,* 55,169-210.

Schmidt, F. (2009). Select on intelligence. In E. Locke (Ed.), *Handbook of principles of organizational behavior* (2nd ed., pp. 3-17). West Sussex, UK: Wiley.

Schneider, S. L. (2001). In search of realistic optimism. *American Psychologist, 56,* 250-263.

Seligman, M. E. P. (1998). *Learned optimism.* New York, NY: Pocket Books.

Snyder, C. R. (1995). Managing for high hope. *R & D Innovator, 4(6),* 6-7.

Snyder, C. R. (2000). *Handbook of hope.* San Diego, CA: Academic Press.

Snyder, C. R., Harris, C., Anderson, J. R., Holleran, S. A., Irving, L. M., Sigmon, S. T., Harney, P. (1991). The will and the ways: Development and validation of an individual differences measure of hope. *Journal of Personality and Social Psychology, 60,*570-585.

Snyder, C. R., Irving, L., & Anderson, J. (1991). Hope and health: Measuring the will and the ways. In C. R. Snyder & D. R. Forsyth (Eds.), *Handbook of social and clincal psychology* (pp. 285-305). Elmsford, NY: Pergamon.

Snyder, C. R., Sympson, S. C., Ybasco, F. C., Borders, T. F., Babyak, M. A., & Higgins, R. L. (1996). Development and validation of the state hope scale. *Journal of Personality and Social Psychology, 70,*321-335.

Spreitzer, G., & Sonenshein, S. (2003). Positive deviance and extraordinary organization. In K. Cameron, J. K. Dutton, & R. Quinn (Eds.), *Positive organizational scholarship* (pp. 207-224). San Francisco, CA: Berrett Koehler.

Reichard, R.J., Dollwet, M., & Louw-Potgieter, J. (2014). Development of crosscultural psychological capital and its relationship with cultural intelligence and ethnocentrism. *Journal of Leadership and Organizational Studies, 21,*150-164.

Stajkovic, A. D., & Luthans, F. (1998a). Self-efficacy and work-related performance: A meta-analysis. *Psychological Bulletin, 124,*240-261.

Stajkovic, A. D., & Luthans, F. (1998b). Social cognitive theory and self-efficacy: Going beyond traditional motivational and behavioral approaches. *Organizational Dynamics, 26,* 62-74.

Story, J. S. P., Youssef, C. M., Luthans, F., Barbuto, J. E., & Bovaird, J. (2013). Contagion effect of global leaders' positive psychological capital on followers: Does distance and quality of relationship matter? *International Journal of Human Resource Management, 24,* 2534-2553.

Sutcliffe, K. M., & Vogus, T. (2003). Organizing for resilience. In K. S. Cameron, J. E. Dutton, & R. E. Quinn (Eds), *Positive organizational scholarship* (pp. 94-110). San Francisco, CA: Berrett-Koehler.

Thoits, P. (1994). Stressors and problem solving: The individual as a psychological activist. *Journal of Health and Social Behavior, 35,* 143-160.

Tong, E., Fredrickson, B. E., Chang, W., & Lim, Z. X. (2010). Re-examining hope: The roles of agency thinking and pathways thinking. *Cognition and Emotion, 24,* 1207-1215.

Wagnild, G. M., & Young, H. M. (1993). *Journal of Nursing Management, 1(2),* 165-178.

Wang, H., Sui, Y., Luthans, F., Wang, D., & Wu, Y. (2014). Impact of authentic leadership on performance: Role of followers' positive psychological capital and relational 'processes. *Journal of Organizational Behavior, 35,* 5-12.

Wernsing, T. (2014). Psychological capital: A test of measurement invariance across 12 national cultures .*Journal of Leadership and Organization Studies, 21,* 179-190.

Whetten, D., Felin, T., & King, B. (2009). The practice of theory borrowing in organization studies. *Journal of Management, 35,* 537-563.

Youssef, C. M. (2011). Recent events in Egypt and the Middle East: Background, direct observations and a positive analysis. *Organizational Dynamics, 40,* 222-234.

Youssef, C. M., & Luthans, F. (2003). Immigrant psychological capital: Contribution to the war for talent and competitive advantage. *Singapore Nanyang Business Review,* 2(2), 1-14.

Youssef, C. M., & Luthans, F. (2005a). Resiliency development of organizations, leaders and employees: Multi-level theory building for sustained performance. In W. Gardner, B. Avolio, & F. Walumbwa (Eds.), *Authentic leadership theory and practice: Origins, effects and development. Monographs in leadership and management* (Vol. 3, pp. 303-343). Oxford, UK: Elsevier.

Youssef, C. M., & Luthans, F. (2005b). A positive organizational behavior approach to ethical performance. In R. Giacalone, C. Jurkiewicz, & C. Dunn (Eds.), *Positive psychology in business ethics and corporate social responsibility* (pp. 1-22). Greenwich, CT: Information Age.

Youssef, C. M., & Luthans, F. (2006). Positivity in the Middle East: Developing hopeful Egyptian organizational leaders. In W. Mobley & E. Weldon (Eds.), *Advances in global leadership* (Vol. 4, pp. 283-297). Oxford, UK: Elsevier.

Youssef, C. M., & Luthans, F. (2007). Positive organizational behavior in the workplace: The impact of hope, optimism, and resilience. *Journal of Management, 33,* 774-800.

Youssef, C. M., & Luthans, F. (2013). Developing psychological capital in organizations: Cognitive, affective and conative contributions of happiness. In S. A. David,
I. Boniwell, & A. C. Ayers (Eds.), *Oxford handbook of happiness* (pp. 751-766). New York, NY: Oxford University Press.

Youssef-Morgan, C. M., & Luthans, F. (2013). Psychological capital theory: Toward a positive holistic model. In A. Bakker (Ed.), *Advances in positive organizational psychology.* Bingley, UK: Emerald.

# 第 3 章

心理资本效能（信心）

PSYCHOLOGICAL CAPITAL AND BEYOND

你相信自己吗？你是否知道自己具备成功所需的素质？虽然这些问题也可以作为有关希望和乐观等章节的开篇，但它们与本章涉及的效能关系格外密切。

我们之所以能够从事各种各样的活动，是因为背后有动机做支撑。而动机往往来自我们确信自己能够胜任某些行为的认知。班杜拉（1997）指出，人们对于自己完成某项特定任务的可能性估计就是其对效能的估计。举例来说，我们会观察领导是否具备激励他人工作或引导他人变换角度看待问题的能力。领导能在多大程度上做到这些反映了他们的效能水平。

虽然效能的概念通常局限在特定领域的特定任务，但现在人们日益意识到，个体也许拥有跨越不同领域、任务和环境（例如职场）的"共通"效能（Parker, 1998）。举例来说，熟练的员工无论是面对工程任务，还是处理价格问题，都会觉得自己足以胜任。这种跨领域的广义效能观为我们定义、衡量和发展效能提供了更为精准的方式，也为我们全面开发效能提供了更为有效的角度（Bandura, 2012）。

越来越多的证据表明，对本章开头提出的问题的回答，并不只取决于你的知识、技巧，也不只取决于智商（或情商，即情感智力），或是你的人格特质，尽管这些因素都可能与我们提出的问题有一定关联。在本书的第1章，我们曾指出，你的心理资本对你是谁，你相信自己能做什么，你实际从事的工作以及你能成为什么样的人都有相当大的影响。在第2章，我们列出了心理资本的标准，包括以理论和研究依据为基础、状态类和可开发、与绩效影响相关等。特别地，或许最符合这些标准的心理优势和心理能力就是效能，我们也可简单地将其称为信心。所以，自我效能水平就是回答本章开篇那些问题的一个好答案。它能激励你选择挑战，迎接挑战，并调动你的力量和技巧去应对挑战，在很多时候，它能让你出色地战胜挑战。它召唤你，鼓励你积极追求自己的目标，并为之付出必要的时间和努力。在你遇到障碍，想要放弃时，效能会帮助你坚持下去。从这个意义上说，效能与希望、乐观和韧性息息相关。前面我们讲过，这些素质也是心理资本发挥协同力量的诸多要素的一部分。效能是你对自己的认知，也是长期以来所形成的一些东西。它是自我的一个方面，它意味着为了实现自己的价值，你了解自己需要在哪些地方做出积极改变或改进。

你或许会觉得自己是个充满自信的人。或者相反，你也可能觉得自己缺乏自信。然而，为了准确地评估自己的效能水平，你需要分析你的自信表现在什么地方，以及你的自信如何随时间及情境而变动。人往往有属于自己的舒适区，即他们已经能轻松驾驭的领域。他们对这些领域充满信心。多数人还有自己感兴趣并想去探索的新领域。如果这些新领域与他们在过去曾取得成功的领域相关，那他们在迎接新领域带来的新挑战时很可能会有较高的效能。然而，只有当他们克服了自己的畏惧心理，战胜了自己对改变的抵触，将自己的自信提升到特定的阈值，并勇敢地迈出关键的第一步，他们才能真正发挥出自己的效能。

为了让读者能更深切地理解构成心理资本的四项要素，在本章（关于效能）和接下来的三章（分别关于希望、乐观和韧性）中，我们会在每章提供练习和案例。我们认为这不仅能让你更积极地参与学习过程，更能思考自己的效能发展状况，还能赋予这些章节中与心理资本相关的学术性议题更多的意义。

所以，在下面这个简短的思考练习之后，本章将对心理资本中一个非常重要的要素——效能或信心——的含义、过程与开发展开深入探讨。

关于效能的个人反思练习

作为效能反思练习的一部分，我们请你选择一个在生活中感到信心十足的领域。它可以是工作、教育、家庭、友情、最喜欢的运动、领导职位或某项爱好。然后认真想想，为了在这一领域获得成功，你需要做不同任务。举例来说，在工作中，你可能需要调动分析能力去解决问题或做出决断，特别是当你处在领导的位置上。为了让别人接受决策者做出的方案，多数管理者和员工也需要利用自己的沟通技巧跟他人或顾客互动。例如，营销人员往往需要一定的演讲或结束对话的技能。如果你的工作需要书面沟通，那么写作能力可能就十分关键。如果你从事行政工作，那协调组织能力就显得格外重要。还有一些职位要求具备谈判技巧、创意能力或运用社交媒体的能力。如果在较大的行业类别中做进一步细分的话，那这个表单将会非常长。

接下来，为你的表单列出重点：挑出最关键的三到四项任务，即对你的成功有最大影响的活动。然后，按照从 0% 到 100% 的级别标出你的自信程度。你是否自信到：

- 至少能完成这些任务？
- 在做这些任务时达到自己和别人的期望值？
- 能出色地完成这些任务？

接下来，我们需要你离开自己的舒适区和得心应手的领域，开始专注在自己的梦想和志愿上。你可以任选一个你一直以来都想从事或做得更好的领域。运用类似的分析法，试着将这一领域细分出核心任务或要素。然后再以我们前面提到的三个问题为标准，衡量一下你在这些任务或要素上的信心程度。你是否能总结出哪些能力既可以应用在你擅长的领域，又可以用在尚未探索的新领域？

从这些练习中，你有什么重要发现？你关注的新领域与你熟知的领域相距有多远？换句话说，你是否走出了自己的"舒适区"？新领域带来的挑战与你的强项是否相关，又或者它与你之前自信能够胜任的任务毫无关联？在你从事现在的工作之前，你是否想过有些事你无法胜任，并被消极的一面占据头脑？在面对新挑战时，为了提升自己的效能，你会如何寻求支持、指引或相关资源？

关于效能的五个关键发现

在做上面的反思性练习时，你可能会体验到至少五个有关效能的关键发现。这些发现能帮助你更好地理解自己的效能。它们不仅能指导你去发展和培育自己在各种不同领域的信心，而且可以作为一个平台与新起点，让你更深刻地理解下文与效能相关的学术性议题。

发现一：效能与具体领域相关

通过前面所做的思考和分析，你应该能意识到，不论你在某些领域中多么自信，在面对其他领域时你依然可能感到一片茫然。换句话说，你的效能大体上更多地体现在你前面分析过的领域中。因此，你在某个领域所积累的信心并不能理所当然地移植到别的领域，不管这些领域是熟悉还是陌生，直到你发现了某些能帮助你在不同领域获得成功的要素。例如，作为一个领导，你在做一对一沟通时或许很有自信。然而，面对大众做励志演说可能会让你感到离自己的舒适区十分遥远。而且这与你做一对一沟通时具备的理解和激励他人的能力也没有多少重合之处。然而，你也许会意识到，某些要素是可以提炼出来并用于不同情境中的。例如，换个环境，你关切他人的能力在与听众打交道时依然能派上用场。这样一来，你就把自己在一个领域的强项转移到了另一个领域。

发现二：效能来自练习或熟练掌握

一般来说，你对重复练习过很多次和已经熟练掌握的任务最有信心。而对刻意避免或缺乏经验的任务，则缺乏信心。你的效能建立在对自己成功概率的评估之上，因此，如果你想拥有较为积极的效能评估，至少你得拥有一点经验。然而，正如我们前面所说的，在评估自己的效能时，有的人会从自己擅长的某些任务中总结一些适用于其他领域的经验，从而获得更为积极的整体效能。例如，某个人在骑马时拥有很好的平衡能力，一旦他意识到了平衡在这两项运动中的重要意义，那他在滑雪时也能表现得非常棒。

发现三：效能永远都有提升空间

即便在你非常信心的领域，依然有些任务让你感到不适。例如，你可能是个技术牛人，但却不善于与人沟通。你的社交技巧也许十分出色，但你会担心自己的理性思维不如期待的那么好。

发现四：效能会受他人影响

他人的看法会影响自我评价。如果大家都认为你能成功，很多时候你也会被说服并相信自己能够成功。从这个意义上来说，他人可以成为自己提升效能的"手段"。在极端情况下，我们会把这种现象称为自我实现预言或皮格马利翁效应，也就是说，仅仅是他人对你的认可便促成了你对自己的认可。更重要的是，当看到很多方面都与自己很相似的人完成了某些任务，获得了你所期待的成就时，你也会开始相信自己同样能取得那样的成就。

这类替代学习和对比是提升效能的强大手段，很多时候，你甚至都不需要去提前规划什么。这里的关键是发现成功者与你的相似之处，在你们之间建立起关联，这样一来，你便能把他人的成功与你的潜能紧密地联系起来。

发现五：效能是多样的

信心水平取决于很多因素。有些因素是你可以控制的，例如掌握达成目标所需的知识、技巧和能力。有些因素则取决于环境。在这种情况下，你需要为实现目标采取某些必要的行动。例如，你可能有一个关于新产品的绝佳创意，但你的公司却无法提供足够的资金助你梦想成真。甚至你的身体和心理健康水平都可能会影响你的效能。举例来说，如果你的生活方式很健康，人际关系良好，那么一般来说，你的效能会比你睡眠不足，与配偶争吵不断时要高。事实上，良好的辅助资源可以被视作另一种形式的效能，它被称作"工具效能"（Eden, Ganzach, Flumin-Granat, & Zignman, 2010）。你可以评估自己是否拥有成功所需的工具，这种评估也会对效能产生积极或消极的影响。

一般而言，在你做反思练习的同时，你已经几乎把这五个关键发现都体验了一遍，或至少对它们有所认识。现在，正如在接下来的三章中一样，我们会对效能的本质及其开发方法展开更为深入的探讨。

什么是心理资本范畴下的效能

结合班杜拉（1986, 1997）渊博的理论和研究，效能或简单来说是信心，可以被定义为"个体对自己在特定情境里能够激发动机、调动认知资源和采取必要行动来成功完成某项特定工作的信念（Stajokovic & Luthans, 1988b, p. 96）。"尽管班杜拉（1997）在使用"信心"这一术语时态度谨慎，但多数研究效能的理论家都将信心视为从属于效能的概念。特别在积极心理学的范畴内，这两个词往往是共通的（Maddux, 2009）。在更为实际的体育和商业领域，"信心"一词则更受偏爱（Kanter, 2004）。

在心理资本范畴内，为了反映效能概念所依据的丰富理论研究基础（Bandura, 1997）以及信心的实用导向（Kanrer, 2004），我们习惯将这两个术语互换使用。不管我们在上面的定义中使用哪个术语，是"效能"还是"信心"，都有必要强调它们与个人信念的联系。具有效能的人有以下五个重要特征：

1. 他们会为自己设立较高的目标，并主动选择较为困难的任务。
2. 他们迎接挑战，并借助挑战壮大自己。
3. 他们善于自我激励。
4. 为了达成目标，他们会投入必要的努力。
5. 他们以坚韧不拔的精神面对挑战。

具备这五个特征的人会积极主动地提升自我，高效地开展工作，哪怕长期得不到外部辅助资源。高效能的人不会被动地等待他人为自己设立挑战性目标——这种现象常被称为"差异缩减（discrepancy reduction）"。相反，他们会为自己设定越来越高的目标，主动选择困难的任务，不断地挑战自我，从而为自己创造与目标之间的差距。对低效能的人来说，自我怀疑、怀疑主义、消极反馈、社会批评、障碍和挫折、甚至反复失败都可能造成毁灭性打击，但对高效能的个体却几乎不会有什么影响（Bandura & Locke, 2003）。

支持性的认知过程

以班杜拉（1986, 1997, 2001）的社会认知理论为坚实基础，心理资本中的效能由五种关键认知程序构成。这五种认知程序由班杜拉提出，具体包括：象征化、预先思考、观察、自我调节、自我反思。举例来说，杰罗姆相信他能为公司赢得一份重要合同。在"象征化"或者在自己的头脑中创建相应图景与模型的过程中，他或许会去研究潜在客户的决策过程，并为相关人士建立心理模型，这可能涉及他们的能力、权力关系和互动关系的本质。杰罗姆可能会以这种象征化为依据展开行动，例如在恰当的时间联系恰当的人，并根据相关利益方的地位迎合他们的不同需要。

在"预先思考"的程序中，杰罗姆会根据他期望达到的绩效水平（即绩效影响得分）来展开行动，他所期待的结果很大程度上是基于他过去的经验和成绩。例如，如果杰罗姆在一番研究之后认为，客户寻求的是价格最便宜的产品，那么他就会呈现给客户一个高效、低价、精简实用的方案。另一方面，如果他了解到客户比较看重品质和专业程度，那么他很可能会为客户提供一系列有竞争优势的高端产品，他会把关注点放在产品的独特性和复杂性上面。对客户代表的来电，他会迅速回复，对客户可能要咨询的信息，他也会做全面准备。

杰罗姆也可能会借助观察（模仿）程序向其他相关的人员学习，例如他的主管或其他更有经验的同事。他能从他们的建议和回馈中学到东西，但更为重要的是，通过观察他人的行为，他人卓有成效的表现，特别是他人达至成功的过程，杰罗姆会懂得哪些做法可行，哪些不行。这一程序中的观察要素凸显了管理者的某些行为，这些行为会"教导"他的下属该如何获得积极结果。很多时候，管理者意识不到他们的行为会在许多方面影响着下属，使他们做事更为高效。当然，如果管理者本人就是一个低效能的人，那他的行为只会让下属更为低效。

杰罗姆同样需要调动自己的自我调节能力，在这一过程中，他会自主地为自己的绩效设定具体目标和标准，不断地评估自己设下的这些目标和标准。这将帮助他更好地集中精力，发展、提高并最终实现自己的目标。例如，在杰罗姆争取客户的合同时（这是他的目标），他或许会意识到，为了拿出成功的方案，他需要更好地研究客户或调整产品。如果杰罗姆在开始时没有足够的自主性，那他甚至根本不会去想这些替代方案。

很多时候，当我们试图改变个体行为时，我们真正做的其实是通过刺激自我意识来改变自我调节模式。思考和行为的改变是由自我调节模式的改变促成的,在很大程度上,自我调节模式可能会受到环境对变化的接纳度的影响。例如,如果一个公司的价值观和文化鼓励冒险和改变,并愿意为此提供足够的包容和资金支持,那么个体在自我调节模式上的改变就会得到强化,并可能一再重复。在这种情形下,我们强调,在个体将自我意识转化为自我调节模式的改变中,环境起了重要作用。

最后,或许与杰罗姆的效能最为相关的是,他运用了自我反思过程。这在他反思自己过去的表现、成功和失败时体现得尤为明显。通过总结以往的教训,杰罗姆在面对新挑战(为公司成功地争取到客户的合同)时,已经将效能水平提升到了一定高度。如果杰罗姆能对象征化、预先思考、观察、自我调节及自我反思等认知程序善加引导利用,那么未来他不仅很有可能拿到客户的合同,而且其效能也会得到进一步提升,在遇到类似情形时,他还会取得成功。换句话说,效能带来成功,成功又进一步提升效能。但有一点很重要——稍后我们会对此加以解释——成功并不等同于效能,因为我们必须考虑像杰罗姆这样的当事者会如何定义成功。

有点反讽的是,人们可以通过反思过去来促进自我发展和效能的进步。这也是为什么我们经常指出,为了提升自我意识、自我调节能力和自我发展,我们需要花点时间来"质询"过去的成功与失败。这里"质询"的意思是我们花时间去反思和学习过去,并从中获得自我认知,从而提升自我、积极进步。这一过程能让你总结教训,并在未来避开这些错误。

影响效能的其他因素

上面的案例为我们了解效能的本质提供了两个关键点。第一,虽然成功对个体的信心或效能有重要——实际上是最重要的——影响,但成功本身并不等于效能。也就是说，正如我们从杰罗姆的案例中能看到的那样，决定信心和效能的不仅仅是过往的成功，还有认知程序（即象征化、预先思考、观察、自我调节和自我反思）。举例来说，如果杰罗姆毫不费力就获得了成功，或者他的成功并非来自他的努力与能力，那么未来他的效能很可能不会再有进一步提升。他会想："任何人都能做到！"那些白手起家取得成功的商人就是一个好例子。他们很可能会维持较高的效能，因为他们很清楚自己克服了多少困难才能获得成功。但是，如果他们的儿子或女儿接手了产业，而且产业依然很兴旺，他或她的效能并不会理所当然地得到提升，因为这并非他们努力得来的结果。要维护一个成功的组织比创业成功容易得多。对家族组织来说，缺乏提升效能的机会是个很大的问题。

第二，除了不同性质的成功对效能的影响外，人们的效能往往还受限于具体领域。在这个例子中，杰罗姆成功地拿到了客户的合同，但他的效能不一定能覆盖到工作或生活的其他领域。如果他被调到了技术性岗位，或他决定改行，那么他先前拥有的成功获取顾客合同的信心可能就不复存在了。为了重建他的效能，他需要在新的领域体验成功，并重启认知过程以理解自己的成功与认知能力之间的关联。让我们拿体育活动打个比方。一个年轻的运动员也许在篮球项目上有很高的效能，并获得过成功。但在自己并不擅长的体育项目上就不是这样。更进一步说，他带球过人的效能也许是球队里最好的，但投篮的水平却可能是全队最低的。正如前面杰罗姆的例子那样，如果这个运动员改变了体育项目或者自己在球队中的角色，那为了在新项目或新角色中重建效能，他需要勤加练习，达到熟练掌握的程度，并重启自己的认知程序。事实上，就连被誉为有史以来最佳篮球运动员的乔丹，当初在一家小棒球队效力时，都还是个连弧圈球都打不好的平庸之辈呢！

第三，理解效能的另一个关键点是它的量级和强度。量级指的是某个个体希望自己能够成功克服困难的水平。而强度是指个体对自己克服困难的能力的确认程度（Bandura, 1997; Locke, Frederick, Lee, & Bobko, 1984; Stajkovic

& Luthans, 1998b）。例如，在本章起始部分的反思练习中，我们已经为你提供了评估效能量级与强度的机会。我们鼓励你进行自我反思，并建议你根据自己在 0% 到 100% 这一标准上的反应，评估你对所选择的关键工作任务的信心级别。我们也鼓励你花点时间对自己所选择的练习、角色和生活领域，进行象征化、预先思考、观察、自我调节和自我反思。这种反思有助于你以更为个人化的方式更透彻地理解与效能本质相关的关键点。

效能与工作绩效

心理资本范畴中的希望和韧性在职场中的应用是相对较近的事，而且尚处于起始阶段。与之不同的是，效能与工作绩效的关系早已被研究文献所证实。举例来说，一项涉及 114 项研究的元分析（Stajkovic & Luthans, 1998a）显示，个体的效能与工作绩效之间存在正相关（0.38）。类似地，以集体为对象的元分析也为集体效能和集体工作绩效的联系提供了证据（Gully, Incalcaterra, Joshi, & Beaubien, 2002; Stajkovic, Lee, & Nyberg, 2009）。

确实，个人效能与工作绩效的相关要高于其他公认对绩效有影响的组织行为学概念与绩效之间关系的元分析结果，包括：目标设置（Kleingeld van Mierlo, & Arends, 2011; Wood, Mento, & Locke, 1987）；反馈（Kluger & DeNisi, 1996）；工作满意度（Judge, Thoresen, Bono, & Patton, 2001）；大五人格特质，包括责任心（Barrick & Mount, 1991）；变革型领导（Avolio, 1999; Wang, Oh, Courtright, & Colbert, 2011）；组织行为矫正（Stajkovic & Luthans, 1997, 2003）等。除 Stajkovic 和 Luthans（1998a）的研究以外，另有多项大型元分析也表明，个体效能与动机水平及工作绩效之间的确存在密切联系（Bandura, 2012; Bandura & Locke, 2003）。

尽管效能受限于具体领域，但也有大量研究表明，它对职场的许多应用都有积极影响。我们可以列举出很多项目，例如领导效能（Chemers, Watson, & May, 2000; Hannah et al., 2008; Luthans et al., 2001; Youssef & Luthans, 2012; Youssef-Morgan & Luthans, 2013）、关乎道德或伦理的效能（May et al., 2003; Palmer, 2013; Youssef & Luthans, 2005）、创新效能（Abbott, 2010; Richter et al., 2012; Tierney & Farmer, 2002）、对求职者进行测试的效能（Truxillo et al., 2002）、计算机效能（Thatcher & Perrewe, 2002）、工作变换效能（Cunningham et al., 2002）、参与效能（Lam et al., 2003）、职业决策效能（Nilsson et al., 2002）、学习效能（Ramakrishna, 2002）以及创业效能（Boyd & Vozikis, 1994; Chandler & Jansen, 1997; Chen et al., 1998; Drnovšek et al., 2010; Hayward et al., 2009; Luthans & Ibrayeva, 2006; Neck et al., 1999; Wilson et al., 2007; Zhao et al., 2005）。

除工作绩效外，跨文化研究证明效能与工作态度有关（Badran & Youssef-Morgan, 2014; Luthans et al., 2006），并与良好的健康和心理能力密切相关（Holden, 1991; Holden et al., 1990; Luthans et al., 2013）。不仅如此，研究也常常支持，效能可以让人在压力、恐惧和挑战之下依然展开有效行动，这主要是因为，当我们拥有较强的效能时，我们也拥有较强的控制感（Bandura & Locke, 2003）。正如我们前面提到过的那样，无论是从研究的广度还是深度上来看，信心或效能都非常符合心理资本对绩效产生影响的标准。而且效能可以被继续开发，接下来我们会对此进行探讨。

随着我们加深对效能在不同领域间迁移的认识，当我们进入新领域，面临新挑战时，我们可以加速效能的提升。例如，未来当我们展开效能开发的培训工作时，可以重点关注如何帮别人发现可以跨领域迁移的效能点。尤其是，有哪些适用于一个领域的标准（例如科学技术）也同样可以应用于另一领域，并能在看似毫不相干的领域促进效能的提升？这种可迁移性或许与我们前面提到的"总体"效能存在联系。

提升组织管理者和员工的信心和效能

正如我们在本书第 2 章指出的那样，心理资本范畴下的希望、乐观和韧性类似于某种精神状态。很多理论和研究都支持这一点。然而，如果对这些要素进行更深入的探讨，我们会发现，把它们视为概念性的连续体也许更好。这种连续体具备自己的特质，而作为心理资本的构成要素也接近精神状态，同时还有进一步的提升空间。但基本上，这种概念性的连续体并不适于用来描述效能。前面我们对班杜拉（1997）受到广泛认可的理论做过简短的总结，根据他的理论，很显然效能更接近精神状态，因此也很容易得到进一步开发。

如今，管理者和员工的信心水平、效能是可以得到提高的，这一点有坚实的理论依据，也有大量的研究做支撑。然而，提升的程度会因不同领域中不同难度的挑战而存在差异。特别是，班杜拉（1997）及其他研究者指出，效能是可以通过经历熟练掌握和成功、多样的替代学习和模仿、社会说服、积极反馈、身心唤醒、增益身心健康（Bandura, 1997, 2000; Hannah et al., 2008; Luthans et al., 2001; Luthans et al., 2004; Luthans & Youssef, 2004; Maddux, 2009; Stajkovic & Luthans, 1998a, 1998b）等方式得到提升。这些效能提升体验可以由高度聚焦的工作场所微干预（Luthans et al., 2006; Luthans et al., 2010; Luthans et al., 2008），非正式的简单倡议，甚至是自发性的生活琐事促成。下面的内容详细地介绍了已被确认的四种效能来源，以及提升它们的具体方法。

通过熟练掌握和成功来提升效能

"熟能生巧"，而成功能增加我们的信心。正如我们前面所讲的那样，最久经考验的提升效能的方法就是，在你想提升效能的领域不断地完成任务，体验成功。我们之前也强调过，成功本身与效能并非一回事，因为存在着对成功的认知过程，也就是说，这最终取决于当事者如何理解成功。但毫无疑问，成功的确能提升信心，而信心又转而能带来更佳的表现和更大的成功。这样一来，便形成了一个不断向上延展的螺旋。但这并不意味着低效能的人士，或那些对某些任务毫无经验的人，就注定要失败。

有多种方式可以让管理者或员工增强自己处理任务时的熟练度，从而逐渐提升自己的效能。举例来说，一个培训师或教练可以把复杂的任务分解为许多步，每次只让学员学习一项简单技巧。这样一来，学员便能够更多地体会到"小小的成功"，而这有助于提升他们的效能。由于一路上每一步都有练习和增进技艺的机会，他们所经历的简单任务和技巧最终会融汇为更广阔、更复杂的整体。

另一种让员工和管理者体验熟练掌握的方式是将他们置于成功概率较高，易于获得成功的情境中。这也正是筛选、定向培训、实习、指导和职业规划如此重要的原因。人们需要尽量被安置在成功的轨道上，而不是被置于也许不适合他们的陌生环境中，因为这可能会导致他们产生较差的绩效甚至失败。因此，我们需要为员工创造能让他们充分体验成功滋味的环境，这样他们才能逐渐驾驭任务。

在培训时，应该为员工设立弹性目标，并消除环境中的风险或扰乱心神的因素。这样的培训目标和环境有助于员工更好地吸收和应用新知识、新技能。这种培训方式能最大限度地降低员工培训期间的适应障碍，为员工熟练掌握技艺及获得成功创造更多机会。而熟练掌握和成功转而有助于提升员工的效能。激励、个案学习、假设式分析，以及其他非工作情景下的实操演练等职场常用的培训技术和行政练习，都有助于在一个安全、专注和积极的环境中提升员工的效能。这些训练使得员工可以将工作技能系统地分解为不同的步骤，并在不必为失败付出沉重代价的情形下反复实践这些步骤。这些练习与真实工作相仿的程度越高，将来员工就越能把从培训中获得的效能应用到真实的工作中去。

通过替代学习和模仿提升效能

很多时候,受限于个人、集体或整个单位都无法控制的因素(例如资金不足或达不到技术条件),根本没有办法让员工体验熟练掌握或成功。然而,幸运的是,从错误中学习成长或获得直接经验(它们通常与熟练掌握和成功体验紧密相关)并不是提升效能的唯一方式。借助我们前面介绍过的认知程序,例如替代学习和模仿,人们同样可以通过观察他人和自己的经验教训来提升信心。

尽管在提升效能方面,对熟练掌握和成功的直接体验通常比替代学习和模仿更有效,但观察能让个体更好地理解和学习他人的经验教训,并有选择性地模仿那些导向成功的行为。这种方式的学习可以增加学员在未来体验熟练掌握和成功的机会。然而,要让模仿真正起到提升效能的作用,被模仿的人物与情境必须与学员及其所处的情境具有相似性。此外还要留出时间让学员进行某种程度的反思和实践。

处于学习阶段的管理者和员工与角色榜样之间的"忠实度"越高,他们的效能就越容易因角色榜样的成功而受到影响和感召。这意味着,同事"师傅",自治团队,甚至令人钦佩的同事的"指点迷津"在提升效能方面可能比某个业务极为精通但却十分陌生的管理者、专业培训师或知名的外聘顾问更为有效。一般来说,同事与自己在背景、动机、能力和职业目标等方面都更为相似。因此,观察令人钦佩的同事的表现可能会让处于学习阶段的员工和管理者产生这样的想法:"如果他能做到,那么我也能。"他们的效能会由此得到提升。如果学员能正确地选择与自己有一致之处的角色榜样,那么他们也许就能更为有效地提升自己的个人效能水平。通过向身边的同事学习,个体也能最大限度地降低迁移障碍。

除了与榜样相关之外,被观察的情境与实际工作越是接近(借用我们前面使用的术语,"忠实度"越高),观察体验就越有助于增强效能。这与个人

"效能与具体领域相关"的观念是一致的。从对传统培训经验的分析中我们可以清楚地看到，多数培训都无法将效能迁移到实际工作中。这是因为，为了帮助员工树立信心，传统的培训方式往往将实际工作以简单化和理想化的形式呈献给新员工，并把很多实际工作中会遇到的复杂状况、交流互动和不确定因素排除于培训之外。为了提升效能而进行的干预手段需要呈现真实的工作难度（例如真实的工作描述），而不是采取虚假的"温室"式培训模式，也不该为员工呈现一个在今日充满变动的职场上已经极为少见的工作环境。在培训中使用能让员工产生认同感的真实案例对于帮助员工将以往的经验有效地应用于新工作十分关键。同样关键的是将员工置于真实的工作环境中进行培训，让员工尽可能多地接触真实的场景和声音，而不是将他们放在不真实的、课堂般的培训环境中。

但仅仅是观察角色榜样的最终决策和行为模式也许是不够的。在高度技术化的环境中，以及涉及其他复杂认知行为时，这种不足尤其明显。处于学习阶段的个体同样需要领会角色榜样的隐形逻辑，并理解其思考过程、标准，以及促使他们产生特定表现或行为模式的假设观念。在这些较为复杂的场景中，角色榜样能够通过"出声思维"帮助观察者培养自己的效能，并鼓励替代学习者在他们为工作中的困难思考对策或衡量替代方案时，也这样去做。

但如果没有相关的角色榜样和类似的情境可以借鉴时又该怎么办呢？在当今充满变化的职场环境中，管理者甚至一线员工都常常被期待能在信息极为缺乏和面临不确定因素的情况下迅速展开行动。在此类情形中，想象自己正在特定的领域中取得成功，或者演练自己在各种不同状况下可能采取的潜在行动，都将有助于提升个人效能。换句话说，真实的熟练掌握或替代学习可以被"想象"的练习替代。这样一来，原本的角色榜样便成了虚拟挑战中正在获取成功的个体本人。这涉及我们所说"将未来拉回现在"和领导力开发范畴的"由现实之我走向潜能之我"。正如我们在本书第1章曾强调过的那样，我们鼓励个体去设想他们克服新挑战的情境。正是想象中的自己激励现实中的自己做出改变，或使个体在面临特定的角色或挑战时变得更为自信。当然，如果这种想象太离谱，根本无转移到现实情境中，那么我们需要为员工提供额外的指导，以提升员工的效能。

在许多成长性的环境中，包括在领导力和效能构建上，我们都建议鼓励个体设想自己承担了之前从未承担过的角色。这可以通过为他们设立成功的角色榜样以及鼓励他们从过去的经验中学习来实现。所有这些要素构成了班杜拉（2001）探讨过的"社会学习理论过程"以及个体作为"生产者"而非"产品"的角色。

通过社会说服或积极反馈来提升效能

仅仅是听到别人的鼓励（即表达对你的信心）和收到来自他人的积极反馈，就能将个体的自我怀疑转变为效能期待。换句话说，当听别人鼓励说"你一定能做到"和"你在……方面已经迈出了良好的第一步"时，你的内在想法便开始转向充满信心的"我能做到"。事实上，超过二十年的实验研究表明，持续的积极反馈和社会认可对员工的表现的确有积极影响。这种影响甚至超过金钱奖赏和其他激励手段的效果（Stajkovic & Luthans, 1997, 2003）。

研究者在解释金钱之外的正面强化因素，如关注、认可、积极反馈对员工绩效的影响时，往往使用一些与认知进程相关的术语，例如自我效能（Peterson & Luthans, 2006; Stajkovic & Luthans, 2001, 2003）。事实上，今天的绝大多数机构都会在技术培训和奖赏机制上投入巨额金钱。但绝大多数机构和管理者都对自己拥有的一项重要资源视而不见，这项资源极端重要，却不花费他们丝毫金钱。它与对员工的关注、真诚鼓励和积极反馈有关。这些要素对员工的表现有巨大影响。它们不仅能够强化员工的积极行为，同样也能有效提升员工的效能。

身心唤醒与健康

虽然情绪状态和身心健康与效能的关系不如成功、模仿学习、社会说服和积极反馈那么密切，但它们同样会影响效能。举例来说，积极的心理状态能激发和调动人们的认知程序，如象征化、质询、预先思考、观察、自我调节和自我反思等。这一认知过程可能会强化个体的信心和掌控感。另一方面，消极的心理状态（例如，当一个人疲惫不堪或因巨大压力而濒临崩溃、日益消沉时）可能会让个体感受到绝望、无助、悲观、日益严重的自我怀疑和自暴自弃。

举例来说，在与一个动物救护中心的员工共事时，我们发现，由于管理上的长期失策，这个中心的员工开始怀疑自己是否真的有能力去拯救那些将被安乐死的动物。哪怕他们可能很成功，他们也常常缺乏积极行动的信心，且无法施展自己的能力。通过与这些员工交流，我们发现他们很多时候想的都是"哪些做法不行""哪些地方失败了"和"为什么事情永远无法改变"。因此，积极的心理状态有助于鼓舞个体去更为积极地看待自己的能力。在前面所举的例子中，领导层能够为员工提供很大的鼓舞。

生理健康也是一样。良好的自我体验和健康状况对个体的认知和情绪状态都有积极影响，其中也包括效能、信心和成功体验。体育和军事领域的培训者知道良好的健康带来的好处。另一方面，生病、疲惫和消瘦对效能有消极影响。我们知道，当人们承受着巨大压力时，他们的生理反应会退化。而这又会反过来影响他们的心理机能，例如他们的信心、信息处理能力和决策能力。

正如我们前面指出过的那样，身心唤醒和健康状态对效能的影响不如与其他与之更为相关的因素那么显著，但消极的身心状态对效能水平却可能造成沉重打击。了解这一点非常重要。如果一个人已经从情绪或心理上感到"彻底厌倦"，或者更糟，如果他得了重病，那么其效能很快便会归零。当一个人在精神或身体上很痛苦时，他的信心便可能所剩无几。他也许会放弃，不仅是放弃与具体领域相关的效能，也可能连总体效能也一并放弃。

员工的情绪、心理和生理健康固然更难控制，毕竟这些对一个组织而言属于外部因素，但正如前文中动物救护中心的例子一样，一个组织依然可能在某些层面上干预和管理这些因素。在充满压力的健康护理机构中，我们正越来越多地看到，当管理者对医护过程中产生的压力给予适当关心时，不仅能对员工的效能产生深刻影响，同样也会影响病人的配合度和康复水平。

组织机构提升员工效能的方式有很多，从现场健身项目到诸如儿童看护设施之类的家庭福利项目，再到全面员工援助计划，乃至非正式的社交活动和聚会。这类活动有助于组织成员管理当今压力重重的工作环境给人们造成的心理和生理伤害。其影响可被证实和量化（Cascio & Boudreau, 2011）。

"最佳工作地点（例如谷歌、购物网站 Zappos 或软件公司 SAS 的组织文化和福利）"的名单表明，维持员工福利的不仅仅是成功的绩效（例如更高的员工在岗率），我们也认为，更高的效能会带来更高的绩效。高层管理团队和 CEO 对组织环境的构建有十分关键的作用，领导对下属的管理方式也会决定整个组织及组织中各个层级的组织文化边界（Hananh et al., 2013）。

通过创建更积极正向的组织氛围和重视员工福利的组织文化，领导层可以有效地降低员工的伤害率、压力、工作倦怠、离职率、旷工和怠工现象。领导层的积极性和真实性可以影响整个公司。这不仅能提升绩效，降低压力和冲突，更能促进员工的效能发展（Avolio & Luthans, 2006; Clapp-Smith et al., 2009; Luthans et al., 2006; Rego et al., 2012; Youssef et al., 2013）。

充满信心的群体或组织：集体效能

今天的组织机构常常会发现自己正置身于不同的技术、经济、全球化及社会文化的变动之中，并常常能感受到这些变动带来的冲击。作为一个整体来应对和利用这些变化的行为称为组织化学习（organizational learning）。在组织成员平衡新信息和探索心智模式的过程中，组织化学习可能带来新的价值观念。学习型的组织也许会用令人激动且高效的新方法来改革原有的知识和策略（Barkema & Vermeulen, 1998; Fiol, 1995; Katila & Ahuja, 2002; Vermeulen & Barkema, 2011）。今天，随着组织对跨专业团队日益加深的依赖和他们对绩效的影响，组织化的学习也变得更为重要（Heckman & Katz, 2010）。此外，将"大局观"呈现给组织内自上到下的每个人以及外部利益相关方，也显得格外重要。这种大局观包括跨领域的培训和发展项目，以及提升多样性的重要意义。

在这个"扁平化"的新环境中，地球上的万事万物都被连接在一起，而且"游戏场"也变得更为平坦了，同时也更具挑战性（Friedman, 2005）。个人的熟练技能显然依然重要，但仅仅拥有熟练的技能已经不够。只有与来自其他领域的高效能人士融为一体时，处于某一领域中的个体效能才能得到更好的发挥。这种融合的集体或团队逐渐被我们打上了"集体效能"的术语标签。班杜拉（1997, p. 477）精准地将这种集体效能定义为"集体对能够通过采取必要的行动并取得特定成就之能力的共同信念。"例如最近的一项研究显示，群体比个体更自信，且在决策上要优于个体（Bonner & Bolinger, 2013）。

一个组织中，成员和个体角色彼此依赖的程度越高，他们综合互补的集体效能就越能被利用（Bandura, 1997）。换句话说，集体效能是一道非常现实的门槛。无论单个个体的独立效能有多高，在集体环境中个体的信心都无足轻重，除非他们能把自己像一块拼图那样嵌入团队之中。这也包括那些在今日全球化的市场中多数时候都在虚拟情境中与他人互动的人。简单说来，在一个组织中，共同目标和集体决策就是实现集体效能的途径（Maddux, 2009）。某些时候，"共同"的真正含义是"组织共有"。

尽管对集体效能的研究远不如对个体效能的研究那么广泛，但集体效能与集体绩效（Bandura, 1993）、团队效率与动力（Prussia & Kinicki, 1996）、变革型领导、潜能和高团队绩效（Bass et al., 2002）以及问题解决意识（Tasa & Whyte, 2005）等要素之间的联系已经得到实证研究的有力支撑。时至今日，已经有两份元分析显示，集体效能和集体绩效之间存在联系。这种联系在集体层面上的表现比在个体层面的表现更为显著，特别是在任务交叉度较高的团队中（Gully et al., 2002; Stajkovic et al., 2009）。研究也证实，集体效能与成员忠诚度及工作满意度存在正相关，与消极怠工倾向存在负相关（Walumbwa et al., 2004）。

集体效能的真实案例

在我们所著的第一本与心理资本有关的著作中，我们提到过美国大学（位于埃及开罗）摩迦（Mohga）教授记录的一个案例。该案例展现了一所著名的埃及国营旅馆中集体效能的转变。当时的埃及是一个负债累累、处于变革中的发展中国家，大规模的私有化运动席卷全国。案例中的这家旅馆在过去曾有过一段非常辉煌的岁月，但后来整个组织文化却弥漫着怠惰涣散之气。下列的简短事实描绘了这家旅馆当时的状况。那时候它即将被卖给私人投资者，潜在买家也包括知名的跨国连锁组织。

- 整个旅馆只有25%的房间可以入住，而实际入住率只有10%。
- 为了逃避责任，经理和管理层倾向于"一切维持原状"。不仅包括准确的记录和库存控制，还包括坏掉的盘子、椅子、沙发、漏水的马桶以及很多所谓的"收藏品"。当然，会议室用来存放东西再合适不过了（除了储存东西外，它们也很少被拿来做别的用途）。
- 旅馆的很多员工都在附近的私营旅馆做兼职，因为国营旅馆付给他们的工资少得可怜。作为对"接私活"一词的生动诠释，这些人在国营旅馆的营业时间里却跑去私营旅馆兼职。只要他们每天早晚打个卡，就算他们消失一整天也没人管（更准确点说，管理者只是对他们睁一只眼闭一只眼，因为管理者自己也在兼职）。有意思的是，这一点在这个案例中非常重要，这些员工在做兼职时却非常能干，这也说明他们其实具有很高的效能。

为了整顿收拾这个烂摊子，以便能把它卖出去，旅馆聘请了一个新的管理者。这个新来的管理者知道自己有很多工作要做。他也明白，自己的首要任务就是改变整个组织的文化。他决定只留用不超过20%的原有职工。为了筛选要留下的管理者和员工，他对每个员工都进行了一轮面试。但他面试时只问了一个问题："你相信这家旅馆还能重新成为全国第一的旅馆吗？"如果对方回答"是"，就会被留下；否则就会被辞退。

有趣的是，很多给出肯定答复并被留下的员工都是在旅馆中服务时间最长的人。他们曾亲眼见证过这家旅馆的黄金时代，所以他们依然能够想象这家旅馆有朝一日能重现辉煌。长话短说，最终留下的员工组成了一个敬业、热情、努力的工作团队。奖赏制度到位了，员工们一心一意想把这家旅馆变成它曾经成功的模样。它彻底改头换面了。后来一家大型国际连锁酒店收购了它。根据最近的新闻，它已经恢复了往日的辉煌。

新任的旅馆管理者意识到，旅馆的员工其实并不缺乏知识或技巧（在兼职工作中，他们已经证实了自己的能力）。他们也不缺少从事必要的任务所需的个人效能。然而，他们真正缺乏的是这样的团队信念：他们可以在共同的工作环境中一起努力实现愿望。在以前的旅馆中，这些员工对自己的个人能力也许相当自信，但由于他们缺乏集体效能，集体绩效也就成了一场灾难。这也成为刺激他们追求个人利益的动因。另一方面，当个人效能被合理地配置和融入高度凝聚的集体效能中，必要的奖赏或个人利益激励制度也得到确立时，便出现了积极反馈。这不仅体现在集体层面，也体现在个人层面。换句话说，以成功为目标，埃及旅馆中的集体效能被调动了起来，并得到有效使用。

在另一个迥异的场景中，Bassd 等人（2003）测试了即将离开防区参与复杂实战演习的排长们的转换型领导力。他们同样也测试了这些连队对集体效能的认知水平。大约两到三个月之后，这些连队奔赴联合实训中心展开演习。这些研究者发现，那些被下属视为更具转换型能力的排长们所带领的连队展现了较高的效能，在各项接近实战的演习项目中都表现良好。而那些上下级关系不好（例如中士与中尉的关系）的连队则濒临崩溃，在两个星期充满挑战的演习中根本无法胜任。和在之前埃及人的案例中一样，在这个案例中，管理者和集体效能对最终的绩效有决定性影响。

个人效能的潜在陷阱

正如我们所见，熟练掌握与成功体验，替代学习和模仿机会，社会说服和积极反馈，以及情绪、身心唤醒与健康都能影响我们的信心或效能。然而，为了使这些因素能对效能起到助益作用，正如班杜拉（1997）指出的那样，个体有必要运用象征化、预先思考、观察、自我调节和自我反思来对信息进行选择和认知处理。也就是说，不仅成败、模仿对象、社会说服和身心健康会影响效能，个体对事件的认知和解释也会提升或削弱效能。

在上述军队的例子里，培训者较为关注他们称之为"事后评估"（After Action Reviews, AARs）的学习模式。在这些评估中，他们会让管理者和成员以视觉方式呈现自己经历过的行为，哪些方法可以得到改进，以及如何更成功地展开任务。通过运用这一模式，培训者实际上是采用社会学习策略来提升个体和集体的效能。

让我们再次引用一下班杜拉（2000）的理论。他曾经指出，有些关键的认知和特质偏见会限制效能的发展。举例来说，如我们前面所述，如果个体觉得某项任务太容易，或者将自己的成功归因于他人的帮助，或只关注进展的缓慢程度，或过于在意失败的经验，那么成功便会失去意义。再说一说角色榜样，个体对自己与角色榜样或环境之间的陌生程度和相关性的认知会妨碍角色榜样的作用。如果说服者的资历、技巧或真诚度受到质疑，或者不同说服者的反馈和评价不一致，那么个体可能会以偏颇的方式去理解社会说服或积极反馈。心理和生理状态也会与影响个体效能的因素交互作用，导致顽固却不准确的观念、决策模式和偏好。

对可能导致过度自信的效能的探讨也非常重要。这种类型的效能是虚假效能。这种效能出现的范围有限，但有些研究指出，过度自信可能会导致鲁莽行为，从而减低绩效，哪怕这种自信有过去的高绩效（熟练掌握）做支撑（Vancouver & Kendall, 2006; Vancouver et al., 2002; Vancouver et al., 2001）。对过度自信心态的一种可能解释是，这种心态服务于美化社会地位的目的，因为人们往往会认为信心满满的人更有能力，社会地位也更高，不论这些人的真实能力如何。哪怕他们显现了自己的真实水平，过度自信也不会损害他们的资质，只会持续维持他们的优越地位，这又会进一步强化他们的过度自信（Kennedy et al., 2013）。在另一份研究中，群体决策、集体效能和敏锐的问题解决意识三者呈曲线关系，这说明在群体层面也存在类似的过度自信现象（Tasa & Whyte, 2005）。

尽管班杜拉和洛克（2003）对那些提出消极效能现象的研究表示质疑，但越来越多的证据表明，这些消极效应的确可能存在。尤其是，效能和绩效之间的积极关系往往能在人际层面的研究中得到证实，而在自我层面，这种关系则可能是消极的或次要的（Yeo & Neal, 2006）。不仅如此，最近有研究证据对一种互相对立的因果关系提出支持，那就是，过去的绩效（它能促成熟练掌握的经验）促成了相应的效能自信，而不是现在的效能提升了未来的绩效（Sitzmann & Yeo, 2013）。简单说来，这可能意味着两者或许是互为因果的。

无效效能或消极效能的宣扬者,或那些认为效能和绩效呈逆向因果关系的研究者,往往引用资源分配理论和更早的理论如机械控制论或Powers(1991)的观念控制论做依据。这里的关键在于,内在自信从观念上降低了目标和成功之间的差距。这有助于形成一种资源分配的反馈回路,这种回路导致个体回避需要展现高效能的任务,而这又反过来影响了个体的绩效(Powers, 1991; Yeo & Neal, 2013)。另一方面,班杜拉和社会认知理论的倡导者往往更强调自我动机、目标达成机制,以及个体迎接挑战时的"代理效应",而不是把差距消除视为个体的首要机制。换句话说,他们认为,即便实现了目标,消除了差距,那些高效能的个体依然会继续追寻更高的目标,并调动自己的资源和力量去实现这些目标,而不是心满意足之后把经历和资源转向其他领域(Bandura, 2012)。

尽管存在一些相反的新近研究结果,多年来大量的研究都倾向于支持在多种工作(Stajkovic & Luthans, 1998a)和生活领域中,自我效能和绩效呈正向关系(Bandura, 2012; Bandura & Locke, 2003)。例如,根据班杜拉(2012)最近的综述,在个体层面的研究中,支持消极效能的只占5.5%,在集体层面的研究中,这一数值是6.8%。这些占绝对优势的正向证据说明,大多数个体和组织的信心水平远未需要担心出现过度自信的程度。

在今日充斥着挫折的工作环境中,自我效能的概念几乎每天都面临挑战。自我效能成了维持有效领导力和绩效的关键因素(Avolio & Luthans, 2006)。在某些环境中,组织及其成员有可能陷入日趋严重的自我怀疑和迷茫之中,这时自我效能的意义会变得如此重大,以至于为了呈现一种事态处于掌控之中的假象,连对现实的轻微扭曲都应得到鼓励。这是因为,这么做可以激发个体的自我实现预言效应及期待(Maddux, 2009)。一线员工也好,组织领导也好,整个团队也好,从埃及宾馆到大型跨国组织,要想在现在和未来抱有优势,提升信心(或效能)绝对是一个关键因素。

回顾这一章的内容，我们的目的是重点阐释一下，效能作为对个体发展和绩效有关键影响的因素之一，究竟是由哪些要件组成的，并在社会学习理论尤其是心理资本的范畴内对其进行分析。我们相信，组织中的领导和人事主管哪怕仅仅是对这个单一领域给予关注，至少也能显著地提升本机构的效能水平。我们这么说的依据是 Stajkovic 和 Luthans（1998a）在个体层面对效能和绩效的关系所进行的大型元分析结果，以及 Gully 等人（2002）、Stajkovic 等人（2009）在集体层面所开展的两项元分析结果。

在实践中，由于自我效能对员工态度、健康福利、组织行为、离职率以及其他可量化的底层绩效的广泛影响，类似的结果必定会更多。领导和管理者应该去关注员工个体层面的效能提升和发展，同时致力于培养和开发集体效能。因为效能对个体层面、团队层面、组织层面，乃至对社区层面和国家层面上的绩效和成功的巨大影响都已经得到证实。

对未来个人效能研究和实践的展望

正如我们在本书导言中提到过的那样，在我们选取的与心理资本入选标准最为匹配的各个要素里，效能得到了最为广泛的研究。它在职场上的应用多年来也得到了大量研究和实践证据的支持。然而我们也认为，在效能开发方面，今天的环境为研究者和实践者所提供的丰富机会是前所未有的。效能的潜力还远未得到全面开发。在本章即将结束时，我们想对效能概念所面临的富有挑战性的机会和未来方向做一番展望。

- 尽管自我效能受限于特定领域，但随着组织层级的日益扁平化和对跨专业团队的日益倚重，领域、角色和组织层级之间的界限逐渐模糊。这就需要我们更为深刻地理解个人及团队是通过什么机制认识到，自己既是独立存在，又从属于更大的系统或框架（Rouse et al., 1992）。由于参与组织活动必然涉及角色定位，因此灵活地定义个体所属的具体领域就非常关键，同样关键的还有个体灵活地将已有的效能转移到相关但不同的领域中的能力。班杜拉（2012）批评了新近一些在个体效能方面得出彼此矛盾结论的研究，他认为之所以出现这样的现象是因为研究者选取的任务范围太狭窄了。有必要记住，目前效能依然被视为存在领域局限性。但随着研究的进步，我们不必非得把它局限在某些狭窄的职业项目之内。因为这不仅会导致研究者做出无效的研究结论，也将使效能无法应用于今日的组织环境。

- 另一个与此相关的是，研究者和负责实际事务的管理者都需要意识到分析层次在效能课题上的意义。班杜拉（1997）警告说，用于提升集体信心和绩效的现有手段除了面临着方法论上的挑战，还面临着一些观念上的挑战，例如"个体信心无法脱离个体所从属的社会系统。在评价自己的个体效能时，个体不可避免地会考虑集体效能。集体效能会增加或阻碍他们的努力……（因此）对个体效能的判断必然要和集体的独特动态效能紧密相连。"（pp. 478-479）。最近关于效能的一些研究显示，人际层面和自我层面的效能研究得出的结论有时是互相矛盾的（Sitzmann & Yeo, 2013; Yeo & Neal, 2006, 2013）。未来的研究应积极应对跨层面的协同效应，以更好地理解效能在个体和集体层面的体现。这清楚地为我们显示，在很多层面上，环境都是一个重要因素。不仅如此，未来的研究也需要了解集体成员间的效能是通过什么机制转化为集体效能的，我们又应该如何为这一机制提供支持。

- 我们也认为，效能可以激发信心的持续正向增长，而这有助于领导力和绩效的实质性提升（Avolio & Luthans, 2006; Luthans & Avolio, 2003; Luhans et al., 2006）。效能的正向增长潜质和传染效应对领导和下属而言都具有相当大的意义。在本书第9章，我们提供了不同的方法来评估效能和人力管理投资所带来的效益。然而，如果领导的效能可以"渗透"给下属，那么在真实领导力方面的投资很可能也会带来超出保守估计的回报，因为这种投资既包括领导效能的提升，也包括领导对下属心理效能的开发（Avolio & Luthans, 2006）。有些以底线绩效为导向的决策者毫无根据地认为，在人力资源上的投资并不值得（Casio & Boudreau, 2011; Pfeffer, 1998）。然而这一观念正受到来自今日商业环境的持续挑战。越来越多的证据表明，人力资源对构建持续竞争力有关键影响，而效能的概念则为此提供了另一支撑。

- 不仅如此，由于信心有助于提升员工的独立工作能力，因此不同类型的领导力权变因素也可能会显示出来。举例来说，效能可能会成为领导力的替代物（Kerr & Jermier, 1978），这也许会妨碍领导去开发员工的效能。最近的一项研究显示，在低效能的员工之间，对真实领导力和领导角色交换的感知与绩效之间的关系更为强烈（Wang et al., 2014）。为了更全面地理解领导在开发或妨碍员工效能提升方面的重要作用，还应该考虑组织结构和文化中的中介因素和调节因素（例如，工作复杂性和多元化程度）。

- 在全球化的环境中，我们也鼓励未来的研究者探索跨时间、距离和文化的心理资本要素。对于需要在跨时间、跨距离、跨文化情境中工作的领导而言，自我效能的基点是什么（Story et al., 2013）。然而，我们至今都缺乏对管理者效能水平的有效实证研究，不仅如此，我们也缺乏关于如何开发领导效能的研究（Avolio et al., 2001; Avolio et al., 2014; Vogelgesang et al., 2014; Youssef & Luthans, 2013; Youssef-Morgan & Luthans, 2013）。

- 最后，在提升效能的外部绩效这一研究方向上，还存在巨大的潜力。这可以通过效能在新工作领域的应用来实现，特别是在多样的工作环境和跨文化背景中的应用（Reichard et al., 2014; Wernsing, 2014）。

参考文献

Abbott, D. H. (2010). *Constructing a creative self-efficacy inventory: A mixed methods inquiry.* Unpublished Ph.D. dissertation, University of Nebraska, Lincoln.

Avolio, B. J. (1999). Full leadership development: Building the vital forces in organizations. Thousand Oaks, CA: Sage.

Avolio, B. J., Kahai, S., & Dodge, G. E. (2001). E-leadership: Implications for theory, research, and practice. *Leadership Quarterly, 11,* 615-668.

Avolio, B. J., & Luthans, F. (2006). *The high impact leader.* New York, NY: McGraw-Hill.

Avolio, B. J., Sosik, J. J., Kahai, S. S., & Baker, B. (2014). E-leadership: Reexamining transformations in leadership source and transmission. *Leadership Quarterly,* 25(1), 105-131.

Badran, M. A., & Youssef-Morgan, C. M. (2014). Psychological capital and job satisfaction in Egypt. *Journal of Managerial Psychology,* in press.

Bandura, A. (1986). Social foundations of thought and action: A social cognitive theory. Englewood Cliffs, NJ: Prentice-Hall.

Bandura, A. (1993). Perceived self-efficacy in cognitive development and functioning. *Educational Psychologist, 28,* 117-148.

Bandura, A. (1997). *Self-efficacy: The exercise of control.* New York, NY: Freeman.

Bandura, A. (2000). Cultivate self-efficacy for personal and organizational effectiveness. In E. Locke (Ed.), *Handbook of principles of organizational behavior* (pp. 120-136). Oxford, UK: Blackwell.

Bandura, A. (2001). Social cognitive theory: An agentic perspective. *Annual Review of Psychology, 52,* 1-26.

Bandura, A. (2012). On the functional properties of perceived self-efficacy revisited. *Journal of Management, 38,* 9-44.

Bandura, A., & Locke, E. (2003). Negative self-efficacy and goal effects revisited. *Journal of Applied Psychology, 88,* 87-99.

Barkema, H., & Vermeulen, F. (1998). International expansion through startup or acquisition: A learning perspective. *Academy of Management Journal, 31,* 7-26.

Barrick, M. R., & Mount, M. K. (1991). The big five personality dimensions and job performance: A meta-analysis. *Personnel Psychology, 44,* 1-26.

Bass, B. M., Avolio, B. J., Jung, D. I., & Berson, Y. (2003). Predicting unit performance by transformational and transactional leadership. *Journal of Applied Psychology, 88,* 207-218.

Bonner, B. L., & Bolinger, A. R. (2013). Separating the confident from the correct: Leveraging member knowledge in groups to improve decision making and performance. *Organizational Behavior and Human Decision Processes, 122,* 214-221.

Boyd, N. G., & Vozikis, G. S. (1994). The influence of self-efficacy on the development of entrepreneurial intentions and actions. *Entrepreneurship Theory and Practice, Summer,* 63-77.

Cascio, W., & Boudreau, J. (2011). *Investing in people: Financial impact of human resource initiatives* (2nd ed.). Upper Saddle River, NJ: Pearson/FT Press.

Chandler, G. N., & Jansen, E. (1997). Founder self-efficacy and venture performance: A longitudinal study. *Academy of Management Proceedings,* 98-102.

Chemers, M. M., Watson, C. B., & May, S. T. (2000). Dispositional affect and leadership effectiveness: A comparison of self-esteem, optimism, and efficacy. *Personality and Social Psychology Bulletin, 26,161*-277.

Chen, C. C., Greene, P. G., & Crick, A. (1998). Does entrepreneurial self-efficacy distinguish entrepreneurs from managers? *Journal of Business Venturing, 13,*295-316.

Clapp-Smith, R., Vogelgesang, G. R., & Avey, J. B. (2009). Authentic leadership and positive psychological capital: The mediating role of trust at the group level of analysis. *Organizational Studies, 15,* 227-240.

Cunningham, C., Woodward, C., Shannon, H., Macintosh, J., Lendrum, B., Rosenbloom, D., & Brown, J. (2002). Readiness for organizational change: A longitudinal study of workplace, psychological and behavioral correlates. *Journal of Occupational and Organizational Psychology, 75,* 377-352.

Drnovsek, M., Wincent, J., & Cardon, M. S. (2010). Entrepreneurial self-efficacy and business start-up: Developing a multi-dimensional definition. *International Journal of Entrepreneurial Behaviour and Research, 16,* 329-348.

Eden, D., Ganzach, Y., Flumin-Granat, R., & Zignman, T. (2010). Augmenting means efficacy to boost performance: Two field experiments. *Journal of Management, 36,* 687-713.

Fiol, M. (1995). Thought worlds colliding: The role of contradiction in corporate innovation processes. *Entrepreneurship Theory and Practice, 19(*3), 71-90.

Friedman, T. L. (2005). *The world is flat.* New York, NY: Farrar, Straus and Giroux.

Gully, S. M., Incalcaterra, K. A., Joshi, A., & Beaubien, J. M. (2002). A meta-analysis of team-efficacy, potency, and performance: Interdependence and level of analysis as moderators of observed relationships. *Journal of Applied Psychology, 87,* 819-832.

Hackman, J. R., & Katz, N. (2010). Group behavior and performance. In S. T. Fiske, D. T. Gilbert, & G. Lindzey (Eds.), *Handbook of social psychology* (pp. 1208-1251). New York,

NY: Wiley.

Hannah, S. T., Avolio, B. J., Luthans, F., & Harms, P. D. (2008). Leadership efficacy: Review and future directions. *Leadership Quarterly, 19,* 669-692.

Hannah, S. T., Schaubroeck, J., Peng, A. C., Lord, R. L., Trevino, L. K., Kozlowski, S. W. J., Doty, J. (2013). Joint influences of individual and work unit abusive supervision on ethical intentions and behaviors: A moderated mediation model. *Journal of Applied Psychology, 98,* 579-592.

Hayward, M. L. A., Forster, W. R., Sarasvathy, S. D., & Fredrickson, B. L. (2009). Beyond hubris: How highly confident entrepreneurs rebound to venture again. *Journal of Business Venturing, 25,* 569-578.

Holden, G. (1991). The relationship of self-efficacy appraisals to subsequent health-related outcomes: A meta-analysis. *Social Work in Health Care, 16,* 53-93.

Holden, G., Moncher, M., Schinke, S., & Barker, K. (1990). Self-efficacy in children and adolescents: A meta-analysis. *Psychological Reports, 66,* 1044-1046.

Judge, T. A., Thoresen, C. J., Bono, J. E., & Patton, G. K. (2001). The job satisfaction-job performance relationship: A qualitative and quantitative review. *Psychological Bulletin, 127,* 376-407

Kanter, R. M. (2004). *Confidence.* New York, NY: Crown Business.

Katila, R., & Ahuja, G. (2002). Something old, something new: A longitudinal study of search behavior and new product introduction. *Academy of Management Journal, 45,* 1183-1194.

Kennedy, J. A., Anderson, C., & Moore, D. A. (2013). When overconfidence is revealed to others: Testing the status-enhancement theory of overconfidence. *Organizational Behavior and Human Decision Processes, 112,* 266-279.

Kerr, S., & Jermier, J. (1978). Substitutes for leadership: Their meaning and measurement. *Organizational behavior and human performance, 22,* 375-403.

Kleingeld, A., van Mierlo, H., & Arends, L. (2011). The effect of goal setting on group performance: A meta-analysis. *Journal of Applied Psychology, 96,* 1289-1304.

Kluger, A. N., & DeNisi, A. (1996). The effects of feedback intervention on performance: A historical review, a meta-analysis, and a preliminary feedback intervention theory. *Psychological Bulletin, 119,* 254-284.

Lam, S., Chen, X., & Schaubroeck, J. (2002). Participative decision making and employee performance in different cultures: The moderating effects of allocentrism/idiocentrism and efficacy. *Academy of Management Journal, 45,* 905-914.

Locke, E., Frederick, E., Lee, C., & Bobko, P. (1984). Effects of self-efficacy, goals and task strategies on task performance. *Journal of Applied Psychology, 69,* 241-251.

Luthans, F., Avey, J. B., Avolio, B. J., Norman, S. M., & Combs, G. M. (2006). Psychological capital development: Toward a micro-intervention. *Journal of Organizational Behavior, 27,* 387-393.

Luthans, F., Avey, J. B., Avolio, B. J., & Peterson, S. (2010). The development and resulting performance impact of positive psychological capital. *Human Resource Development Quarterly, 21,* 41-66.

Luthans, F., Avey, J. B., & Patera, J. L. (2008). Experimental analysis of a web-based training intervention to develop positive psychological capital. *Academy of Management Learning and Education, 7,* 209-221.

Luthans, F., & Avolio, B. (2003). Authentic leadership: A positive development approach. In K. S. Cameron, J. E. Dutton, & R. E. Quinn (Eds.), *Positive organizational scholarship* (pp. 241-258). San Francisco, CA: Berrett-Koehler.

Luthans, F., & Ibrayeva, E. S. (2006). Entrepreneurial self-efficacy in Central Asian economies: Quantitative and qualitative analyses. *Journal of International Business Studies, 37,* 92-110.

Luthans, F., Luthans, K. Hodgetts, R., & Luthans, B. (2001). Positive approach to leadership (PAL): Implications for today's *organisations. Journal of Leadership Studies, 8(2),* 3-20.

Luthans, F., Luthans, K., & Luthans, B. (2004). Positive psychological capital: Going beyond human and social capital. *Business Horizons, 47(*1), 45-50.

Luthans, F., Norman, S. M., & Hughes, L. (2006). Authentic leadership: A new approach for a new time. In R. Burke & C. Cooper (Eds.), *Inspiring leaders* (pp. 84-104). London, UK: Routledge, Taylor & Francis.

Luthans, F., & Youssef, C. M. (2004). Human, social and now positive psychological capital management: Investing in people for competitive advantage. *Organizational Dynamics, 33,* 143-160.

Luthans, F., Youssef, C. M., Sweetman, D., & Harms, P. (2013). Meeting the leadership challenge of employee well-being through relationship PsyCap and health PsyCap. *Journal of Leadership and Organizational Studies, 20,* 114-129.

Luthans, F., Zhu, W., & Avolio, B. J. (2006). The impact of efficacy on work attitudes across cultures. *Journal of World Business, 41,* 121-132.

Maddux, J. E. (2009). Self-efficacy: The power of believing you can. In S. Lopez & C. R. Snyder (Eds.), *Oxford handbook of positive psychology* (2nd ed., pp. 335-343). New York, NY: Oxford University Press.

May, D., Chan, A., Hodges, T., & Avolio, B. (2003). Developing the moral component of authentic leadership. *Organizational Dynamics, 32,* 247-260.

Neck, C. P., Neck, H. M., Manz, C. C., & Godwin, J. (1999). "I think I can; I think I can": A self leadership perspective toward enhancing entrepreneurial thought patterns, self-efficacy, and performance. *Journal of Management Psychology, 14,* 477-501.

Nilsson, J., Schmidt, C., & Meek, W. (2002). Reliability generalization: An examination of the career decision-making self-efficacy scale. *Educational and Psychological Measurement, 62,* 647-658.

Palmer, N. F. (2013). The effects of leader behavior on follower ethical behavior: Examining the mediating roles of ethical efficacy and moral disengagement. Unpublished Ph.D. dissertation, University of Nebraska, Lincoln.

Parker, S. (1998). Enhancing role-breadth self-efficacy. *Journal of Applied Psychology, 83,* 835-852.

Pfeffer, J. (1998). *The human equation.* Boston, MA: Harvard Business School Press.

Peterson, S. J., & Luthans, F. (2006). The impact of financial and nonfinancial incentives on business unit outcomes over time. *Journal of Applied Psychology, 91,* 156-165.

Powers, W. T. (1991). Comment on Bandura's "human agency". *American Psychologist, 46,* 151-153.

Prussia, G., & Kinicki, A. (1996). A motivational investigation of group effectiveness using social cognitive theory. *Journal of Applied Psychology, 81,* 187-198.

Ramakrishna, H. (2002). The moderating role of updating climate perceptions in the relationship between goal orientation, self-efficacy, and job performance. *Human Performance, 15,* 275-297.

Rego, A., Sousa, F., Marques, C., & Pina e Cunha, M. (2012). Authentic leadership promoting employees' psychological capital and creativity. *Journal of Business Research, 65,* 429-437.

Reichard, R. J., Dollwet, M., & Louw-Potgieter, J. (2014). Development of crosscultural psychological capital and its relationship with cultural intelligence and ethnocentrism. *Journal of Leadership and Organizational Studies, 21(2),* 150-164.

Richter, A. W., Hirst, G., van Knippenberg, D., & Baer, M. (2012). Creative self-efficacy and individual creativity in team contexts: Cross-level interactions with team informational resources. *Journal of Applied Psychology, 97,* 1282-1290.

Rouse, W. B., Cannon-Bowers, J. A., & Salas, E. (1992). The role of mental models in team performance in complex systems. *IEEE Transactions on Systems, Man, and Cybernetics, 22,* 1296-1308.

Sitzmann, T., & Yeo, G. (2013). a meta-analytic investigation of the within person self-efficacy domain: Is self-efficacy a product of past performance or a driver of future performance? *Personnel Psychology, 66,* 531-568.

Stajkovic, A. D., Lee, D., & Nyberg, A. (2009). Collective efficacy, group potency, and group performance: Meta-analysis of their relationships, and test of a mediation model. *Journal of Applied Psychology, 94,* 814-828.

Stajkovic, A. D., & Luthans, F. (1997). A meta-analysis of the effects of organizational behavior modification on task performance: 1975-95. *Academy of Management Journal, 40,* 1122-1149.

Stajkovic, A. D., & Luthans, F. (1998a). Self-efficacy and work-related performance: A meta-analysis. *Psychological Bulletin, 124,* 240-261.

Stajkovic, A. D., & Luthans, F. (1998b). Social cognitive theory and self-efficacy: Going beyond traditional motivational and behavioral approaches. *Organizational Dynamics, 26,* 62-74.

Stajkovic, A. D., & Luthans, F. (2001). Differential effects of incentive motivators on work performance. *Academy of Management Journal, 44,* 580-590.

Stajkovic, A., & Luthans F. (2003) Behavioral management and task performance in organizations: Conceptual background, meta-analysis, and test of alternative models. *Personnel Psychology, 56,* 155-194.

Story, J., Youssef, C. M., Luthans, F., Bartbuto, J., & Bovaird, J. (2013). The contagion effect of global leaders' positive psychological capital on followers. *International Journal of Human Resource Management, 24,* 2534-2553.

Tasa, K., & Whyte, G. (2005). Collective efficacy and vigilant problem solving in group decision making: A non-linear model. *Organizational Behavior and Human Decision Processes, 96*(2), 119-129.

Thatcher, J., & Perrewe, P. (2002). An empirical examination of individual traits as antecedents to computer anxiety and computer self-efficacy. *MIS Quarterly, 26,* 381-396.

Tierney, P., & Farmer, S. (2002). Creative self-efficacy: Its potential antecedents and relationship to creative performance. *Academy of Management Journal, 45,* 1137-1148.

Truxillo, D., Bauer, T., Campion, M., & Paronto, M. (2002). Selection fairness information and applicant reactions: A longitudinal field study. *Journal of Applied Psychology, 87,* 1020-1031.

Vancouver, J. B., & Kendall, L. N. (2006). When self-efficacy negatively relates to motivation and performance in a learning context. *Journal of Applied Psychology, 91,* 1146-1153.

Vancouver, J. B., Thompson, C., Tischner, E., & Putka, D. (2002). Two studies examining the negative effect of self-efficacy on performance. *Journal of Applied Psychology, 87,* 506-

516.

Vancouver, J. B., Thompson, C., & Williams, A. (2001). The changing signs in the relationship between self-efficacy, personal goals, and *performance. Journal of Applied Psychology, 86,* 605-620.

Vermeulen, F., & Barkema, H. (2001). Learning through acquisitions. *Academy of Management Journal, 44,* 457-476.

Vogelgesang, G., Clapp-Smith, R., & Osland, J. (2014). The relationship between positive psychological capital and global mindset in the context of global leadership. *Journal of Leadership and Organizational Studies, 21(7),* 165-178.

Walumbwa, F., Wang, P., Lawler, J., & Shi, K. (2004). The role of collective efficacy in the relations between transformational leadership and work outcomes. *Journal of Occupational and Organizational Psychology, 77,* 515-530.

Wang, G., Oh, I. S., Courtright, S. H., & Colbert, A. E. (2011). Transformational leadership and performance across criteria and levels: A meta-analytic review of 25 years of research. *Group and Organization Management, 36,* 223-270.

Wang, H., Sui, Y., Luthans, F., Wang, D., & Wu, Y. (2014). Impact of authentic leadership on performance: Role of followers' positive psychological capital and relational processes. *Journal of Organizational Behavior, 35,* 5-21.

Wernsing, T. (2014). Psychological capital: A test of measurement instrument invariance across twelve national cultures. *Journal of Leadership and Organizational Studies,* in press.

Wilson, F., Kickul, J., & Marlino, D. (2007). Gender, entrepreneurial self efficacy, and entrepreneurial career intentions: Implications for entrepreneurship education. *Entrepreneurship Theory and Practice, 31,* 387-406.

Wood, R. E., Mento, A. J., & Locke, E. A. (1987). Task complexity as a moderator of goal effects: A meta analysi. *Journal of Applied Psychology, 72,* 416-425.

Yeo, G. B., & Neal, A. (2006). An examination of the dynamic relationship between self-efficacy and performance across levels of analysis and levels of specificity. *Journal of Applied Psychology, 91,* 1088-1101.

Yeo, G. B., & Neal, A. (2013). Revisiting the functional properties of self-efficacy: A dynamic perspective. *Journal of Management, 39,* 1385-1396.

Youssef, C. M. (2011). Recent events in Egypt and the Middle East: Background, direct observations and a positive analysis. *Organizational Dynamics, 40,* 222-234.

Youssef, C. M., & Luthans, F. (2005). A positive organizational behavior approach to ethical performance. In R. A. Giacalone, C. Jurkiewicz, & C. Dunn (Eds.), *Positive psychology in business ethics and corporate social responsibility* (pp. 1-22). Greenwich, CT: Information

Age.

Youssef, C. M., & Luthans, F. (2012). Positive global leadership. *Journal of World Business, 47,* 539-547.

Youssef-Morgan, C. M., & Luthans, F. (2013). Positive leadership: Meaning and application across cultures. *Organizational Dynamics, 42,* 198-208.

Zhao, H., Seibert, S. E., & Hills, G. E. (2005). The mediating role of self-efficacy in the development of entrepreneurial intentions. *Journal of Applied Psychology, 91,* 1265-1272.

PSYCHOLOGICAL CAPITAL AND BEYOND

第 4 章

心理资本希望（意志与路径）

你是个意志坚强的人吗？你会下决心为目标努力吗？你觉得自己能掌控命运吗？为了实现自己定下的目标，你会持续数小时、数天或数月勤奋不懈地工作吗？你容易从自己的目标行为中分心吗？在没有既定目标的情况下，你会不会主动为自己设定目标？你为自己设定的目标是否极具挑战性？你乐于为这类目标奋斗吗？

如果对于以上这些问题的回答，你的肯定答复占大多数，那么你身上体现了希望中的意志力要素。然而这种意志力只是心理资本范畴下希望的必要条件，而非充分条件。为了使希望驱动意志力，你必须知道通往目标的路径和一旦这条路径受阻时的备选路径。换句话说，为了获得成功所需的高水平希望值，你必须同时拥有意志力和路径（即"毅力"和"方法"）。为了拥有实现成功所需的高水平希望值，你还必须对以下问题给出肯定的回答：你是否会主动选择成功的路径？你是否知道该如何寻找、评估和执行可以获得成功的备选方案？当你遇到严峻挑战或挫折时，是否存在可以让自己绕开障碍的备选路径？你是否具有管理自己弱项和缺点的能力？

在上一章，我们举了一个动物救护中心员工的例子。这些人在刚刚进入这一领域时，都抱着拯救动物的一腔热情。即使他们常常要拿很低的工资。但是当他们遇到一些糟糕透顶的管理者后，他们开始对拯救动物的方式感到迷茫。他们的意志力变得消沉，他们的希望值也随之下降。作为这一案例的反面，优秀的管理者会努力营造另一种环境、氛围和文化，好让员工能持续寻找超越现存障碍的替代路径。在某个组织里，管理者常常把这句话挂在嘴边："如果行不通，就别去做。"他其实是在提醒一个已经变得非常俗气和疲急的团队：他们应该时时反思自己做事的方式，并努力寻找实现目标的新方案。他时常指出那些行不通的做事方法，并为这些方式画上句点。他也鼓励自己的下属那么做。

关于希望的个人反思练习

为了让你对希望有更真切的体会，请想想最近在工作中遇到的困难。使用下列问题作为参考。当你开始审视自己思考和解决问题的方式之后，发生了什么？在某个节点上你是否动摇过，并差点因此走了下坡路？你是否意识到了自己的犹豫，并转而去探索不同的替代路径？特别是，为了找到新的路径，你能否重新定义自己面临的挑战？

除了意志与路径，还有很多因素会影响希望值。例如，当在生活中遇到了以下事情，你会做何反应？从短期和长期来看，分别会如何应对？

- 你为一个充满负能量的管理者工作。
- 你手下的员工对工作一点也不上心。
- 你第二次被剥夺了升职机会。
- 你被调到了一个不想干的职位或不想待的地方，或两者都有。
- 你完成了一个在你看来特别成功的项目，却被认为表现不佳。
- 你的公司或个人财务彻底陷入窘境。
- 你最好的同事被开除了。
- 一个深得你信任的同事背叛了你。
- 一个特别重要的同事受了严重的工伤或得了重病。
- 一个你参与的重要项目突然被撤销了资金。

一个关于希望的故事

鉴于本章会呈现一些关于希望的理论、实践和它在工作层面的发展，一个与希望有关的真实故事同样可以作为本章的说明和背景。杰洛米和凯拉喜气洋洋地结婚了。杰洛米是一家小型保险公司的理赔专员，凯拉是一家大型零售公司的兼职客服代表。他们遇到彼此之前，都曾吃过一些苦头。凯拉离过婚，还带着小孩。杰洛米来自一个不正常的家庭，大学没读完就退学了。在找到现在的工作之前，他做过很多低薪的工作。但他们有一点是共同的：他们都决心拥有成功的婚姻和人生，都愿意为好生活和好家庭付出必要的时间和精力。

几年之后，他们拥有了共同生育的第一个孩子。他们觉得自己的梦想就要实现了。这个时候，他们已经较为成熟，也能靠工作过上体面的生活。然而，杰洛米忽然患上了重病。他们的生活顿时被击得粉碎。他无法再待在自己目前的工作岗位上。三场手术之后，杰洛米和凯拉意识到，生活再也回不到从前了。他们知道自己将长期生活在挑战之中。

杰洛米和凯拉是如何应对这场生活危机的？不用说，绝望和放弃根本不是他们的选项。凯拉从兼职工作换到了全职工作。为了增加一点小小的收入，她开始经营一份家庭生意。杰洛米承担了大部分家务和照顾孩子的工作。当病情暂时得到控制时，他重新回到了社区大学。目前杰洛米打算拿到专科学位，之后再拿本科学位，如果可能的话，他还想拿一个硕士学位。他的梦想并非不切实际。直到目前，他在学业上的表现都十分优秀。他已经在考虑申请本州的州立大学。那所大学可以把他获得的学分纳入本校的社会工作项目中。他也设法拿到了几份合同，凭借这些合同，他可以获得一个实习机会。凭他的经验，他可以获得一份薪水不错而且也足以胜任的工作。换句话说，凭借自己较高的希望值，凯拉和杰洛米走上了一条实现人生目标的新路途。他们为自己赢得了另一个未来，而这是杰洛米刚患病时想也想不到的。

尽管这个故事不如那些历史上的伟人（例如温斯顿·丘吉尔、富兰克林·罗斯福、玛格丽特·撒切尔、维克多·弗兰克、纳尔逊·曼德拉等人）凭意志力和手段获得的成功那么辉煌，它仍然显示了希望在实现人生目标中的作用。正如在这个故事中，希望对人生的积极影响是公认的。希望在学术和体育表现上的重要意义也有目共睹。在工作环境中，这种希望是心理资本的关键要素之一。在我们对心理资本范畴下的希望给出明确的定义之后，我们将会在本章依次探讨以下课题：希望与绩效的关系；提升希望的具体方法；充满希望的管理者、员工和组织有哪些特征；为了维持希望应避开的陷阱。

什么是心理资本范畴下的希望

"希望"是日常生活中常被提及的词。然而，作为积极心理学里的一个概念，关于希望的要素，以及高希望值的个体、团队、社区和国家有哪些特征，却存在很多误解。很多人会把希望和一厢情愿的想法混为一谈（Lopez, 2013）。已故的斯奈德曾在堪萨斯大学担任临床心理学教授，他是积极心理学希望课题领域最为知名的理论奠基人和研究者。根据他的观点（Snyder, Irving, & Anderson, 1991, p. 287），希望是"一种积极的动机状态，并以（1）自主性（目标导向的能量）和（2）路径（计划达成）交互驱动的成功体验为基础"。此处使用了自主性一词，这意味着希望与上一章探讨过的源自效能且充当自主性的相关内容存在协同作用。

斯奈德的研究认为，希望更多的是一种积极的认知思维状态，具备这种思维状态的人有能力设定既符合实际又具有一定挑战性的目标，他们随后会凭借自己的决心、精力和自我约束来实现这些目标。这便是斯奈德和他的同事们所说的"自主性"或"意志力"。然而，正如我们在本章开篇部分提到的那样，希望的另一项要素是"路径"或"寻求路径的能力"。斯奈德及其同事定义了这一要素，但在日常语境下，它却常常受到忽视。具备这一要素的个体在最初的路径遇到障碍时，积极主动地寻求替代路径，以追求自己希望达成的目标（Snyder, 1994a, 1995a, 2000; Snyder, Ilardi, Michael, & Cheavens, 2000; Snyder, Rand, & Sigmon, 2002）。

心理资本范畴下的希望与日常语境下的希望的差异就在于"路径"的概念。也正是这一概念把希望与心理资本的其他要素如韧性、效能和乐观区别开来（Bryant & Cvengros, 2004; Lythans & Jensen, 2002, pp. 309-312; Magaletta & Oliver, 1999; Snyder, 2002, pp. 256-258）。最后，自主性和路径有很多重叠之处。尤其是，个体的意志力和决心会激发个体寻求新的成功路径，而与路径探索存在关联的创造力、创新思维和资源则会点燃个体的精力和掌控感，当它们共同发挥作用时，会促成希望的正向增长（Lopez, 2013, Snyder, 1993, 2000, 2002）。在必要的情况下，如果个体有可能继续尝试"也许会有效"的替代路径，那么个体的希望就会维持下去，甚至会增长。

回顾本章开头杰洛米和凯拉的例子，他们的高希望值清晰地体现在如下几点上。第一，他们都有明确的目标，即维持和提升婚姻及生活质量。第二，他们都有实现目标的决心。这体现在意志力的强度，他们付出的精力，以及他们对能够掌控命运的清晰认识上。第三，即便他们遇到的挫折看似足以断送他们成功的希望，他们依然能围绕问题找到开创性的替代路径，继续追求自己的目标。当人们局限于仅有的一条路（或更糟根本无路可走），而这条路遇到了障碍，且没有替代路径时，那么在极端情况下，这不仅是受挫，还是塞利格曼（Seligman, 1972）所定义的"习得性绝望"的早期阶段。在最初的实验中，研究人员用狗做实验时发现，当实验中的狗面对电击而无处逃避时，会逐渐消极地忍受电击，到了后来，即使可以逃避，它们依然选择忍受。换句话说，它们已经习惯了绝望，或者固执地认为自己无力控制局势，哪怕客观上它们显然能够控制。而与此形成鲜明对照的是，在杰洛米和凯拉的例子中，他们定位积极的希望是所谓的"习得性希望"（而非绝望），这种希望在他们遇到障碍时指引他们找到了某些替代路径。

最后，由于这对夫妇所选择的替代路径被证明确实有效，他们的热情会因此得到更进一步激发，而这又会增加成功概率，并促使希望正向发展。只要替代路径有潜在的成功希望，积极的能量就可能会继续传播。一个成功引向另一个成功。从广义上来说，这是积极心态的力量；从狭义上来说，这是希望的力量。

希望与绩效的关系

尽管积极心理学层面的相关研究只是近期才出现，但希望与个体各生活领域的绩效的联系早已有明确体现。这些相关研究包括如下领域：学业和体育上的表现；身心健康；生存和应对挑战的信念及技巧；其他正向的生活和幸福结果（Curry et al., 1997; Kwon, 2000; Onwuegbuzie & Snyder, 2000; Range & Pentin, 1994; Scioli et al., 1997; Snyder, 2000; Lopez, 2013; Rand & Cheavenw, 2009）。

尽管在希望方面的研究与临床心理学的关系最为密切，但它与工作环境之间的相关性却一直存在争议（Luthans, 2002a, 2002b; Luthans et al., 2005; Luthans & Jensen, 2002; Luthans & Youssef, 2004; Snyder, 1995b; Youssef & Luthans, 2003, 2005a, 2005b, 2006）。然而，有些实证研究——例如 Peterson 和 Luthans（2003）开展的研究——发现组织领导的希望值和他们的单位效益以及员工的满意度和忠诚度之间存在正相关。Youssef 和 Luthans（2007）研究了超过 1 000 名管理者和员工的希望值后发现，希望值与绩效、工作满意度、工作幸福度和集体凝聚力之间存在正相关。Peterson 和 Byron（2008）在四项研究中发现，具有高希望值的服务业工人、贷款经纪人、电信业管理层人员有较高的绩效，而财经服务公司中具有高希望值的管理人员在处理与工作相关的问题时表现出了较高的能力。研究者（Ouweneel, Le Blanc, & van Wijhe, 2012）发现希望值的波动会导致工作热情（如积极、奉献和专注）上的拖沓效应。也有研究证实希望与组织的盈利状况相关（Adams et al., 2002），企业家的希望值也曾用来预测他们对其拥有的组织的满意度（Jensen & Luthans, 2002）。

研究者曾从概念和实际应用两个方面在一些跨文化环境（Wernsing, 2014）和特定国家及地区中对希望开展过研究。这些国家和地区包括埃及（Badran & Youssef-Morgan, 2014; Youssef & Luthans, 2006; Youssef, 2011）、中国大陆地区（Huimei & Xuan, 2011; Luthans, Avey, Clapp-Smith, & Li, 2008）、澳大利亚（Avey, Nimnicht, & Pigeon, 2010）、伊朗（Mehrabi et al., 2013）、匈牙利（Lehoczky, 2013）、中国台湾地区（Huang & Li, 2013）、新西兰（Roche, Haar, & Luthans, 2014）和南非（Luthans, Van Wky, & Walumbwa, 2004; Reichard, Dollwet, & Louw-Potgieter, 2014）。换句话说，时至今日，希望与工作绩效之间的关系已经获得了相当有力的理论和实证支撑（Avey et al., 2011; Reichard et al., 2013; Youssef-Morgan, 2014）。

当今管理者和员工希望值的开发

不幸的是，现代世界所面临的许多挑战让很多人陷入孤立无望的境地，甚至在他们很小的时候就被剥夺了希望的能力。请思考下列事实：过时且与生活脱节的课程；侧重考试而不是学习和应用的劣质教学方法；冷漠的家长、教师和角色榜样，他们最好时也显得那么高不可攀，最差时足以带来深刻的心理伤害；治安糟糕的社区，为居民带来许多不必要的障碍和麻烦；职责不明确的岗位和低效的管理者，它们给员工设置的障碍远多过通往成功的路径。这些问题给儿童和青少年造成的负面影响正日益增加，并且会伤害希望和未来愿景。

皮特·卡罗尔是赢得 2014 年"超级碗"冠军的西雅图海鹰队的教练。过去十年来，他一直在洛杉矶条件最恶劣的社区默默服务，他在南加利福尼亚大学棒球校队当教练时如此，在西雅图的国家职业棒球大联盟担任教练时依然如此。他的态度非常积极、充满希望，以至于很多球员和工作人员都被他的精神所感染。甚至一些球迷和其周围的社区也是如此。皮特去这些条件糟糕的棚户区时，常常会带上一两个出身于类似社区的球员。他们会跟社区的孩子们谈论除了加入帮派之外可以选择的道路。因为对这些孩子而言，加入帮派往往是唯一的生存之道。皮特为那些弱势和处于危险境地的年轻人带来了希望。这些人很早之前就被社会所抛弃。换句话说，皮特正在努力创造希望。

我们可以说，当今的一代人正面临着希望危机。这是因为他们缺乏三种构成希望的要件：（1）至少一个令人振奋的未来目标；（2）凭借意志（自主性）和资源（路径）实现目标的信心；（3）至少一个关心、鼓励他们的人。希望与个体想象美好或确定未来的能力紧密相关，也与个体能够以相关和集中的过程来促进开放式思维和构想以寻求新目标、路径和可能性的能力息息相关（Carlsen et al., 2012）。

在过去，希望被视为是一种个性特征，因而被认为很难改变（Snyder et al., 1991）。然而，尽管希望符合我们在第 1 章（Luthans, 2002a, 2002b）列出的心理资本的标准，但它同样被证实是一种会发展的状态（Snyder, 1995a, 1995b; Snyder et al., 1996; Snyder et al., 2000; Veninga, 2000），并且会随时间的推移而改变（Ouweneel et al., 2012）。在组织环境中，通过助益和培育希望的基本要素——个体的目标、自主性和路径，以及与之相关的认知和综合过程，可以使个体的希望得到开发。有些具体方法已经被证实在开发和培育希望方面是有效的，如下。

1. **目标设定**。目标能激励我们，促使我们清早从被窝钻出来，鼓舞我们在人生道路上不断前行，或者像 Lopez（2013）所说的那样"亮个相（showing up）"，这个词既是如实描述，也是一种比喻。虽然实际意义上的"亮个相"并不一定能带来成功，却是成功的必要前提。当我们知道自己置身何处（A 点），也知道要去往何处（B 点）时，我们便有动力去寻找连接两者的路径。而这正是希望的基本意义。当我们看不到 B 点时，我们也就失去了希望。

   有效的目标设定和绩效之间的关系得到了实证研究的支持（Locke & Latham, 1990, 2002, 2006）。当个体将目标内化为自己的一部分并不懈追求，且能为此约束自己时，便能够获得绩效。这也与希望的相关理论研究一致。不仅如此，与那些仅仅被分配且没有合理解释的目标相比，由个体自主设定且主动参与的目标能带来更高的绩效。哪怕目标是被分配的，如果对目标的合理解释能被个体所接受，也能产生较高的绩效。这体现了希望范畴内自主性要素的意义（Latham et al., 1988; Latham et al., 1994）。最后，合理的目标不仅会影响个体的动机水平、选择、努力程度和韧性，同样也会影响个体寻求以独特方式实现目标的意愿和能力，也就是由希望驱动的替代路径（Latham, 2000）。

2. **灵活的目标**。那些有助于开发和培育希望思维，并能提升绩效的目标应该是具体和可测的。它们既应该有一定的挑战性，又是可以实现的。所谓灵活的目标应该是有一定难度，能调动起人的积极性，又让个体觉得自己能够达成的目标。这种目标允许失败，但个体明白，如果自己付出必要的努力，完全可以实现。它们就像是"潜在区域"，虽然并未出现在雷达屏幕上，但几乎总是在那儿，准备为你带来有难度却可以被克服的挑战。

3. **接近性目标**。很多人在定义自己想达成的目标时，使用的词汇往往是自己不应该做的，或自己不想要达成的。这类目标俗称"回避性目标"。尽管有时这是必需的，但"回避性目标"不像"接近性目标"那样能带给我们高度的动机和振奋感（Coats, Janoff-Bulman, & Alpert, 1996; Elliot, 2006）。回避性目标和消极框架从总体上促使产生狭隘的"或战或逃"机制。有个很好的例子，新年伊始，我们往往会下决心"再也不吃任何……（如甜食、垃圾食品、红肉、螃蟹等）"。然而随着时间的推移，这种剥夺反而会让我们更多地想到自己不可以吃的食品。最终，这让很多人放弃了目标。因为，尽管自我约束和人为延迟的满足感也有其意义，但重要的是，这种意义的分量极其有限。随着时间的流逝，当身体、心理和情绪资源耗尽，我们便会放弃。一旦定下的规矩被打破，我们便会感到挫败，而停止努力。而这主要是因为我们只选择了一条路径，而现在它已经被堵死了。

另一方面，对于"我要吃更多水果和蔬菜"或"我要每天坚持锻炼"之类的"接近性目标"，如果设定明确的计划（比如，我要在每顿饭里都增加蔬菜和水果，或每天下班后我都要去健身房锻炼一小时），则更容易实现。因为这样一来，个体每天都能实现自己定下的小目标，他的成就是可见的，每个小小的成就都是一座值得庆祝的里程碑，而这种成就感会激发个体对目标展开新一轮的追求。即使我们一时没能实现目标，我们依然会记得那种成功的体验，这会让我们精力焕发地重回正轨。有时，我们的目标需要调整（比如，改变每天锻炼的时间，或者用散步或在美丽的春日傍晚跟家人一块儿骑车出游代替去健身房锻炼）。但以往的成就感以及与实现目标相关的强化因素会帮助个体维持目标，以及实现它们的意志力和路径力。个体必须把目标视为一个脚手架，根据目标和路径的不同，我们要有多种不同的方法去攀登它。

4. **分步**。分步是实现目标的重要因素。通过这一步骤，复杂、漫长和或许很艰难的目标可以被分解为更小、更明确以及因此而更好管理的目标。当我们逐渐接近遥远的目标时，我们的自主性和路径意识都会得到强化，并为我们实现极为艰难的目标打下坚实基础（Latham, 2000; Luthans, 2002a, 2000b; Luthans et al., 2004; Luthans & Jensen, 2002; Luthans & Youssef, 2004; Snyder, 1995a, 1995b; Youssef & Luthans, 2006）。

5. **心理演练**。保持路径意识最有效的一个方法就是在头脑中演练迈向成功的步骤。与仅是思考过去带给我们的有限机会相比，心理演练为我们提供了思考未来和为未来做准备的机会。这让我们能够实际验证自己的想法和行动，包括在遇到困难时该如何应对，以及有哪些备选路径。在遇到真实的困难时，如果我们曾经在头脑中做过预演，那么就会有更为充分的准备。举例来说，一项元研究证实，与那些仅仅是有成功的愿景的人相比，那些明确地知道何时、何地、以何种方式获取成功的人，成功的概率要高得多（Gollwitzer & Sheeran, 2006）。即使那些希望值较低的人，如果他们能实践心理预演，也能获得较好的绩效（Berg, Snyder, & Hamilton, 2008）。

6. **仪式**。由于时间上的限制，以及身体、心理和情绪的变化（尽管我们之前说希望在很大程度上是认知性的，但我们都知道情绪也同样重要），哪怕我们在目标设定、自主性和路径方面都完全合格，我们在追求目标时可能依然会感到困难。当我们遇到低潮期时，设定仪式是一种让我们继续坚持下去的有效手段。这些仪式能让我们在唤起意志力或路径意识时不必投入太多想法或精力。这需要我们在特定的时间里进行特定的活动。举例来说，刷牙就是一个常见的生活仪式。与心理演练类似，仪式能让我们的头脑在奔赴目标时进入自动处理模式。

在与著名领袖相关的某些故事里,你可以看到,他们会设定一些仪式或程序,以帮助自己更好地度过每一天。这种仪式在每天的特定时段内开始。在曼德拉的例子中,他的仪式是自我反省,为了与看守者交流学习新语言,他创造了一个"大学"般的环境,把监狱的看守者和其他政治犯变成朋友。通过这种努力,他把关押他和其他政治犯的野蛮"地狱坑"——罗本岛监狱——转变成了一所大学。虽然条件依然艰苦,但至少学习和有意义的生活变得可能(Cascio & Luthans, 2014)。不管你是谁,为了避免"习得性绝望",你都必须给自己设立一个目标或可以专注的事务。毕竟,罗本岛监狱看守者的最初目标就是:让曼德拉和其他政治犯彻底放弃希望!

对我们来说,每天锻炼就是一个很好的仪式范例。每天在固定的时间锻炼能让我们免于在同一时段被其他事务占据时间,也能防止养成拖延的习惯。还能提醒周围人,锻炼对我们很重要,这样他们就不会在该时段打扰我们,因为他们知道我们正忙于锻炼。这同样也适用于其他重复性目标,例如、学习、接收职业领域的新资讯、冥想及其他精神活动,还有花时间陪伴自己的家人和朋友等。

举例来说,当本书第一作者的四个孩子处于青春期时,每周日下午都是他家固定的"欢乐日"。周日从主日学校出来后,孩子们都会兴冲冲地钻进车里,上气不接下气地问:"这次的欢乐日有什么节目?"不用说,这让做父母的很有压力,因为他们每周都要组织一些有意思的活动。当然,在这些时刻,做爸爸的也没办法去打高尔夫球。换句话说,仅仅靠良好的意愿和意志来实现重要目标可能是不够的,特别是当某些紧急状况需要占据我们的时间、心思和精力时。为我们认为重要的事务设立固定的时间表有助于我们保持专注,也能够节约我们有限的脑力和资源。

7. **参与**。对自下而上的决策与沟通、参与机会、员工赋能、参与程度、授权和持续自我管理能力的重视能带来显著的正面工作绩效。有研究发现，这种参与度不仅能提升工作绩效，还能提升员工的满意度、忠诚度，以及态度上的积极转变，例如心理参与程度和认同感（Conger & Kanungo, 1988; Hackman & Oldham, 1980; Harter et al., 2002; Spreitzer, 1995; Srivastra, 1986）。

从提升希望角度分析参与的意义时，清楚无疑的一点是，这些参与手段能赋予今日的员工力量、自由和自主决策的权力。这些总结起来就是自主性。这些手段同样能鼓舞员工自行设计和执行达成目标的方式，即路径。参与对绩效的提升不仅是情绪或动机层面的，还有认知层面。因为它能引导员工分析和考虑如何把貌似不可能的事变为可能。这与我们前面阐释的希望概念是一致的（Wagner et al., 1997）。

8. 奖赏系统。行为管理上的丰富研究清楚无疑地揭示，你一再强化某些行为，就会获得与之相应的结果（Stajkovic & Luthans, 1997, 2003）。对正向希望思维的强化可以通过奖赏来实现。具体手段包括对那些助力于设定合理目标、积极主动设定目标、展现出内化的自控能力（自主性）并在实现目标的过程中努力不懈地寻求各种替代方案的人，给予真诚的认可和积极评价。我们需要意识到，一个设计良好的奖赏系统能从本质上把组织目标同个人的内在、外在利益贯穿起来。这一点对取得上述成功非常重要。在多数组织中，典型的奖赏系统都无法将持续动机和绩效进行关联。很多员工都意识不到自己的工作与收获之间的关系，因为这些收获与员工或团队的日常事务也没什么具体联系。这种"失联"可能会降低员工的工作热情和绩效。事实一再证明，将员工的表现与具体奖项直接联系起来能有效提高士气（Peterson & Luthans, 2006; Stajkovic & Luthans, 1997, 2001, 2003）。

9. **资源**。在当今充满变化和竞争的环境中，追求目标时受挫沮丧几乎是每天都会遇到的事。因此，为了维持和提升希望，灵活地变换路径就显得尤为重要。一份畅销商业杂志的封面标题赫然写着："改变或者死亡。"说到心理资本范畴下的希望，改变包括不断地寻找实现目标的最佳路径。然而，如果员工对工作毫无热情，工作环境充满限制（例如无法获得必要的资源），则可能导致员工对环境产生对立情绪和受害者心态，这可能会很快耗尽员工的所有替代方案，并引发绝望、悲哀和懈怠等情绪。不用说，优先等级清晰的任务和有效的资源分配方式对维持希望和实现目标都非常关键。管理者和组织积极支持员工寻求替代方案也有助于维持员工的希望值。

除了显而易见的物质资源，隔离资源和凝聚力也是不可替代的资源。例如，如果没有最高管理层的支持，无论中层管理者和一线员工的意志力和路径意识有多强，他们都无法实现目标。事实上，在不被支持的情况下，组织成员的希望值越高，他们的挫折感就越强。

通用公司总裁杰夫·伊梅尔特在一次采访中说，自己的父亲在家庭餐桌上的表现与当时的上司是谁有关。他的父亲也是通用的员工。在其职业生涯的某一阶段，他的老板很差劲，"他回到家时心情也很差，因为他对未来感到一片茫然。而当他的老板比较好时，他回到家时也会精神焕发"（Byrne, 2005, p. 62）。注意杰夫的用词"对未来感到一片茫然"和"精神焕发"。这两者是鲜明的对比。这也说明，上司或管理者的支持有着深刻的影响，它能让人对未来感到绝望，也能让人对未来充满热情。

10. **战略一致**。当代战略管理学倾向于低估优质人力资源的地位，并不真正将其视为"当今全球化竞争环境中的首要资源"（Pfeffer, 1998）。然而我们也日益看到，组织中越来越多的资源被分配给了战略决策层,员工也被提供了很多机会,好让他们能尽早清晰地认识到未来的机会。在像谷歌这样扩张速度极为迅速的公司里,我们可以清楚地看到这一趋势。通过对自己和员工所面临的"我为什么要这么做"之类问题的关注,高层管理者的热情得到激发。因为他们要做的事能把他们带入更广阔的商业领域,为它们呈现实现目标的新路径。

我们都知道,根据行为经济学的研究,分析家们会依据组织管理者对外宣传其公司时所表现出的积极性去为一家公司估值。最近的研究也表明,贸易公司的管理者与外界分享公司状况的方式对公司的财务评估有重要影响(Avolio & Dunn, 2013)。举例来说,Mayew 和 Venkatachalam(2012)指出了组织战略决策层参与的财务会议所带来的积极和消极营销。在这些财务会议上,战略决策者会按照公司管理层希望的方式,预测未来的股票回报和预期外的收入。

中高层管理者对内和对外表达希望的方式会影响员工的士气,对公司的财务状况也有直观影响。高效的决策管理者会重视财务和物质资源的合理分配,并尽量将这些资源投入到产出最高的地方。同样,对希望的两个必要因素和路径的开发也能使人力资源以合理的方式得到分配,并使人力资源的开发与每个员工的天赋和能力相匹配。由于路径对希望的重要性,不同个体的利益协调能够为他们带来更多有助于在工作上获得成功的新路径。而在与此相反的极端情况下,员工与自己的工作职责完全不匹配,以至于他们根本没有成功的机会。这种不匹配会限制员工的路径选择和希望。

11. 培训。即便组织把人力资源放在首要位置,也愿意花时间培训员工,在选择培训理念和方案上也需要格外谨慎。为什么?因为预先设定的培训方式可能会加深被动性,限制员工的路径意识。单向而不可互动的培训方式会弱化员工的自主性。以技术为导向,尽管单纯地传授标准作业流程和方法的培训方案有时是必需的,但却有其局限性。另一方面,以提升希望为导向的培育则切合实际、互动性强,且具有可参与性。他们旨在提升总体的竞争力,将员工的天赋化为能力,并最终应用到不同的工作场景中。当组合使用提升希望和注重具体技巧的培训方式时,能激发士气,增加员工的能力,而且也相对应地为关注员工的自我意识、自我调节、自我评价和自我发展留出了余地。

在培训中,培训者也应为受训者追求他自己设定的且深感兴趣的目标留出空间。借来的"自主性"和被分配的路径无法催生希望。通过在定位性很强的微型干预中贯彻这一理念,我们成功地证明了它对提升希望的积极影响(以及对心理资本其他三个要素和对心理资本本身的积极影响,详见第8章)。针对这些微干预的研究对提升管理学专业学生、管理者、工程师以及各类型员工的希望值已经产生了深刻影响(Luthans et al., 2006; Luthans et al., 2010; Luthans et al., 2008; Luthans et al., 2014)。

高希望值的领导或管理者

鉴于当今混乱的全球环境,对不管哪个组织而言,高希望值的组织领导和管理者哪怕不是组织生存的关键因素,也算得上是组织发展的关键因素。领导和管理者需要让组织继续前行,而希望则是驱动前行的动力。高希望值的管理者不仅仅是传统意义上能够高效地开展规划、协调和控制等职能的"优秀管理者"。他们也不仅仅是具备管理者所需的三种必备技能的个体。这三种技能分别是:概念技能、技术技能和人际技能(Katz, 1974)。

尽管这些传统技能对称职的管理者来说依然是必需的,但在今天"扁平化"(Friedman, 2005)和充满竞争的环境中,仅有这些技能已经不够。那些经典的执行方式也难以适应今天的环境。我们的时代要求组织尽一切可能提升组织的希望值，以便在创新和生产力方面占据领先地位。提升希望值带来的优势在于，除非对手投入相当的精力并对领导和管理者进行相关培训，否则很难复制优势。这种竞争优势是具有持续性的，而一种充满希望的组织文化也是最难被管理者复制的东西之一。

今日的工作领域所需要的领导或管理者，需要拥有能够激励他人的目标和以目标为导向的意志力与路径意识。一个拥有能力和决心并充满希望的管理者能够感染自己的下属，激励他们产生较高的绩效（我们也知道，恶劣的管理者会以相同的方式给员工带来消极影响）。他们应该是高效的策划者，能设定具体而富有挑战性的目标，并使这些目标与集体的目标保持一致。他们会努力营造一种环境，其中下属们会设定自己的目标，建立更高的标准，并挑战自己的极限。他们会把下属当作独立的个体，他们会支持下属为自己设定目标，并因他们对不同路径的寻求而奖励他们，哪怕他们的路径不合常规。研究表明，员工需要富有同情心、稳定、值得信任和充满希望的管理者。高希望值的管理者应该是下属的导师、教练和鼓励者。他们会让员工感到"精神焕发"。

当我们把这些探讨与目前正在兴起的管理观念联系起来时，我们会发现，高希望值的管理者是真实领导力的关键因素之一（Avolio & Luthans, 2006; Luthans & Avolio, 2003; Luthans et al., 2006）。具有自我意识，知道自己的能力、特性、不足之处、价值观、情绪和目标的管理者无疑是可靠的。这样的个体有能力管理自己和他人的认知、情绪和行为。他们对自我证明和自我发展的渴望会激励他们寻求下属的反馈和参与（Avolio, 2004; Avolio & Luthans, 2006）。假以时日，一种称作"更为稳固的领导力"便会在管理者和下属身上发生。确实，高希望值能让个体在更广阔的意义上探索自我，因而有助于培育管理者的自我意识。毫无希望的地方，往往不是缺乏探索自我、提升自我的基础，就是缺乏这么做的动机和精力。

即使遇到需要紧急做出决断、参与度较低的时刻，高希望值的管理者也会以真诚、透明、有助于增进信任的方式向下属说明他为何要采取某些行动。真诚的过程能让下属更易于接受自己的解释，也能维护下属的尊严、自主性和路径意识。这同样有助于培育下属的领导力。因为现有的领导是在切身演示，人们"希望"现在的下属将来会对他的下属所展示的能力。不仅如此，通过透明而持续的解释方式，这些领导也体现了较高的道德水准。在真实领导力的理论中，高透明度有助于提升下属对管理者道德水准的认知和信任（Simons, 2002, 2008; Simons, Friedman, Liu, & McLean Parks, 2007）。

高希望值的员工

除了高希望值的领导和管理者，我们同样有必要简单地描述一下高希望值的员工具有哪些特性。而且这么做也是有利的。虽然希望并非是一种固定的状态，因而允许变化，但如果管理者善于辨认希望的特征（或绝望的特征），他们就更容易辨识员工的希望状态。一个称职的管理者会积极主动地培育和强化下属的希望值。

那些希望值较高的员工往往能展现出更高的思维独立性。他们具备人格心理学所说的"内在控制力（也就是说，他们的努力往往发自内在，例如他们在从事一项任务时对成功的解释）"。因此，为了表达或利用自己的自主性，他们需要较高的自理能力。如果对他们约束过紧的话，他们也许会感到被冒犯或沮丧，在这种情况下，他们也可能会寻求替代方案以获得控制力。而这在管理者眼中也许是不服从管理的行为。他们对成长和成功有很强的渴望，他们对 Oldham 和 Hackman（1980）所说的那种能体验到意义、责任和深刻回馈的工作充满意愿。高希望值的员工往往是富有创意和知识渊博的，即使预算很少，他们也会继续寻求非常规路径，并因此给人一种混乱无序的印象。

换句话说，从表象上看，拥有高希望值的员工似乎是不守规矩的麻烦制造者，他们对现存秩序构成了挑战，甚至可以说是激进的冒险者。很多时候我们把具有这些特性的人称为"成功的创业者。"

而从另一方面来看，那些缺乏希望的员工似乎是遵守体制规则，对管理者盲目服从的人。这些人也许会被同事和管理者视为容易相处的"好士兵"。不幸的是，几乎所有的奖赏系统都会以正式或非正式的方式鼓励这些老好人式的态度和行为。然而，如果这些特征正好体现了低自主性、有限的替代路径或根本没有路径，那么这类人会给管理者带来很多问题。在今日的环境里这一问题尤其突出。这类员工往往没有工作热情，他们工作时只是看上去很忙。更糟糕的是，他们可能对工作持消极态度，会花很多时间去想如何阻止管理层实现他们想要的目标。

高效的管理者需要主要应对表现出绝望特征的员工。希望值较低的员工往往不愿或没有能力去承担更多责任、独立做决定或解决有挑战性的问题。太多的管理者都陷入了这样的陷阱里：他们亲自设定所有的目标，做所有的决定，巨细无遗地为下属规划好每一步。或许他们的初衷只是通过切实的管理和严格的控制来提高单位绩效，但这种微干预可能只会引发员工的无助和倦怠。这显然无助于发展和培育一支灵活高效，至少愿意改变而非只想墨守成规的团队。幸运的是，高希望值的领导和管理者所做的与此相反。他们会努力培养高效和充满希望的员工。这类员工不仅会积极做好的自己工作，也会设法支持彼此的工作。

高希望值的组织：培养高希望值和高绩效的组织文化

高希望值的领导、管理者和员工对今天的组织而言是一项重要财富。很多有关转换型领导力的文献都提到了这一点（Bass, 2008）。然而，要建设一个充满希望的组织或许会面临一些挑战。例如，希望值较高的员工和管理者在遇到单调的工作、定义不清晰的目标与晋升机会、琐碎的办公室杂务、管理不善和集权式的决策机制时，也许更容易感到沮丧。他们的态度和绩效都可能因此而受损。因此，支持性的组织文化被认为是心理-绩效关系的重要前提（Luthans et al., 2008）。

很显然，在某些组织中，高希望值的管理者和员工拥有的自主性和路径远远超过他们的工作要求。在一个限制较多、支持性较差的工作环境中，高希望值的管理者和员工的能力无法得到合理的分配和引导，他们会因此而深感受挫。尽管这些高希望值的员工也可能在恶劣的环境中有出色表现，但随着时间的推移，他们的工作满意度（Judge et al., 2001）、幸福感（Fordycc, 1988）和忠诚度（Allen & Meyer, 1990）会降低。这可能会对他们的绩效造成消极影响。

我们熟悉的一个具体案例能说明这个问题。在这个组织中，电话销售和电话客服代表在应聘时，被提示说他们可以通过这份基础性质的工作进入市场或营销岗位。组织内部似乎人人都知道这一点。这对于刚入职的电话销售的忠诚度具有正面影响。电话销售的岗位在美国（而不是印度）一般被认为是没有晋升空间的工作，最多只是一份过渡性质的工作。作为惯例，这个组织内部的晋升标准包括工作年限和获得大学学历。那些希望值较高的电话销售人员静静地等待着自己进入营销岗的"升职机会"，与此同时他们也在花时间和精力去考学位。换句话说，他们靠自己的力量（自主性）去提升自己（被提拔到营销岗），他们找到了提升自己的路径（工作年限和更高的受教育水平），哪怕他们所属的组织并没有任何学费资助项目，也不会放假给他们去上课。

当他们的"好日子"终于到来，他们有机会被提拔到营销岗时，那些自认为符合组织选拔标准（工作年限和受教育水平）的电话销售就参加了报名。然而，组织面试了这些内部员工和另外一些外部应聘者之后，最终录用了一位外部应聘者。被录用者是一个刚从大学毕业，没有任何行业经验的大学生。他并不符合内部员工所认可的"标准"。组织并没有向内部员工解释究竟凭什么标准录用外部应聘者而不录用他们。失望和沮丧之下，有几个高希望值的电话销售选择了辞职，另外很多人开始更新自己的简历，物色新工作。

说到这个案例中的希望。这一组织中的电话销售拥有内化的意志力和追求更好职位的动机，但他们的意志和动机却被组织所否定。这些高希望值的员工于是认为自己受到了不公正的待遇，对管理层失去了信心。然而，他们对成长进步的渴望，他们所拥有的资源和路径意识，都驱使他们去寻求新的替代方案。这降低了他们对目前所属组织的忠诚度，并不可避免地影响了他们的绩效。正如我们前面指出的那样，如果在一个组织中个体喜欢的替代方案受到限制，高希望值的员工只能被迫接受自己不喜欢的替代方案，那么他可能会变得懈怠，或以与管理层的决策作对为乐。另一方面，低希望值的员工可能会简单地接受事业由组织安排而不靠自己努力的观念（即低自主性）。他们会继续留在组织里，但他们的绩效会很低。

有几个因素能够提升组织所需要的充满希望且可持续的氛围。当战略计划重视长期目标设定、协调、融合与延续性时，有利于创造一个自主性和路径意识都繁荣生长的环境。很显然，我们这里说的是能激发和强化员工希望思维和希望行为的组织氛围和组织文化。一些组织，例如"最佳雇主"之一，位于北卡罗来纳州的软件公司 SAS，会为自己的员工提供一套成熟的"主人翁计划"，该计划将公司目标和员工的个人目标统一起来。这种计划能有效地激发和利用员工的希望。组织还可以提供合理的边界，开放新的领域，好让员工的希望能得到引导，茁壮成长。

为了帮助员工实现目标，高希望值的组织会积极主动地创造机会，控制环境。如果一个组织能将自己的理念清晰地呈现为令人鼓舞和以价值为导向的蓝图，包含清晰任务的陈述，以及一组可操作性的实际目标，那么从本质上说，它就是在创造一个现有和未来员工可以参与其中的公司愿景，而且这个愿景是实际的。具有较高希望值并认同组织战略导向的新员工会主动融入组织的行动，并以此为基础提升自己。现有的老员工也是一样。即便是原来希望值较低的员工也会随着时间的推移而形成自主性和路径意识，并融入到组织文化当中去。

在扁平化、富有生机的组织中，开放透明的沟通、高参与度的决策机制、对员工赋能以及其他灵活且高忠诚度的技术，都有助于创造充满希望的组织文化。这种文化会激发员工的主动性，鼓励他们去寻求机会，承担责任，并期待在这么做的时候能获得认可和奖赏。以上所述只是有助于高希望值的组织激发、维持和提升员工的毅力和路径意识的诸多方法中的一部分而已。在这种高希望的组织文化中，得益于组织的透明和可靠，不仅是传统的经济资源，就连人力资源、社会资源和心理资本都可以顺畅地流通，并迅速得到最佳配置（Avolio & Luthans, 2006; Luthans & Youssef, 2004; Youssef & Luthans, 2006）。

而从反面来看，在一个不透明且职业观念糟糕的组织中，身处其中的人们会想办法避免失去自己手上的资源。在极端情况下，甚至会引发所谓的"叛乱"。这种现象往往还伴随着一个部门不肯帮助另一个部门的情况。举例来说，本书一位作者的同事说，她绝对不会对其他部门的人伸出援手，因为这会干扰"自己"的工作，而且在更为重要的管理层眼里，如果我们还有时间去帮助其他部门的人，只会显得自己部门的员工过多。尽管这位同事有意愿去帮助别人，却会因此而面对上司的"管好自己的事"之类的训令，这让她纠结不已。

不仅如此，那些靠把兴旺建立在巨细无遗的政策和程序之上的组织往往会扼杀希望。高度程式化和自上而下的官僚式决策机制会带来安定和高效的错误表象，但由于它对希望的消极影响，随着时间的推移，它会变得举步维艰。个体需要合理的环境来逐渐成长，如果他除了遵守严格的规定和程序之外再也没有其他选项，那么他的成长过程就会停止，并开始变得绝望。

我们最近听到一个核设施运营中心的管理者说："我们会采用不同的方

式帮助员工持续成长。"他补充道:"不用担心我们运营核设施时不够有创意,可以说我们一直在鼓励员工努力发挥绝对的创意。"这位管理者的真正意思是,哪怕在与核反应堆打交道时有着非常严格的规定和安全守则,他们还是有办法去帮助员工成长。在他的组织中,这种成长是通过复杂的学习来实现的。

组织内因机械规定和集权式的决策机制而导致的怠惰,与高希望值的管理者和员工所具有的高自主性和希望意识形成了鲜明的对比。而高自主性和高希望值正是今日充满变化的新环境所需要的东西。事实上,正如在核设施运营中心一样,在任何可靠度较高的组织中,兼顾创造性和遵守规定都是可能的,而且这两者并不一定处于对立地位。在实际中,鼓励创意的组织文化反而能够释放高希望员工的能力,使他们能够改进现有的规定。

希望的潜在陷阱

必须再说一次,希望值较高的管理者、领导、员工和组织都是目标导向的,具有自主性,拥有丰富的资源。他们有能力通过自己的坚强毅力和灵活的路径意识来设定和达成富有挑战性的目标。由于希望的逆向特质,已经实现的目标会进一步提升自主性和路径,从而带来更高层次的希望。然而,正如心理资本的其他要素一样,只有符合实际的希望才能真正发挥作用。毫无疑问,"虚假希望"是潜在的威胁之一。它与成功的关系恰如一个倒 U 形。在某些情况下,如果希望不切实际,那么绩效和成功的可能性都会陡然降低。

Polivy 和 Herman(2002)为这种"虚假希望综合征"建立了一个复杂的模型。他们认为,对正在节食和减肥的人来说,虚假希望的来源往往是对减肥速度、体重、舒适度和减肥结果不切实际的期待。这些不切实际的期待往往受巧妙的减肥广告的影响而得到进一步加强(例如"不节食,不运动,十天轻松瘦十斤")。人们往往会高估自己能甩掉的体重、减肥速度和减肥过程的舒适度。最为重要的是，人们往往也会高估减肥带来的好处，例如，容貌和自我感觉的改善，感情或职业上更为成功等。当遇到挫折或反弹时，他们不是调整自己的期望值，而是认为自己不够努力才导致减肥效果不够理想；或怪罪自己使用的减肥产品，并转而寻求其他希望他们相信的减肥产业的产品。

这一恶性循环让 Polivy 和 Herman（2002）忍不住惊叹人们持续虚假希望的能力。他们甚至因此而对很多重要的自我改变行为产生怀疑，这些行为包括戒烟、戒酒、戒毒等。设定较高的目标不一定是错的。梦想是革命性变革的重要条件，有些目标无论多么艰难都值得追求。具有挑战性的目标赋予生命意义和目的，正是失败的风险让我们下定决心去战胜命运、征服恐惧、获得成功。然而，当个体遭遇重复失败时，就应该调整目标或路径，或者两者都调整。这一微调的过程最终会引领我们走向成功。希望值较低的人可能会成为虚假希望的受害者，因为他们经常不懂得调整希望。而高希望值的人知道虚假希望与真实希望的不同。为了停留在成功的轨道上，他们知道何时及如何调整自己的期待，也知道调整期待的正确频率（Snyder & Rand, 2003）。

抱有不切实际的希望的组织和个人也许会为不切实际的目标付出许多精力和资源。他们也许会落入一个陷阱之中，不断提高自己的努力程度，为了虽具有挑战性但事实上无法实现的目标持续付出热情。斯奈德（1995a）指出，高希望值的人若想把自己的精力和创意保持在正确的轨道上，除了提升希望的能力外，还必须具有重新定位目标的能力。此外他们需要懂得如何避开已经失效的目标和被时间证明无法实现的目标。

希望值较高的组织及其成员需要避开的另一个陷阱是"为了目的可以不择手段"的心态。在努力追求个人或集体目标的过程中，有些希望值较高的个体可能会忍不住诱惑采取违反自己或组织道德伦理或社会责任的手段。这些手段可能会侵害内部或外部成员的利益。例如，有些个人目标、自主性和路径可能只对个人有利。还有些目标虽然对某些集体和利益相关者有利，但可能会损害他人的利益。例如劳资双方谈判、部门内部竞争或股票财富最大化等案例。

从另一方面来看，清晰而有重要意义的组织价值观，再加上个人、集体和组织利益的协调一致，将有利于将意志力和路径意识导向合理且道德的目标。辅以公平、务实和一致的奖赏体系及稳定的管理，就会形成能被成员认可的目标和手段。这些目标和手段会平衡和支持不同利益相关者的需要和权利。这种奖赏体系和可靠领导力有助于维持组织的愿景，提升其声誉和长期可持续性绩效（Avolio & Luthans, 2006; Youssef & Luthans, 2004）。

最后，在希望得以提升的过程中，我们不应因目标的宏伟而忽略过程的快乐。从现实角度看，实现目标极为重要。然而，如果仅仅把希望看成是设定目标和实现目标，那么无论我们的目标多么高尚，这种观点都是狭隘的。希望的意义远不止这些。希望意味着我们需要敞开心扉，迎接我们原本以为不可能的机会和经验。它意味着重估过去，抵抗现在的封闭和局限，接受未来的不确定性。一个理性的环境（如理性的团队、组织、社区）对这种类型的希望的发展颇有助益（Carlsen et al., 2012）。

通俗一点说，我们建议组织、管理者和员工不要仅仅将希望视为终极的结果，同时也要享受提升希望值的过程。因为通过这一过程，希望的各个要素都会得到开发和延续。目标设定、灵活的目标、分步及对目标的重新调整等应被视为学习、成长和自我实现过程中的体验。参与、授权和其他自主性开发策略应被视为为了提高个体的自理能力和责任感而设计的机会，而不应被当作无用和浪费时间的管理学风潮或逃避责任的手法。路径意识的提升应该以增强管理者和员工的创意决策能力及问题解决能力为目的，并应该能够帮助高希望值的集体成员持续超越令人沮丧的障碍和行不通的路径。这种类型的希望对个人层面和职业层面的终身学习和适应环境能力都是有益的。对那些拥有较高希望值的人来说，实现目标的过程中遇到的障碍只是可以用来提升自我的挑战和机遇，而不是死路一条，更不是懈怠、灰心和止步不前的借口。

对希望研究和实践的未来展望

作为一种符合心理资本标准的能力，希望代表着一种无比宝贵的积极资源。然而这种资源在人力管理和绩效方面的意义至今仍被低估。在本章即将结束的时候，我们总结了一些最有潜力并与希望相关的研究和实践方向。

- 目前，虽然我们对希望已经有很多了解，但有关希望发挥作用的理论和实践机制仍需要进一步的探索。举例来说，希望是前瞻和自省的综合体。过去是如何借助认知及影响机制参与到现在的目标设定、规划和细化过程中的？这一现象仍值得做深入研究。研究者已经借助神经科学对这些机制展开初步探索，对希望在商业领域应用的研究也已经开始。不仅如此，尽管希望被认为具有传染效应，它的传染机制在很大程度上仍是未知。这些机制在性质上也许属于社交范畴，但近来兴起的神经心理学研究也发现了更为切实的机制。在这些机制中起作用的是所谓的"镜像神经元"，它们的主要作用是模仿。这些神经学机制为与希望相关的跨学科研究及应用带来了令人振奋的新机会。
- 希望的提升可能会带来"太多美好事物"，这一机制需要更全面的认知和探索。要特别留意希望在这一机制中的角色（乐观也值得注意，我们会在下一章详细讨论）。斯奈德从理论层面指出，"提升希望值"也应该包括提升重估目标以避免虚假希望的能力，即我们前面探讨过的虚假希望与绩效的倒 U 型关系。对这种关系的实证研究，以及对可能影响希望的具体体现及其阈值的不可测因素的研究也许很有挑战性，为了了解希望的具体应用，这种研究必不可少。对多样的组织类型的研究可以将有关希望及绩效的研究推向更广阔的空间。另外，对那些被研究者和管理者视为"希望值太高"或"毫无希望"的"异类"展开研究也许具有重大意义。

- 接下来要说的这一点与我们前面阐释的两点存在关联，那就是为了形成三维结论，利用更为多样化的手段对希望展开评估的需要。如果研究者能深入组织之中，对希望如何成形以及它在传播中如何体现等课题展开量化研究，这对未来的研究将会是个非常好的方向。在综合化的方案设计中开展质化和量化研究也有同等意义。而以更为具体的生物学证据为研究对象则是另一个方向。

- 随着更多实证研究的出现，更多的元分析可望进一步拓宽现有的研究领域，更精准、全面地描绘这些复杂的，或许是非线性的关系，并有可能探索潜在的协调或缓冲因素。

- 在对希望做理论阐释时，斯奈德认为，对自主性和与目标相关的路径的分析发现，这两者在个体的认知中常常是彼此影响的。而希望则体现着两者的累积层次。然而，从目前可用的希望评估手段来看，研究者认为毅力和路径具有同等地位。未来在这一领域的研究也许会揭示两者的互动关系，并为我们呈现一些潜在的环境因素。这些潜在因素或许决定了毅力和路径对希望值和绩效的不同影响力。

- 与之类似，希望曾主要被视为一种认知能力，而积极的情绪则被当作是实现目标时的副产品。但最近的研究发现，积极情绪在希望中占有更核心的地位。希望可以作为"认知向导"，将我们的思维导向正确的目标和路径，并避开那些没有建设性的想法。最近也有研究指出，如果我们对积极情绪和希望做一段时间的实证研究也许会发现，积极情绪其实是希望的先决条件。两者的关系也许是双向的，但希望的自发运动方向和强度，以及最重要的是希望的认知和影响机制，在很大程度上依然有待探索。

- 我们认为，不仅是管理者的行为和言论，管理者自身的特质也能为他提供提升希望的起点。我们需要了解管理者的特性及其所处的环境如何影响希望的提升。管理者采用的印象管理策略对希望的影响也是一个值得认真研究的课题。

- 为了提升希望而采取的短干预也需要被进一步研究，以便了解那些能够提升管理者和员工的意志力及路径意识的方式。正如心理资本的其他要素一样，我们对能将希望提升和维持在最高水平的干预方式也知之甚少。今天，我们可以通过社交媒体、智能手机甚至健身软件联络到员工，这些设备能让员工想起，上一次在无路可走时看到另一条道路是什么时候。我们也可以利用这些设备提醒员工，当他们遇到问题时，也许还有他尚未意识到的问题解决方法。这些技术的应用对于提升工作环境中的积极性和希望值也许具有不可估量的价值。

- 最后，希望的跨层次表现、正向和负向轨迹、传染效应，以及希望在不同文化中的差异等我们在上一章探讨效能时涉及的课题同样也是未来研究和实践的方向。

参考文献

Adams, V. H., Snyder, C. R., Rand, K. L., King, E. A., Sigman, D. R., & Pulvers, K, M. (2002). Hope in the workplace. In R. Giacolone & C. Jurkiewicz (Eds.), *Workplace spirituality and organizational performance* (pp. 367-377). New York, NY: Sharpe.

Addis, D. R., Wong, A. T., & Schacter, D. L. (2007). Remembering the past and imagining the future: Common and distinct neural substrates during event construction and elaboration. *Neuropsychologica, 45,* 1363-1377.

Allen, N.J., & Meyer, J. P. (1990). The measurement and antecedents of affective, continuance and normative commitment to the *organization. Journal of Occupational Psychology, 63,*1-18.

Avey, J. B., Nimnicht J. L., & Pigeon, N. G. (2010). Two field studies examining the association between positive psychological capital and employee performance. *Leadership and organization Development Journal, 31,* 384-401.

Avey, J. B., Reichard, R. J., Luthans, F., & Mhatre, K. H. (2011). Meta-analysis of the impact of positive psychological capital on employee attitudes, behaviors, and performance. *Human Resource Development Quarterly, 22,*127-152.

Avolio, B. J. (2004). Examining the full range model of leadership: Looking back to transform forward. In D. Day & S. Zaccarro (Eds.), *Leadership development for transforming organizations* (pp. 71-98). Mahwab, NJ: Erlbaum.

Avolio, B. J., & Dunn, S. (2013). Monetizing leadership quality. *Chief Executive, Mar/ Apr 2013,12.*

Avolio, B. J., & Luthans, F. (2006). *The high impact leader.* New York, NY: McGraw-Hill.

Badran, M. A., & Youssef-Morgan, C. M. (2014). Psychological capital and job satisfaction in Egypt. *Journal of Managerial Psychology,* in press.

Bass, B. M. (2008). Bass and Stogdill's Handbook of Leadership (3rd Edition). NY: Free Press.

Berg, C. J., Snyder, C. R., & Hamilton, N. (2008). The effectiveness of a hope intervention in coping with cold pressor pain. *Journal of Health Psychology, 13,* 804-809.

Bryant, F. B., & Cvengros, J. A. (2004). Distinguishing hope and optimism. *Journal of Social and Clinical Psychology, 23,*273-302.

Byrne, J. (2005). The Fast Company interview: Jeff Immelt. *Fast Company, 96,* 60-65.

Carlsen, A., Hagen, A. L., & Mortensen, T. F. (2012). Imagining hope in organizations: From individual goal-attainment to horizons of relational possibility. In K. S. Cameron & G. M. Spreitzer (Eds.), *The Oxford handbook of positive organizational scholarship* (pp. 288-303). New York, NY: Oxford University Press.

Cascio, W. F., & Luthans, F. (2014). Reflections on the metamorphosis at Robben Island: The role of institutional work and positive psychological capital. *Journal of Management Inquiry, 23,* 51-67.

Cattaneo, L., & Rizzolatti, G. (2009). The mirror neuron system. *Archives of Neurology, 66,*557-560.

Coats, E. J., Janoff-Bulman, R., & Alpert, N. (1996). Approach versus avoidance goals: Differences in self-evaluation and well-being. *Personality and Social Psychology Bulletin, 22,*1057-1067.

Conger, J., & Kanungo, R. (1988). The empowerment process: Integrating theory and practice. *Academy of Management Review, 31,*471-482.

Creswell, J. W., & Plano Clark, V. L. (2011). *Designing and conducting mixed methods research.* Thousand Oaks, CA: Sage.

Curry, L. A., Snyder, C. R., Cook, D. I., Ruby, B. C., & Rehm, M. (1997). The role of hope in student-athlete academic and sport achievement. *Journal of Personality and Social Psychology, 73,*1257-1267.

Elliot, A. (2006). The hierarchical model of approach-avoidance motivation. *Motivation and Emotion,* 30(2), 111-116.

Fordyce, M. W. (1988). A review of research on the happiness measures: A sixty second index of happiness and health. *Social Indicators Research, 20,*355-381.

Fredrickson, B. L., Cohn, M. A., Coffey, K. A., Pek, J., & Finkel, S. M. (2008). Open hearts build lives: Positive emotions, induced through loving-kindness meditation, build consequential personal resources. *Journal of Personality and Social Psychology, 95,*1045-1062.

Friedman, T. L. (2005). *The world is flat.* New York, NY: Farror, Straus and Giroux.

Gollwitzer, P. M., & Sheeran, P. (2006). Implementation intentions and goal achievement: A meta-analysis of effects and processes. *Advances in Experimental Social Psychology, 38,*69-119.

Hackman, J., & Oldham, G. (1980). *Work redesign.* Reading, MA: Addison-Wesley.

Harter, J., Schmidt, F., & Hayes, T. (2002). Business-unit-level relationship between employee satisfaction, employee engagement, and business out-comes: A meta-analysis. *Journal of Applied Psychology, 87,* 268-279.

Held, B. S. (2004). The negative side of positive psychology. *Journal of Humanistic Psychology, 44,*9-46.

Huang, P. H., & Lin, Y. C. (2013, June). Moderating effect of psychological capital on the relationship between career capital and career success. In Proceedings of the 16 the Conference on Interdisciplinary and Multifunctional Business Management & High Education Forum on Business Management, Soochow University, Department of Business Administration, Taiwan University (pp. 1-15).

Huimei, W., & Xuan, L. (2011, Nov. 3-Dec. 2). Study on psychological capital and organizational identity. In *Proceedings of the 8th International Conference on Innovation and Management.* Kitakyushu, Japan (pp. 662-665).

Judge, T. A., Thoresen, C. J., Bono, J. E., & Patton, G. K. (2001). The job satisfaction-job performance relationship: A qualitative and quantitative review. *Psychological Bulletin,*

127,376-407.

Jensen, S. M., & Luthans, F. (2002). *The impact of hope in the entrepreneurial process: Exploratory research findings.* Paper presented at the Decision Sciences Institute Conference, San Diego, CA.

Katz, R. (1974). Skills of an effective administrator. *Harvard Business Review, 52,* 90-102.

Kwon, P. (2000). Hope and dysphoria: The moderating role of defense mechanisms. *Journal of Personality, 68(2),* 199-223.

Latham, G. (2000). Motivate employee performance through goal-setting. In E. Locke (Ed.), *Handbook of principles of organizational behavior* (pp. 107-119). Oxford, UK: Blackwell.

Latham, G., Erez, M., & Locke, E. (1988). Resolving scientific disputes by the joint design of crucial experiments by the antagonists: Application to the Erez-Latham dispute regarding participation in goal setting. *Journal of Applied Psychology, 73,* 753-772.

Latham, G., Winters, D., & Locke, E. (1994). Cognitive and motivational effects of participation: A mediator study. *Journal of Organizational Behavior, 15,* 49-63.

Lehoczky, M. H. (2013). The socio-democratic correlations of psychological capital. *European Scientific Journal, 9(29),* 26-42.

Locke, E. A., & Latham, G. (1990). *A theory of goal setting and task performance.* Englewood Cliffs, NJ: Prentice Hall.

Locke, E. A., & Latham, G. P. (2002). Building a practically useful theory of goal setting and task motivation: A 35-year odyssey. *American Psychologist, 57,705-717.*

Locke, E. A., & Latham, G.P. (2006). New directions in goal-setting theory. *Current Directions in Psychological Science, 15,* 265-268.

Lopez, S. (2013). *Making hope happen.* New York, NY: Atria.

Luthans, B., Luthans, K., & Avey, J. B. (2014). Building the leaders of tomorrow: The development of academic psychological capital. *Journal of Leadership and Organizational Studies, 21* (2), 191-199.

Luthans, F. (2002a). The need for and meaning of positive organizational behavior. *Journal of Organizational Behavior, 23,* 695-706

Luthans, F. (2002b). Positive organizational behavior: Developing and managing psychological strengths. *Academy of Management Executive, 16,* 57-72.

Luthans, F., Avey, J. B., Avolio, B. J., Norman, S. M., & Combs, G. J. (2006). Psychological capital development: Toward a micro-intervention. *Journal of Organizational Behavior, 27,*387-393.

Luthans, F., Avey, J. B., Avolio, B. J., & Peterson, S. (2010). The development and resulting performance impact of positive psychological capital. *Human Resource Development*

*Quarterly, 21,*41-66.

Luthans, F., Avey, J. B., Clapp-Smith, R., & Li, W. (2008). More evidence on the value of Chinese workers' psychological capital: A potentially unlimited competitive resource. *InternationalJournal of Human Resource Management, 19,* 818-827.

Luthans, F., Avey, J. B., & Patera, J. L. (2008). Experimental analysis of a web-based training intervention to develop positive psychological capital. *Academy of Management Learning and Education, 7,* 209-221.

Luthans, F., & Avolio, B. J. (2003). Authentic leadership: A positive development approach. In K. S. Cameron, J. E. Dutton, & R. E. Quinn (Eds.), *Positive organizational scholarship* (pp. 241-258). San Francisco, CA: Berrett-Koehler.

Luthans, F., & Jensen, S. M. (2002). Hope: A new positive strength for human resource development. *Human Resource Development Review, 1,* 304-322.

Luthans, F., Norman, S. M., Avolio, B. J., & Avey, J. B. (2008). The mediating role of psychological capital in the supportive organizational climate-employee performance relationship. *Journal of Organizational Behavior, 29,* 219-238.

Luthans, F., Norman, S., & Hughes, L. (2006). Authentic leadership: Anew approach for a new time. In R. Burke & C. Cooper (Eds.), *Inspiring leaders* (pp. 84-104). London, UK: Routledge, Taylor & Francis.

Luthans, F., Van Wyk, R., & Walumbwa, F.O. (2004). Recognition and development of hope for South African organizational leaders. *Leadership and Organization Development Journal, 25,* 512-527.

Luthans, F., & Youssef, C. M. (2004). Human, social and now positive psychological capital management: Investing in people for competitive advantage. *Organizational Dynamics, 33,*143-160.

Luthans, K. W. (2000). Recognition: A powerful, but often overlooked leadership tool to improve employee performance. *Journal of Leadership Studies, 7,* 31-39.

Magaletta, P. R., & Oliver, J. M. (1999). The hope construct, will and ways: Their relations with self-efficacy, optimism, and well being. *Journal of Clinical Psychology, 55,*539-551.

Mayew, W. J., & Venkatachalam, M. (2012). The power of voice: Managerial affective states and future firm performance. *The Journal of Finance, 67* (1), 1-43.

Mehrabi, S., Babri, H., Frohar, M., Khabazuan, B., & Salili, S. (2013). Investigating the relationship between organizational psychological capital and meaning in the employees' work (Shahid Beheshti University as a case study). *International Journal of Human Resource Studies,* 3(2), 42-50.

Oldham, G., & Hackman, J. (1980). Work design in the organizational context. *Research in*

Organizational Behavior, 2, 247-278.

Onwuegbuzie, A. J., & Snyder, C. R. (2000). Relations between hope and graduate students' coping strategies for studying and examination taking. *Psychological Reports, 86,* 803-806.

Ouweneel, E., Le Blanc, P. M., Shaufeli, W. B., & van Wijhe, C. I. (2012). Good morning, good day: A diary study on positive emotions, hope, and work engagement. *Human Relations, 65,* 1129-1154.

Peterson, S. J., Balthazard, P. A., Waldman, D. A., & Thatcher, R. W. (2008). Neuroscientific implications of psychological capital: Are the brains of optimistic, hopeful, confident, and resilient leaders different? *Organizational Dynamics, 37,* 342-353.

Peterson, S. J., & Byron, K. (2008). Exploring the role of hope in job performance: Results from four studies. *Journal of Organizational Behavior, 29,* 785-803.

Peterson, S. J., & Luthans, F. (2006). The impact of financial and nonfinancial incentives on business-unit outcomes over time. *Journal of Applied Psychology, 91,* 156-165.

Peterson, S. J., & Luthans, F. (2003). The positive impact and development of hopeful leaders. *Leadership and Organization Development Journal, 24(*1), 26-31.

Pfeffer, J. (1998). *The human equation.* Boston, MA: Harvard Business School Press.

Polivy, J., & Herman, C. P. (2002). If at first you don't succeed: False hopes of self-change. *American Psychologist, 57,* 677-689.

Rand, K. L., & Cheavens, J. S. (2009). Hope theory. In S. J. Lopez & C. R. Snyder (Eds.), *Handbook of positive psychology* (2nd ed., pp. 323-333). New York, NY: Oxford University Press.

Range, L., & Pentin, S. (1994). Hope, hopelessness and suicidality in college students. *Psychological Reports, 75,* 456-458.

Reichard, R. J., Avey, J. B., Lopez, S. J., & Dowlett, M. (2013). Having the will and finding the way: A review and meta-analysis of hope at work. *Journal of Positive Psychology, 8,* 292-304.

Reichard, R.J., Dollwet, M., & Louw-Potgieter, J. (2014). Development of cross-cultural psychological capital and its relationship with cultural intelligence and ethnocentrism. *Journal of Leadership and Organizational Studies, 21,* 150-164.

Rizzolatti, G., & Craighero, L. (2004). The mirror-neuron system. *Annual Review of Neuroscience, 27,* 169-192.

Roche, M. A., Haar, J. M., & Luthans, F. (2014). The role of mindfulness and psychological capital on the well-being of organizational leaders. *Journal of Occupational Health Psychology, 19,* 476-489.

Scioli, A., Chamberlin, C., Samor, C. M., LaPointe, A. B., Campbell, T. L., MacLeod, R., &

McLenon, J. A. (1997). A prospective study of hope, optimism, and health. *Psychological Reports, 81,* 723-733.

Seligman, M. E. P. (1972). Learned helplessness. *Annual Review of Medicine, 23,* 407-412.

Simons, T. (2002). Behavioral integrity: The perceived alignment between managers' words and deeds as a research focus. *Organization Science, 13* (1), 18-35.

Simons, T. (2008). *The integrity dividend: Leading by the power of your word.* San Francisco, CA: Jossey-Bass.

Simons, T., Friedman, R., Liu, L. A., & McLean Parks, J. (2007). Racial differences in sensitivity to behavioral integrity: Attitudinal consequences, in-group effects, and "trickle down" among Black and non-Black employees. *Journal of Applied Psychology, 92(3),* 650.

Snyder, C. R. (1993). Hope for the journey. In A. P. Turnbull, J. M. Patterson, S. K. Behr, D. L. Murphy, J. G. Marquis, & M. J. Blue-Banning (Eds.), *Cognitive coping families, and disability* (pp. 271-286). Baltimore, MD: Paul H. Brooks.

Snyder, C. R. (1994a). Hope and optimism. In S. Ramachandran (Ed*), Encyclopedia of human behavior* (Vol. 2, pp. 535-542). San Diego, CA: Academic Press.

Snyder, C. R. (1994b). *The psychology of hope: You can get here from there.* New York, NY: Free Press.

Snyder, C. R. (1995a). Conceptualizing, measuring, and nurturing hope. *Journal of Counseling and Development, 73,* 355-360.

Snyder, C. R. (1995b). Managing for high hope. *R and D Innovator, 4(6),* 6-7.

Snyder, C. R. (2000). *Handbook of hope.* San Diego, CA: Academic Press.

Snyder, C. R. (2002). Hope theory: Rainbows in the mind. *Psychological Inquiry, 13,* 249-275.

Snyder, C. R., Harris, C., Anderson, J. R,, Holleran, S. A., Irving, L. M,, Sigmon, S. T., Harney, P. (1991). The will and the ways. Development and validation of an individual-differences measure of hope. *Journal of Personality and Social Psychology, 60,* 570-585.

Snyder, C. R., Ilardi, S., Michael, S. T., & Cheavens, J. (2000). Hope theory: Updating a common process for psychological change. In C. R. Snyder & R. E. Ingram (Eds.), *Handbook of psychological change: Psychotherapy processes and practices for the 21st century* (pp. 128-153). New York, NY: Wiley.

Snyder, C. R., Irving, L., & Anderson, J. (1991). Hope and health: Measuring the will and the ways. In C. R. Snyder & D. R. Forsyth (Eds.), *Handbook of social and clinical psychology* (pp. 285-305). Elmsford, NY: Pergamon.

Snyder, C. R., & Rand, L. L. (2003). The case against false hope. *American Psychologist, 58,* 820-822.

Snyder, C. R., Rand, K. L., & Sigmon, D. R. (2002). Hope theory. In C. R. Snyder & S. Lopez (Eds), *Handbook of positive psychology* (pp. 257-276). Oxford, UK: Oxford University Press.

Snyder, C. R., Sympson, S. C., Ybasco, F. C., Borders, T. F., Babyak, M. A., & Higgins, R. L. (1996). Development and validation of the state hope scale. *Journal of Personality and Social Psychology, 70,* 321-335.

Snyder, C. R., Tran, T., Schroeder, L. L., Pulvers, K. M., Adam, V., Ill, & Laub, L. (2000). Teaching the hope recipe: Setting goals, finding pathways to those goals, and getting motivated. *National Educational Service, Summer,* 46-50.

Spreitzer, G. (1995). Individual empowerment in the workplace: Dimensions, measurement, and validation. *Academy of Management Journal, 38,* 1442-1465.

Srivastra, S. (1986). *Executive power.* San Francisco, CA: Jossey-Bass.

Stajkovic, A. D., & Luthans, F. (1997). A meta-analysis of the effects of organizational behavior modification on task performance: 1975-95. *Academy of Management Journal, 40,* 1122-1149.

Stajkovic, A., & Luthans F. (2003) Behavioral management and task performance in organizations: Conceptual background, meta-analysis, and test of alternative models. *Personnel Psychology, 56,* 155-194.

Stajkovic, A. D., & Luthans, F. (2001). The differential effects of incentive motivators on work performance. *Academy of Management Journal, 44,* 580-590.

Veninga, R. L. (2000). Managing hope in the workplace: Five simple strategies can help transform organizations. *Health Progress, 81,* 22-24.

Wagner, J., Ill, Leana, C., Locke, E., & Schweiger, D. (1997). Cognitive and motivational frameworks in research on participation: A meta-analysis of effects. *Journal of Organizational Behavior, 18,* 49-65.

Wernsing, T. (2014). Psychological capital: A test of measurement instrument invariance across twelve national cultures. *Journal of Leadership and Organizational Studies, 21,* 179-190.

Youssef, C. M. (2011). Recent events in Egypt and the Middle East: Background, direct observations and a positive analysis. *Organizational Dynamics, 40,* 222-234.

Youssef, C. M,, & Luthans, F. (2003). Immigrant psychological capital: Contribution to the war for talent and competitive advantage. *Singapore Nanyang Business Review, 2(2),* 1-14.

Youssef, C. M., & Luthans, F. (2005a). A positive organizational behavior approach to ethical performance. In R. Giacalone, C. Jurkiewicz, & C. Dunn (Eds.), *Positive psychology in business ethics and corporate social responsibility* (pp. 1-22). Greenwich, CT: Information

Age.

Youssef, C. M., & Luthans, F. (2005b). Resiliency development of organizations, leaders and employees: Multi-level theory building for sustained performance. In W. Gardner, B. Avolio, & F. Walumbwa (Eds.), *Authentic leadership theory and practice: Origins, effects and development. Monographs in leadership and management* (Vol. 3, pp. 303-343). Oxford, UK: Elsevier.

Youssef, C. M., & Luthans, F. (2006). Positivity in the Middle East: Developing hopeful Egyptian organizational leaders. In W. Mobley & E. Weldon (Eds.), *Advances in global leadership* (Vol. 4, pp. 283-297). Oxford, UK: Elsevier Science/JAI.

Youssef, C. M., & Luthans, F. (2007). Positive organizational behavior in the workplace: The impact of hope, optimism, and resilience. *Journal of Management, 33,* 774-800.

Youssef-Morgan, C. M. (2014). Advancing OB research: An illustration using psychological capital. *Journal of Leadership and Organizational Studies, 21,* 130-140.

PSYCHOLOGICAL CAPITAL AND BEYOND

第 5 章

心理资本乐观（现实与灵活）

乐观是最常被谈到却最少被理解的积极心理学资源。在日常用语中，一个乐观的人会预期未来有积极和令人满意的事件，而一个悲观的人则会经常有消极的想法，并且相信不好的事情会发生。有些人甚至认为乐观是情绪化、肤浅、不理智和不现实的，甚至是一个具有误导性的假象（Taylor, 1989; Tiger, 1979）。此外，还有很多研究者视乐观为一种秉性人格特质（Scheier & Carver, 1987）。

作为符合心理资本标准的一个重要要素，乐观也许有这些表面的含义，但绝不仅止于此。心理资本的乐观不只是预期好事会发生的一种性格倾向，还包括整体的积极预期（Carver, Scheier, Miller, & Fulford, 2009），然而这些预期也取决于个体用来解释过去、现在和将来为何会发生积极或消极事情的理由与归因（Seligman, 1998）。例如，你也许会花很多时间和精力去关注积极的事件，但如果你不用乐观的解释风格去理解这些事件，那么你就有可能仍然是悲观的。如同前两章节，下面关于乐观的思考练习可以帮助你更深入地了解自己。这些详细的问题有助于塑造过去、现在和将来的各种生活事件对乐观的影响，它们也有助于更好地理解本章节接下来对于心理资本的乐观所进行的更深入的讨论。

关于乐观的个人反思练习

首先请你回想最近生活中发生的一个非常难忘的积极事件。可以是工作上取得的成绩、愉快的家庭事件、令人兴奋的惊喜、新的恋情、老友重聚、成功的购物或者慈善行为，总之任何你认为是积极的事件都可以。

当你能够清晰回想该事件的细节后，尽你所能地回答下面的问题。记住，你回答地越诚实越详尽，便越能深入理解本章接下来要讨论的乐观。

- 详细描述你选择的积极事件，包括你和事件中其他人的想法、感受以及事件发生前中后你们的行为（在这个问题上多花点时间可以使剩余问题回答起来更简单和快速）。
- 可能是什么原因或情况导致了这个事件的发生？
- 这些原因中的哪些与你有关？换句话说，促使这个事件发生的哪些因素是由你控制的？
- 这种控制如何促使这次积极事件发生？
- 这些因素中有哪些超出了你的控制范围（例如运气、他人、外界环境等）？
- 你认为这些外界因素在多大程度上促使了该积极事件的发生？
- 在你所列举的这些外界因素中，有没有什么是你本应该能控制的？如果有，请说明。
- 你认为自己为什么没有对这些可控的因素采取控制？

思考完你选择的积极事件的情况、起因及结果后，请你将思维转移到关于未来的问题上：

- 你相信这种积极事件将来还会再次发生吗？
- 在促使该积极事件发生的因素中（不论是否可控），哪些是你觉得能稳妥地依靠，在未来你想要使用的时候也能几乎总是存在的？哪些是暂时的、一次性的偶然因素？

- 在促使该积极事件发生的因素中（不论是否可控），哪些是你在未来生活里可能遇到的其他情境和事件中也能受益的？哪些只适用于本次事件或本质上类似的事件？
- 未来如果发生相同的情况，你会有什么不同的做法？

接下来，花点时间回想最近生活中一个非常难忘的消极事件。同样，它可以是任何生活领域里的，只要你认为它是消极的并且足够支撑你的分析。当你回想起这个消极事件的细节后，我们请你回答与刚刚完成的积极事件类似的问题：

- 首先，请详细描述这个消极事件。记住要包括你的想法、感受以及这次事件前中后你的行为。
- 可能是什么原因或情况导致了该事件的发生？
- 这些原因中，哪些超出了你能控制的范围（例如运气差、他人的过错、外界环境等）？
- 你认为这些外界因素在多大程度上促使了该消极事件的发生？
- 导致该消极事件发生的原因中，哪些与你有关？
- 为阻止这个情况的发生或解决问题，你采取了哪些决定和行动？
- 在你所采取的决定和行动中，哪些是尤其有效的？
- 你觉得自己有没有犯过什么错，无论是导致了事件的发生或者在处理事件的过程中？
- 你本可以如何阻止或更好地解决这个情况？
- 总之，导致这个消极事件发生的因素中，有没有什么是你本应该能够控制得更好的？如果有，请说明。

现在，将你的思维转移到关于未来的问题上：

- 你相信未来这种消极事件还会再次发生吗？
- 促使该消极事件发生的因素中（不论是否可控），哪些是你担心未来会持续存在的？哪些是暂时的、一次性的挫折？
- 促使该消极事件发生的因素中（不论是否可控），哪些是你在未来生活里遇到的其他情况里也可能受此威胁的？哪些只适用于本次事件或类似事件？
- 未来如果发生相同的情况，你会有什么不同的做法？

希望这些问题和你的回答能帮助你深入地思考：自己对积极和消极的大致预期，个人生活中遇到积极和消极情况的起因，以及对这些情况的解释。这个反省将是一个很好的起点，让你更好地理解心理资本的乐观。

乐观是整体的积极预期

正如我们在本章开头提到的，有个公认的观点认为，乐观是对生活有积极预期的跨情境整体倾向。在这种观点下，乐观可以是一种广义上的信心，正如第 2 章中谈到的，与具体的任务或情境有关。这种观点还认为乐观与悲观是同一个连续体上的两端，但并不被很多积极心理学家认可，后者认为乐观与悲观是独立的概念，对此我们稍后讨论。

乐观的整体观点很重要的一个贡献是，有助于更好地理解乐观与悲观如何通过不同的运转机制产生好的或不好的结果，例如，与健康幸福的关系被至少三个元分析中的上百个研究所证明（Alarcon, Bowling, & Khazon, 2013; Anderson, 1996; Rasmussen, Scheier, & Greenhouse, 2009）。研究表明，乐观主义者的生活境遇比较好不仅仅是因为他们有积极的心态，还因为他们与悲主义者有本质不同的应对机制。

当乐观主义者面对逆境时，他们会不断地尝试，正如我们反复提到的，这在部分程度上与心理资本的其他要素（例如希望的路径）相关。他们采取聚焦于问题的应对机制，尤其是当他们可以掌控局势时。他们会以更积极的态度看待当时的情况，但是当他们无法控制时他们会接受现实。与第 3 章中的"接近性目标"类似，可以将乐观主义者看作"接近型应对者"。相较于事情的消极方面，他们更关注制订计划为将来做准备。他们甚至会尝试用幽默来化解消极的情况。与之相反，尽管悲观主义者有消极的预期，但当逆境真的发生时，他们会表现出被动的举动，例如拒绝、逃避、宿命论或者认知回避、分散注意力、远离问题。他们有时会陷入自责和一厢情愿，以至于会放弃努力（Carver et al., 2009）。

你属于哪一类？回想一下你对前文问题的回答。你更偏向积极还是消极？你如何应对问题？你的应对方式是否会因问题性质的不同而不同，比如工作问题、情感问题或家庭问题等？如果你倾向于逃避现实、逃避问题和为自己感到难过，那你可能是个悲观主义者或者在滑向悲观主义者的滑梯上。如果你勇于面对问题、接受问题并且积极地寻找解决方案，那你就有可能是个乐观主义者。

心理资本乐观是一种解释或归因风格

马丁·塞利格曼提出乐观是一种解释方式，它将积极事件归因于个人的、永久的、普遍的，将消极事件解释为是外界的、暂时的、情境特定性的。另一方面，悲观的解释方式会将积极事件解释为是外界的、暂时的、情境特定性的，而认为消极事件是个人的、永久的、普遍的（Seligman, 1998）。

乐观和悲观解释方式的主要潜在机制是个人对于"结果独立性"的评估。

当我们感到事情在掌控之中而未来依赖于自己的行动时，我们就会有动力为更好的未来努力拼搏。这时我们似乎对无助"免疫"了。另一方面，当我们认为事情不可控，结果与行动无关时，我们就会停止努力，变得无助（例如前面章节中提到的塞利格曼著名研究中的狗）。即使事实证明我们可以在一定程度上控制和改变自己的未来，我们也会被动地让这些机会溜走（Peterson & Steen, 2009）。

基于这个受到广泛认可的定义框架，乐观主义者将生活中的积极事件归功于他们自己。他们认为这些积极事件的起因在自己的掌控之中。乐观主义者会预期这些积极事件的起因在将来也是存在的，并且在处理生活不同领域的其他问题时同样有效。因此，乐观的解释风格使他们能够积极地看待和内化生活中好的一面，不只是过去和现在，还有未来。比如，乐观的员工在收到上级的正面反馈和认可时，会把这个积极事件归因于自己的工作理念，并且保证将来会一直努力工作，进而取得成功，不只是在现在的工作中，也包括未来可能从事的任何职业里。

同样，当经历消极情况时，乐观的人会将起因归于是外界的、暂时的、情境特定性的。因此，他们对未来保持着积极态度并充满自信。比如，一个乐观的员工收到了上级的负面反馈，假设是他做的一个报告，他会合理化这个结果，比如他在做这个报告时不在状态，同事没有提供可以提高报告质量的必要信息，或者单纯是因为老板给反馈的时候心情不好。报告本身没有那么差，未来也一定不会差。

与乐观的解释风格不同，悲观主义者不认为生活中发生的积极事件是自己的功劳。例如，一个刚刚升职的悲观主义者可能会将升职归因于运气、其他候选者经验不足、新的工作不是那么受欢迎等外部原因。再者，这些原因在悲观主义者看来都是暂时的和情境特定性的，因此他们认为积极事件在未来再次发生的概率很小。

此外，悲观主义者会认为生活中发生的消极事件是自己的问题。他们会将不幸情境和消极事件的原因内化。他们认为不好的事情会一直存在于生活中并威胁到自己的成功和健康，不仅存在于类似的情境中，还贯穿于生活中的方方面面。例如，悲观主义者如果升职失败，他们会将此归因于自己不够聪明或者教育背景不够好等。他们会不断地想，不聪明和教育背景不够好会在将来一直影响着自己，不只是在事业上，还有可能毁掉自己的感情，破坏自己可能拥有的任何教育、培训甚至职业道路方面的机会。结果，他们会感到无助、受挫，缺乏再努力一次的动力。

那么，你属于哪一类型？回想一下你对前面问题的回答。你用什么原因来解释所经历的积极事件。如果大部分原因是可控的因此可以归功于自己，那么你就是在做个人的归因，符合乐观的解释风格。此外，如果你预期这些因素不论在什么时间什么情况下都会一直存在，那么你就是在做永久和普遍的归因，也符合乐观的解释风格。另一方面，如果你想到的大部分原因都不是你能掌控的，而是暂时的或者情境特定性的，那么你就是在用悲观的解释风格。这种悲观即使是在你反思积极事件时依然存在。

接下来，审视你用来解释消极事件的原因。如果你将大部分原因归于外界的、暂时的和情景特定性的一次性因素，那么你用的就是乐观型解释风格。你是在用乐观的方式对待消极事件。另一方面，如果你因为消极事件而自责，并且认为起因都是永久的和普遍存在的，那你就是悲观型解释风格。

在乐观是一种解释风格的观点下，乐观与悲观的单维性受到了挑战（Chang, Maydeu-Olivares, & D'Zurilla, 1997; Kubzansky, Kubzansky, & Maselko, 2004; Lai, 1994; Peterson & Steen, 2009; Peterson & Chang, 2002）。虽然乐观与悲观通常是负相关的，但是研究这两个概念的方法使关于它们是否独立这个问题不可能有确切答案。研究者通常只关注具体的结果。有一些只关注积极的结果，因为它们跟乐观相关，包括生理和心理健康（Peterson, 1999; Peterson & Bossio, 1991; Scheier & Carver, 1987, 1992; Seeman, 1989），有效地解决生活难题（Lazarus & Folkman, 1984; Scheier & Carver, 1985），疾

病痊愈（Scheier et al., 1989），戒毒成功（Strack, Carver, & Blaney, 1987），生活满足感和"真正的快乐"（Seligman, 2002）。事实上，乐观被证明与很多积极结果都呈正相关，包括工作绩效（Avey, Reichard, Luthans, & Mhatre, 2011; Seligman, 1998），生活各方面的表现，例如健康、幸福、教育、体育和政治（Peterson & Barrett, 1987; Peterson & Seligman, 2004; Peterson & Steen, 2009; Prola & Stern, 1984; Seligman, 2002）。

同时，临床心理学研究者一直在关注消极结果，例如抑郁（Abrahamson, Metalsky, & Alloy, 1989; Peterson & Seligman, 1984），生理疾病（Peterson, Seligman, & Vaillant, 1988）和普遍意义上的不好表现。然而，很少有研究平行和综合地关注乐观与悲观以及它们的积极和消极结果。学习乐观与悲观的广义观点对于更完整地了解其含义、可能的推断和潜在的不连续性是必要的。

举个例子，在前面的问题中我们本可以只让你分析一个积极事件。你很有可能总结出自己属于乐观型解释风格，因为你对于积极事件的解释很多都是个人的、永久的和普遍的。另一方面，如果你用了外界的、暂时的和情境特定性的原因解释，那么你就会得出自己是悲观主义者的结论。而让你同时分析积极和消极事件，我们能更大概率地揭示你可能使用了不同的解释风格。例如，如果你对于积极事件和消极事件都使用了个人的、永久的、普遍的解释，你就可以知道对于积极事件你的解释风格是乐观型的，而对于消极事件你是悲观型的。换句话说，你可以既是乐观主义者又是悲观主义者，这取决于事件的性质。如果每一类事件里面多分析几个，你会得出更深层的理解。在本章末尾我们会再来讨论这个重要的乐观与悲观的情境性问题。

过度乐观的价值

与媒体热衷于描绘阴暗世界相比，大部分人有过度乐观的倾向。他们相信消极事件更容易发生在别人身上而非自己身上，尤其当他们认为自己可以掌控局势时，不论这种掌控感是否准确（Klein & Helweg-Larsen, 2002）。这难道就意味着乐观只是一种假象、一种判断偏见或者偏离理智的思考吗？这个问题让哲学家、学者、从业者和大众都很困惑。是积极乐观好还是准确现实的预测好？近来这些揭示乐观价值的问题得到了越来越多的关注。

首先，乐观的价值不仅仅在于其预测的准确性。大多数情况下对于未来的准确预测几乎是不可能的。这时乐观的激励效果就远比准确计算过的悲观预测要有益。换句话说，乐观具有重要的认知、情感甚至社会功能，这些功能超出了预测的功能，可能比单纯的准确性更有价值，这就使得在乐观方面犯错更合理和有益（Armor, Massey, & Sackett, 2008）。

Haselton 和 Nettle（2006）从进化论的角度扩展了这个观点。基于错误管理理论（error management theory），他们表明在不确定的情况下，如果想要使错误的代价最低，例如使错失机会的概率最小化，就会选择过度乐观。当然，如果要使错误的代价较低，偶尔也会选过度悲观。然而，人们倾向于高估错失的代价（假消极事件），而低估空欢喜的代价（假积极事件），因为目的不是必须要最小化错误率，而是要最小化整体成本。许多情况下过度乐观会优化这个方程。例如，乐观偏差是激励人们为客观上很难实现的梦想努力奋斗的极少数驱动力之一。这些认知偏差的价值是行为经济学发展的基础，挑战了经济学、政治学和其他很多领域的传统理论的基本假设（Kahneman, 2011）。

过度乐观还有另外一个重要作用：做好准备。由于乐观是一种状态，因此会随时间而变化。人们开始时会倾向于乐观，这也激励他们去追寻有挑战性的目标，利用机会，应对挫折。在追求目标的过程中，人们掌握了更多的信息，收到反馈，更重视决策结果，或者在发现结果不那么可控时，相应地调整乐观的等级。因此，乐观的驱动性和益于健康的功能就实现了，使那些接近罕见"真理时刻"的人减少了处在抑郁和恐惧的时间。这种结合通过平衡从乐观中获得的诸多益处和偶尔从悲观中获得的益处（例如调整预期避免失望），导致达到最优的准备水平（Sweeny, Carroll, & Shepperd, 2006）。

过度乐观的另一个解释机制是结果称许性（outcomes desirablity）。欲望在很多方面影响着我们对于未来的预期。Krizan 和 Windschitl（2007）提出了这个联系的几个机制。例如，结果称许性可以通过以下形式促进乐观：效价启动（评估希望得到的结果的重要性），反复模拟（在脑海中想象希望得到的结果和它的可获得性），确认偏差（寻找证据支持假设），聚焦（关注想要得到的结果，忽略其他的），区分审查（愿意接受确凿的证据，认真审查相反的证据），战略乐观（对于可控情况表示乐观以获得能量与动力）。在一些情况下，结果称许性可以通过消极偏见、提高准确度或者战略悲观来促进悲观，因为结果越理想就越可能有危险，而这会导致更多搜索行为或抑郁来回避失望。

基于之前的论据，乐观比悲观更普遍和有益，即使乐观有时不太容易被发觉或者容易被夸大。然而，过于乐观也有风险，尤其在工作中。接下来我们将讨论一些风险以及为什么乐观需要现实和灵活。

乐观的现实与灵活

如前面讨论的，乐观像希望一样，有直观的吸引力并且经常与积极的结果相关。然而，不加审查的乐观型解释风格可能会有一些不好的副作用，甚至危险的暗示。不分情况的盲目乐观者尤其可能将自己置于高风险的境地。例如，有证据表明乐观主义者会低估风险的潜在危险（Davidson & Prkachin, 1997; Kok, Ho, Heng, & Ong, 1990; Peterson & Chang, 2002; Weinstein, 1989）。例如，健康的乐观主义者常常饮食不健康或不平衡，运动少，将自己置于高压的工作中。他们给出的理由是因为他们目前没有问题，所以他们乐观地认为自己可以应对这种风险因素。然而有必要提到的是，也有相反的证据表明乐观主义者也会采取积极的方式保持健康和做预防性护理，而悲观主义者也有不利于健康的行为。不过，过度乐观的潜在风险仍然值得注意，尤其在工作场合。

举个例子，如果乐观主义者将自己、工作单位、同事、朋友和家庭置于更高的风险和消极结果中，他们不太可能从错误中吸取教训。这是因为他们将风险因素外化，或者可能不太会采取措施来降低可控的风险。脱离现实的乐观主义者不能掌控并适当地分析情况以了解哪些起因本应该是个人的、永久的、普遍的，哪些起因是可以外化或者可以作为暂时的和情境特定性的。例如，一个安全工程师如果每次发生事故时都采用乐观的解释风格，将原因归于其他人或事，而不是更新和加强安全管理和预防技术，这样将是非常不负责任和危险的。然而，即使这个安全工程师履行了所有必要的职责，事故仍然有可能偶尔发生。在这种情况下，原因被分析确定为不在工程师的掌控中时，她便可以接受对这次不幸事件的外界的、暂时的、情境特定性的乐观解释，以便于可以积极地继续前进和克服挫折。换句话说，我们会提倡该工程师采取 Peterson（2000）所说的"灵活乐观"。在这种灵活的乐观下，人们努力正确评估形势，然后选择什么时候用乐观的解释风格，什么时候用悲观的解释风格。

不幸的是，解释风格基于个体的主观认知和归因，所以不会总是现实或灵活的。乐观的人可能太过于控制自己的生活和命运，认为如果他们足够努力，就会一直成功，并且成功应该归功于自己。但对自己施加如此高的期望和如此大的压力可能会有不好的结果。例如，Peterson 和 Chang（2002）发现脱离现实的乐观主义会加剧重复发生的消极事件对生理和心理健康的负面影响。换句话说，当乐观主义者这种没有依据的自主感受到挑战时，他们就不能像他们本应该的那样继续将消极因素外化了，于是他们会遭受生理和心理的痛苦。这同支持易怒好斗的性格与高血压、糖尿病、心脏病等生理问题有关的研究观点一致（Dolnick, 1995）。塞利格曼（1998）也认为无助的一个重要起因是过于强调自己而不关注自己之外的一些因素（例如家庭、宗教或民族的因素）。这也是为什么 Schneider（2001）提倡"现实乐观主义"的原因。

对于心理资本，我们强调乐观需要现实和灵活。有效的乐观不应该走极端，既不应该内化成功，试图掌控工作生活的各个方面，也不应该外化各种各样的失败，推卸责任。

现实灵活的乐观不应该被描绘成自我感觉良好的虚幻自我膨胀。心理资本中的乐观代表着很强的自律、对过去的分析、应急计划和预防护理，也综合地整合了早期关于乐观的大部分概念和各个方面。

我们提出现实灵活的乐观主义者能够最大程度地享受并从各种生活和工作事件，并从中获得学习（Avolio & Luthans, 2006）。在好的情形下，那些具备乐观的人能够享受将成功归功于自己和掌控命运的认知和情感暗示，而不会无意识地将自己置于更大的风险中或被别人指责不谦逊。

那些具备乐观的人也善于向那些对他们的成功可能有过贡献的人或者因素表达感谢。他们能够将机遇转化为资本，开发技能和能力，从而增加未来的机会。同理，在不好的情形下，他们能够从嘈杂的声音中筛选有价值的信息，发现事实，从错误中吸取教训，接受他们不能改变的东西，然后积极地继续前行。这时心理资本韧性就要发挥作用了，我们会在下一章讨论。

我们需要员工具备乐观吗

在讨论乐观对机构领导的明显影响前，我们先来想想乐观对于一般员工的影响。我们都意识到如今员工的工作环境与不久前的已经有很大不同了。复杂、变化和不确定性现在都已是常态。不仅仅是变化的频率增加了，而且现在及未来的变化其性质已经完全不同了。变化已经贯穿每个员工工作的核心部分。很多工作和职业之间的界线已经变得模糊。随着机构为了适应复杂的环境而进行的转型，不仅是媒体评论员、作家和教授，连员工都在观察和经历工作的戏剧性转变。

以我们非常熟悉的一个公司为例，我们不止一次看到，其基于价值的战略和实践之所以可以领先，很大程度上得益于员工能够接受、享受他们不断变化的角色，并将这种变化转化为资本。这个公司的员工不再以职位定义自己，而是把他们各自的角色看作是"这份酬劳需要我做的"。他们现在期望公司在需要的基础上尽可能变化，以在这个竞争激烈的行业内保持领先地位。

这个故事涉及心理资本的另一个潜在附加概念——所有权。高水平的心理所有权代表个人愿意站出来承担可能不直接属于其工作范围但是对机构整体有利的工作（Avey, Avolio, Crossley, & Luthans, 2008）。例如，一个大型医疗保健系统的主管在去办公室的电梯里问一个维修工他今天过得怎么样。这个员工乐观地回答："我在改善患者的流动和安全。"主管听到这个回答很高兴，于是问这个维修工如何能够影响这种组织级别的绩效指标。维修工简单地回答："如果我不换床单的话，病人就得待在急救室，如果他们没有干净的床单，那就不安全，不是吗？"

这个主管一直在倡导和推行员工应该承担起患者护理的所有权，我们可以直观地看到员工的投入和情况的改变。三年内，在同样的设施和体系下，该主管负责的部分从因太差几乎要关闭到成为行业内的佼佼者。

即使在传统观念认为是稳定和结构清晰的行业里，巨大的变化也正在发生。例如，2002年《萨班斯法案》颁布时，会计丑闻的数量达到巅峰，会计行业在那个时间发生了巨大的变化，包括让董事会成员获得他们公司业绩报告的所有权。大部分工作都是如此。例如，曾经认为自己走在前沿的技术工人正在慢慢发现，随着先进技术的引进，他们的知识正面临着淘汰。这样的例子有很多。

乐观和悲观的员工对于这种动荡时刻的反应非常不同。乐观主义者更会拥抱变化，看到未来的机会，并将注意力放在将这些机会的资本化上。乐观主义者与悲观主义者对变化导致的不利结果的反应也是不同的。裁员就是一个很经典的例子。一个现实的乐观主义者会将被裁员归因于当前的经济和技术环境。乐观主义者将被裁员解释为外界的、暂时的、情境特定性的，而不是沉浸在自己能力不足的自责中。这种乐观的解释风格会帮助被裁员工用积极的心态期待未来（例如，经济会变好；我可以调整，重新装备自己的技术知识），并从这些期待中获得动力去努力（例如，我要回到学校学习，为迎接下一波浪潮做好准备）。

因此，乐观的解释风格会帮助员工掌握自己的命运。重要的是，这种乐观的处理方式有可能将积极的期望变成现实。换句话说，心理资本的乐观可以通向自我实现的预兆（Peterson & Chang, 2002），并且激励人们去实现长期的成功。

员工乐观的价值也可以从下一章讨论的"职业韧性"中获得（Waterman, Waterman, & Collard, 1994）。运用到乐观主义上，今天的组织非常需要具备职业韧性的员工，他们能够意识到要为自己的职业负责，完善自身技能以使自己在职场中具备竞争力，不论是对现在的雇主还是将来的雇主。职业韧性将灵活和适应能力与自发主动的发展和持续学习结合。现实灵活的乐观主义是一种心理资本能力，对于员工建立职业韧性和更客观地自我评价有很大的作用，同时可以让乐观的员工更积极地拥抱挑战，少一些恐惧、抵触和自我怀疑。

员工的独立工作能力正在变得越来越必要，不只对于他们的职业管理而言，对于他们在大多数工作中的有效表现也是必要的。今天的很多组织取消了中层管理，希望减少层级可以提高速度、反应力、团队互助合作和沟通的质量（当然还有降低成本）。然而，扁平的结构也增加了管理者的控制范围，以至于管理者不可能密切监督，因此就要求员工能够站出来有更多所有权意识。同样，乐观和悲观的员工看待这种情况的方式完全不同。乐观主义者会欢迎这种挑战，享受成绩可以归功于自己的感觉。悲观主义者则可能沉湎于失败或表现不好的发生率，他们需要工作有结构和确定性，而这将阻碍他们的成长。

塞利格曼对于大都会人寿保险公司销售员工的研究证明了乐观可以影响员工的表现。他发现，从长期看，乐观的销售代表比悲观的销售代表业绩好，即使是那些一开始考核不过关的人。塞利格曼和市场领域的研究者（Dixon & Schertzer, 2005; Rich, 1999）总结认为，乐观对销售岗位极其重要，也许甚至比专业技能更重要。我们在这个观点的基础上进行了补充，提出乐观的解释风格还可以促进技能自我提升，帮助技能不足的人提升技能。而另一方面，悲观主义会阻碍类似的努力，即使是那些原本技能可以胜任的人。

在旧式环境或组织中，相对悲观的员工更受欢迎，因为这样可以责任到人并且易于控制。而在新式环境中，选择和发展员工现实灵活的乐观代表着积极、健康、高产的员工有崭新的机会，同时这些员工独立、乐于接受改变、乐于接受新的思想和工作环境的发展。没有这样乐观的员工，组织的存活概率会大大减小。

具备乐观的组织领导

如果今天掌管组织战略方向和决策实施的人是乐观的，会不会太过于冒险？股东会不会更偏向于由保守甚至某种程度上是悲观的人来管理他们的投资？这种"可悲但更明智"的态度经常基于一种假设，认为乐观可能与对于未来不现实的良好预期或粗心有关。网络泡沫破裂和"9·11"悲剧后，对于应急计划和冗余系统的需要的意识提升就是"可悲但更明智"假设的例证（MacSweeney, 2002）。然而，研究表明积极的领导同时更真实可靠和有效（Avolio & Luthans, 2006; Jensen & Luthans, 2006; Luthans, Norman, & Hughes,

2006; Walumbwa, Peterson, Avolio, & Hartnell, 2010）。

另有研究表明，思想积极的领导在人际关系和高质量决策上都更有效，包括收集和利用更多信息的出众能力以及识别和处理紧急事件的能力（Staw & Barsade, 1993; Avey, Avolio, & Luthans, 2011）。正如我们之前指出的，用积极的语言总结公司业绩的领导会对财富分析师评估公司价值产生积极影响。另一方面，研究证明消极与很多阻碍表现的因素有关，比如记忆减退（Judge & Ilies, 2004; Cameron, 2008）。

对于真正的领导力，心理资本的乐观既能促进强大的自我意识，同时也是自我意识的产物（Avolio & Luthans, 2006; Luthans & Avolio, 2003; Luthans, Norman, & Hughes, 2006）。真正的领导从多种来源的反馈中获得自我意识的准确性和客观性，而自我意识则从领导对持续发展和建立透明的信任系统的真实渴望中获得驱动力。此外，领导的自律能力有利于适应能力、反应能力和持续的自我发展的形成，这些都与心理资本的乐观高度一致（Avolio & Luthans, 2006; Luthans & Avolio, 2003; Luthans et al., 2006）。

具有高度乐观的组织领导是冒险家，但是因为他们是现实和灵活的，所以他们倾向于只冒计算过的和必要的风险。他们知道自己的目标是做变革推动者，不是弄虚作假者。他们敢于为自己、合伙人和组织编织梦想。然后他们会积极地追寻梦想，同时鼓舞和激励他们的合伙人。此外，具备乐观的领导能现实地意识到自己和下属的能力与弱点并且能够掌控。他们的乐观激励他们不断地提升自我和其下属。他们不依靠于责怪狡猾和肤浅的印象管理技术来邀功，也不会逃避责任。他们对自己积极的世界观有把握，对自己和下属的成绩有准确的认知。

高度乐观的领导重视其下属的发展。他们会为下属的成功而骄傲，而不是嫉妒或抢占他们的功劳。最重要的是，这些领导在发展合伙人时会帮助他们建立起他们自己的现实灵活的乐观。高度乐观的领导会授权、委派并信任其下属可以取得理想的结果，而不是自己亲自去做每一件事和替下属做每一个决定。他们使下属具备必需的知识、技能、能力和动力,不仅仅是为了成功,也是为了他们能够对成功做个人的、永久的、普遍的归因。

发展今天员工的乐观

乐观主义是气质和特质类的,因此相对稳定(Scheier et al., 1989),但同时也与状态有关(例如"习得性乐观")(Seligman, 1998; Carver et al., 2009)。即使我们承认概念上的连续体可能存在(Luthans & Youssef, 2007; Youssef-Morgan, 2014),但是为了满足心理资本的乐观的标准,我们强调它的状态性和发展性。具体来说,心理资本的乐观可以通过创造更多的积极预期、改变悲观的解释风格或扩大乐观解释风格的范围来发展。

泰勒是一家中型电子制造厂的生产主管。这家工厂没有完成当月的生产指标。泰勒悲观的解释风格会自动地让他将原因归于个人原因(比如这是我的错),并且认为原因是永久的(比如我永远不能满足高管层的期望)和普遍的(比如我不是一个好主管)。泰勒现在有压力过大而精疲力竭的倾向。而且如果她长时间保持悲观主义解释风格,她将可能患上生理和心理疾病。此外,泰勒有可能产生消极的自我实现预言,这将令她的表现更差,她的态度会导致蔓延性的不满、不投入和冷漠,并影响到她的同事。

如果这个主管可以接受培训,学习采取更乐观现实的解释风格,那前面提到的这个悲观主义旋涡情景就可以避免。Schneider(2001)提出了尤其适用于在工作中发展现实乐观主义的三个方面:

1. 宽恕过去
2. 感谢现在
3. 抓住未来的机会

宽恕过去不意味着否认或推卸责任。相反，它符合现实乐观主义，是一种承认现实的重构技术。它采取以问题为中心的应对方式来对待局面的可控方面，并且尽可能往好的方向重新定位局面的不可控方面（Carver et al., 2009）。宽恕过去可以帮助像泰勒一样的管理者管理自己的 A 型人格和完美主义倾向。它可以指导他们设置目标，使他们能够准确地评估自己的资源和能力，因此为自己和同事设定现实和可实现的目标。而这反过来将帮助泰勒制订可行的计划以更好地利用可控的人力、物资和财务资源去实现甚至超过单位的目标业绩。

在心理资本乐观的发展过程中，外部归因通过可以把情况看作是高一致性、低频和高特殊性的来获得乐观（Kelly, 1973）。如果泰勒收到一些有帮助的反馈，那么她就有可能采取一种更加乐观的解释方式，这些反馈例如：（1）她的工厂不是唯一一个没有达到当月目标的（高一致性）；（2）她的工厂以前很少出现没有达到目标的情况（低频）；（3）除了生产数量外，她的工厂在其他方面（比如质量和安全规范）的表现都符合预期（高特殊性）。不幸的是，她的区域主管可能会觉得：如果给泰勒传递这种积极信息，那泰勒可能就没有动力努力工作，以在将来实现生产目标。事实上很多管理者都会在这种情况下陷入只给负面反馈的陷阱，认为这样可以激励员工。然而随着时间的推移，他们会发现最好的员工失去了努力表现的动力和意愿。

按照 Schneider（2001）发展现实灵活的乐观主义的第二个策略，泰勒的解释风格还可以学会感谢现在。任何情况，不论多不愉快，都有它积极的方面可供反思和欣赏，就像找到乌云中的"一线白光"。尤其当这些方面是内在的、永久的和普遍的时候。泰勒的灵活乐观可以将她的视角从沉湎于消极因素转移到关注积极因素上。例如，她可以学会感谢，即使有困难，她的工厂还是生产出了一些数量的产品。她还可以感谢产品的质量，同事的安全，她所维持的团队成员之间的良好关系和团队协作，领导和同事对她的理解和信任，甚至是她还算有一份报酬不错的工作。对现在的感谢可以使泰勒避免产生失败主义者的态度，这种态度会令她失去为未来进步而努力的动力。

最后，如果泰勒可以现实地接受，自己、单位和组织尚在"前进中"，她就更有可能不仅仅是感谢现在，更期待未来。事实上，在了解每个人的能力和弱点的基础上，泰勒能够积极地为自己和同事寻找并利用未来的机会。注意 Schneider 发展乐观主义的三步策略和塞利格曼的 ABCDE 模型（Adversity/逆境、Belief/想法、Consequences/后果、Disputation/反驳、Energize/激发）的相似之处。现实灵活的乐观对于泰勒这样的组织领导可以是一个强大的工具，可以启发和激励她及同事接受甚至选择挑战来提升他们现在和未来的绩效。通过重新定义逆境和战胜挫败气馁的想法，领导可以继续前行并且激励自己和同事为未来去努力。

乐观的组织

如同上一章中提到的有希望的组织，组织本身是否可以表现出与员工和领导的乐观相关的积极特性？我们认为在今天的环境下，组织要想生存（更不要提繁荣）必须乐观。能够具备持续竞争力的组织需要注重内部的、永久的和普遍的观点，这将在现在和未来带领他们通往更多的积极事件。今天的组织不能简单地等待和反应，甚至不能被动地审视环境，再去主动地适应改变。它们必须有意识地创造变化，改变游戏规则来更好地为自己服务，这样可以促进效能，因为越来越多的掌控权在领导手中。它们必须创造自己的未来，在未来掌握自己的命运。很显然说起来容易做起来难，但是成功的案例已经证明这可以实现。

亚马逊可能是发展最快的"地球上什么都卖的商店"，它的 CEO 时刻都鼓励员工着眼未来大胆想象，但同时也注重行动。他鼓励思想的碰撞，因为这样可以碰撞出真理，做出正确方向的判断，在大理想与小细节的平衡中，亚马逊不断挑战广阔业务领域中的每一项业务。

在另一个有上百年历史的组织诺德斯特龙百货店（Nordstrom）*中，CEO说自己位于倒金字塔的底端而销售员工位于顶端。整个组织的设计都是为了营造乐观和活力的氛围以支持员工与用户的对接。这种结构与等级分明、过度结构化、组织管理严密的组织形成鲜明对比，后者的员工会感到被控制，在彼此的配合或在与客户和顾客的对接中没有心理上的所有权感。

传统的竞争优势正在加速削弱。组织不再能依靠物资、结构和技术因素带来的传统的、具有惯性作用的准入壁垒。这些壁垒在降低，因为现在竞争者可以以很低的价格来获得它们；它们很容易被模仿，即使是被小型的创业公司（Luthans & Youssef, 2004）。像Linux**和火狐等自制的免费软件对软件行业带来的巨大竞争就是一个例子。还有一个例子就是，覆盖了几乎所有学科的网络公开课程的爆发现在已经对大学、技术教育和培训组织造成了竞争。

而另一方面，利用有价值的员工与领导身上不可模仿的人力、社会和心理资本的组织，则有可能获得长期的竞争优势（Luthans & Youssef, 2004; Pfeffer, 1998）。例如，美国西南航空长期注重以人为本，在员工的筛选和培训方面进行投资，没有把员工当作是可以丢弃的。这些措施都提升了组织的效率、盈利能力和客户服务（O'Reilly & Pfeffer, 2000）。这些内部的、永久的和普遍的竞争优势依然存续，帮助西南航空保持成功，即使是在"9·11"事件后的航空业灾难期。与一些目光短浅的竞争者在"9·11"之后的大规模裁员不同，西南航空拒绝大规模裁员。这个策略与我们之前描述的诺德斯特龙百货店的倒金字塔结构一致。

另一个关于组织认可、投资和发展乐观的价值的例子可以在组织的道

---

* 大型百货连锁店。——译者注
** Linux 是一种操作系统。——译者注

德决策和社会责任行为中找到。在当今时代，选择坚持道德和承担社会责任的组织可能很难说服注重短期利益的股东们。然而，随着时间的推移，可以证明这些组织会因它们的内在价值和强大的文化而取胜（Cameron, Bright, & Caza, 2004）。另一方面，安然公司、美国世界通信公司、安达信会计师事务所和其他一些组织的垮台证明了以短期盈利为方向的组织是不会长久的。

最后，如同组织领导需要现实灵活的乐观一样，组织本身也需要用现实灵活的乐观来解释它们遇到的积极和消极事件。宽恕过去是必要的。不论一个组织的历史有多么辉煌（或多么黯淡），在某一个时刻它都需要让过去的过去，继续前行。如果过去和现在是积极的，一个乐观的组织会庆祝它的成功并从中吸取经验。一个现实灵活的乐观组织会谨慎地意识到任何成功都有可能是短暂的、特殊的，甚至仅仅是因为好运。

一个恰当的案例就是，很多吉姆·柯林斯（Collins, 2011）所谓的"从优秀到卓越"的组织没有能够保持卓越，反而生存得很艰难或倒闭了。这在一定程度上是因为柯林斯依赖于有问题的方法论，他先找到成功的组织然后解释它们为什么成功，而不是用一种更严谨的方法——预测成功而不是在成功之后再分析。例如，2004年房利美公司（Fannie Mae）因为会计事务惹火上身，最终不得不重新申报3年以上的收入，造成了几十亿美元[*]的损失以及CEO、CFO[**]的被迫离职。2009年环城电器公司（Circuit City）的新CEO从百思买（Best Buy）集团跳槽过来，为了缩减开支他决定在假期前解雇最好的当然也是最昂贵的销售员工。之后不到四个月，电路城公司破产了。

最后，2008年美国富国银行接受了问题资产救助计划提供的250亿美元紧急救助，后来偿还了。虽然这些公司都曾辉煌过，但是过去的辉煌没能保证持续成功，现在更需要采取措施来面对未来的不确定。

---

[*] 本书的"美元"多用来阐述公司的资产、收入、利润等，因而没有转换成人民币。——译者注

[**] chief financial officer，首席财务官

一个乐观的组织不会允许成功滋生自满和惰性，而是不断地重塑和挑战自己。另一方面，即使过去和现在有失败和不理想的事件，乐观的组织仍然能够找到积极的方面，加以领悟，从可控因素中学习，并对外部的不可控因素保持怀疑态度，相应地寻找未来的机会。

乐观的潜在陷阱

如我们前面所说，乐观解释风格存在着公认的潜在陷阱，包括由过分强调个人主义对身心健康造成威胁，逃避责任和习得性无助（Peterson & Chang, 2002）。然而，也正如前面说的，也有相反的理论和实证支持乐观主义的益处。我们认为现实灵活的乐观主义会克服这些潜在的陷阱。

乐观和悲观的解释风格可能会变成自我实现的预言。关于乐观可以导向积极结果的研究才刚出现，并且目前主要是概念阶段。对于这些机制的实证检验将是未来研究的一个方向。然而，三个通用机制因为适用于工作环境而尤其值得我们注意：认知、社会和行为。持乐观主义解释风格的人会考虑与他人的关系，他们的行为方式会使更多的积极事件出现在未来的生活中（例如自我实现）。而另一方面，悲观主义解释风格的人不太可能与他人相处融洽。悲观主义者常会沉湎于有毒的思想，故意做出不顾后果的破坏性行为，他们的自我实现方式会将他们置于越来越多的问题中（Peterson & Steen, 2009）。

举一个假设的例子，罗莎的乐观解释风格使她相信自己能够做好新工作。这让罗莎有动力去丰富知识、提升技能，为自己设置有挑战性的目标，并且花更多时间和精力去实现这些目标。罗莎很快发现，远离愤世嫉俗的懒散同事以及与有动力的成功人士交往，能帮助她更快地学习和更好地享受工作，并能给上级创造一个积极的印象。当她基于这种想法采取行动时，罗莎就建立了正确的社会关系，利用了最有效的印象管理技术。她在正确的时间给自己找到了正确的方向，这使她更有可能成为高效的员工，在组织中脱颖而出。

让我们再举另一个假设的例子，消极主义解释风格的特雷弗将发生在生活中的每个消极事件都外化。特雷弗听天由命地相信他做任何事都不能改变命运。因此，他接受了自己收到的第一个工作录用通知，即使这个工作要求远低于他的技术与能力。他每天上班都没有热情、动力和成长的欲望。他将自己与反馈和社会支持隔绝开。他甚至不遵守组织的安全流程，将自己与他人置于危险中，危害到工作。最终，特雷弗将自己置于了冷漠与绝望的负面旋涡中。他遇到更多消极事件的概率必然会增加。

这种负面旋涡如何可以扭转？利用同样的认知、社会和行为机制来扭转方向非常重要。Schneider（2001）"宽恕过去、感谢现在、抓住未来的机会"的策略可以作为发展乐观的认知机制的一个例子。此外，社交网络和支持（比如社会资本）可以帮助打破悲观的恶性循环。指导、辅导、角色模仿、同伴支持、团队合作，甚至简单的职场友谊和非正式的社交活动都有助于打破悲观主义者的隔离，促进乐观的发展。另外，利用报酬激励的行为管理技术，尤其是积极的建设性反馈和社会认可与关注，不仅能够激励积极行为，还可以挑战悲观主义者自我挫败的想法和态度，形成一个向上的积极乐观主义的旋涡。

乐观研究和实践的未来启示和方向

基于政治、经济和整个社会领域，尤其是商业领域的消极事件和发展，组织有可能陷入消极和冷漠的负面旋涡。因而，更好地理解心理资本的乐观就变得尤其重要。作为本章的结尾，我们为乐观的未来研究提供几个指导方向。

- 要填补我们之前展示的关于乐观主义的文献空白（Peterson & Chang, 2002; Peterson & Steen, 2009），需要综合地研究乐观与悲观的关系，以评估它们的单维性或独立性以及可能影响这种关系的存在和程度的环境因素。从这个广义角度看，很多结果都应该包括在内。元分析可以加快整合现有的发现，帮助更好地理解潜在的关系、相互作用、非连续性和调节因素。另一方面，整合某一具体方面的相关发现也有可能发现潜在的曲线关系。

- 由于我们强调灵活性是乐观的一个必要成分，很明显有必要更加深入地了解灵活乐观主义的具体机制。具体来讲，未来的研究应该探索人们如何发展在乐观和"不那么乐观"（如果不是悲观）的解释风格之间切换的能力，以及他们用以决定在各种情况下采用哪种解释风格的选择标准。在这个方面，进一步的理论构建将增强研究者和实践者创建更有效的干预来发展灵活的乐观的能力。

- 与乐观尤其相关的是对乐观的需求和应用有影响的情境因素。例如，在某些行业，相对悲观的态度是占主导地位甚至是符合需要的。比如会计、金融、安全管理和质量控制。另一些行业，如市场营销和销售，则会受益于更加乐观的解释风格。此外，乐观的解释风格可能会有悖于某些文化价值观，因为有些文化推崇谦恭、顺从和保守。在这点上，最近的研究指出心理资本的乐观可能存在文化差异（Wernsing, 2014）。行业或国家文化的具体特征对组织文化及组织领导和员工的乐观的潜在溢出效应需要被探索和研究。

- 与其他的心理资本要素类似，未来的研究需要探索我们可以通过哪些干预方式增强现实乐观主义以促进持续发展。如果可以研究出能够增强领导的乐观的干预措施和将这种乐观传递给每个员工的条件，那将是十分有趣的。

参考文献

Abrahamson, L., Metalsky, G., & Alloy, L. (1989). Hopelessness depression: A theory-based subtype of depression. *Psychological Review, 96,* 358-372.

Alarcon, G. M., Bowling, N. A., & Khazon, S. (2013). Great expectations: A meta-analytic examination of optimism and hope. *Personality and Individual Differences, 54,* 821-827.

Andersson, G. (1996). The benefits of optimism: A meta-analytic review of the life orientation test. *Personality and Individual Differences, 21,* 719-725.

Armor, D. A., Massey, C., & Sackett, A. M. (2008). Prescribed optimism: Is it right to be wrong about the future? *Psychological Science, 19,* 329-331.

Avey, J. B., Avolio, B. J., & Luthans, F. (2011). Experimentally analyzing the impact of leader positivity on follower positivity and performance. *Leadership Quarterly, 22,* 282-294.

Avey, J. B., Avolio, B. J., Crossley, C. D., & Luthans, F. (2008). Psychological owner-ship: Theoretical extensions, measurement and relation to work *outcomes. Journal of Organizational Behavior, 29,* 1-19.

Avey, J. B., Reichard, R. J., Luthans, F., & Mhatre, K. H. (2011). Meta-analysis of the impact of positive psychological capital on employee attitudes, behaviors, and performance. *Human Resource Development Quarterly, 22,* 127-152.

Avolio, B.J., & Luthans, F. (2006). *The high impact leader.* New York, NY: McGraw-Hill.

Cameron, K. S. (2008). Paradox in positive organizational change. *Journal of Applied Behavioral Science, 44,* 7-24.

Cameron, K. S., Bright, D., & Caza, A. (2004). Exploring the relationships between organizational virtuousness and performance. *American Behavioral Scientist, 47,* 766-790.

Carver, C., Scheier, M., Miller, C., & Fulford, D. (2009). Optimism. In S. Lopez & C. R. Snyder (Eds.), *Oxford handbook of positive psychology* (2nd ed., pp. 303-312). New York, NY: Oxford University Press.

Chang, E. C., Maydeu-Olivares, A., & D'Zurilla, T. J. (1997). Optimism and pessimism as partially independent constructs: Relations to positive and negative affectivity and psychological well-being. *Personality and Individual Differences, 23,* 433-440.

Collins, J. (2001). *Good to great.* New York, NY: HarperCollins.

Davidson, K., & Prkachin, K. (1997). Optimism and unrealistic optimism have an interacting impact on health-promoting behavior and knowledge changes. *Personality and Social Psychology Bulletin, 23,* 617-625.

Dixon, A. L., & Schertzer, S. M. B. (2005). Bouncing back: How salesperson optimism and self-efficacy influence attributions and behaviors following failure. *Journal of Personal Selling and Sales Management, 25,* 361-369.

Dolnick, E. (1995). Hotheads and heart attacks. *Health, July/August,* 58-64.

Gullapalli, D. (2005, May 4). Take this job and file it: Burdened by extra work created by the Sarbanes-Oxley Act, CPAs leave the big four for better life. *Wall Street Journal,* p. Cl.

Haselton, M. G., & Nettle, D. (2006). The paranoid optimist: An integrative evolutionary model of cognitive biases. *Personality and Social Psychology Review, 10,* 47-66.

Jensen, S. M., & Luthans, F. (2006). Relationship between entrepreneurs' psychological capital and their authentic leadership. *Journal of Managerial Issues, 18,* 254-273.

Judge, T., & Ilies, R. (2004). Is positiveness in organizations always desirable? *Academy of Management Executive, 18,* 151-155.

Kahneman, D. (2011). *Thinking fast and slow.* NewYork, NY: Farrar, Straus and Giroux.

Kelley, H. (1973). The process of causal attribution. *American Psychologist, 29,* 107-128.

Klein, C. T. F., & Helweg-Larsen, M. (2002). Perceived control and the optimistic bias: A meta-analytic review. *Psychology and Health, 17,* 437-446.

Kok, L., Ho, M., Heng, B., & Ong, Y. (1990). A psychological study of high risk subjects for AIDS. *Singapore Medical Journal, 31,* 573-582.

Krizan, Z., & Windschitl, P. D. (2007). The influence of outcome desirability on optimism. *Psychological Bulletin, 133,* 95-121.

Kubzansky, L. D., Kubzansky, P. E., & Maselko, J. (2004). Optimism and pessimism in the context of health: Bipolar opposites or separate constructs? *Personality and Social Psychology Bulletin, 30,* 943-956.

Lai, J. C. (1994). Differential predictive power of the positively versus the negatively worded items of the Life Orientation Test. *Psychological Reports, 75,* 1507-1515.

Lazarus, R., & Folkman, S. (1984). *Stress, appraisal, and coping.* New York, NY: Springer.

Luthans, F., & Avolio, B. (2003). Authentic leadership: A positive development approach. In K. S. Cameron, J. E. Dutton, & R. E. Quinn (Eds.), *Positive organizational scholarship* (pp. 241-258). San Francisco, CA: Berrett-Koehler.

Luthans, F., Norman, S., & Hughes, L. (2006). Authentic leadership: Anew approach to a new time. In R. Burke & C. Cooper (Eds.), *Inspiring leaders* (pp. 84-104). London, UK: Routledge, Taylor & Francis.

Luthans, F., & Youssef, C. M. (2004). Human, social and now positive psychological capital management: Investing in people for competitive advantage. *Organizational Dynamics, 33,* 143-160.

Luthans, F., & Youssef, C. M. (2007). Emerging positive organizational behavior.

Journal of Management, 33, 321-349.

MacSweeney, G. (2002). Disaster recovery planning: Sadder but wiser. *Insurance and Technology,* 27(4), 20-24.

Norman, S. M., Avolio, B. J., & Luthans, F. (2010). The impact of positivity and transparency on trust in leaders and their perceived effectiveness. *Leadership Quarterly, 21,*350-364.

O'Reilly, C., Ill, & PfefFer, J. (2000). *Hidden value: How great companies achieve extraordinary results with ordinary people.* Boston, MA: Harvard Business. Peterson, C. (1999). Personal control and well-being. In D. Kahneman, E. Diener, & N. Schwarz (Eds.), *Well-being: The foundations of hedonic psychology* (pp. 288-301). New York, NY: Russell Sage.

Peterson, C. (2000). The future of optimism. *American Psychologist,* 55, 44-55. Peterson, C., & Barrett, L. (1987). Explanatory style and academic performance among university freshmen. *Journal of Personality and Social Psychology, 53,* 603-607. Peterson, C., & Bossio, L. (1991). *Health and optimism.* New York, NY: Free Press. Peterson, C., & Chang, E. (2002). Optimism and flourishing. In C. Keyes & J. Haidt (Eds.), *Flourishing: Positive psychology and the life well-lived* (pp. 55-79). Washington, DC: American Psychological Association.

Peterson, C., & Seligman, M. (1984). Causal explanations as a risk factor for depression: Theory and evidence. *Psychological Review, 91,* 347-374.

Peterson, C., & Seligman, M. (2004). *Character strengths and virtues.* Washington, DC: American Psychological Association.

Peterson, C., Seligman, M., & Vaillant, G. (1988). Pessimistic explanatory style is a risk factor for physical illness: A thirty-five year longitudinal study. *Journal of Personality and Social Psychology,* 55, 23-27.

Peterson, C., & Steen, T. (2009). Optimistic explanatory style. In S. Lopez & C.R. Snyder (Eds.), *Oxford handbook of positive psychology* (2nd ed., pp. 313-321). New York, NY: Oxford University Press.

PfefFer, J. (1998). *The human equation.* Boston, MA: Harvard Business School Press.

Prola, M., & Stern, D. (1984). Optimism about college life and academic performance in college. *Psychological Reports, 55,* 347-350.

Rasmussen, H. N., Scheier, M. F., & Greenhouse, J. B. (2009). Optimism and physical health: A meta-analytic review. *Annals of Behavioral Medicine, 37,*239-256.

Rich, G. A. (1999). Salesperson optimism. *Journal of Marketing Theory and Practice, 7,* 53-63.

Scheier, M. F., & Carver, C. (1985). Optimism, coping, and health: Assessment and implications of generalized outcome expectancies. *Health Psychology, 4,* 219-247.

Scheier, M. F., & Carver, C. (1987). Dispositional optimism and physical well-being: The influence of generalized outcome expectancies on health. *Journal of Personality,* 55, 169-210.

Scheier, M., & Carver, C. (1992). Effects of optimism on psychological and physical well-being: Theoretical overview and empirical update. *Cognitive Therapy and Research, 16,* 201-228.

Scheier, M., Matthews, K., Owen, J., Magovern, G., Lefebvre, R., Abbott, R. A., & Carver, C. S. (1989). Dispositional optimism and recovery from coronary artery bypass surgery: The beneficial effects of physical and psychological well-being. *Journal of Personality and Social Psychology, 57,* 1024-1040.

Schneider, S. L. (2001). In search of realistic optimism. *American Psychologist, 56,* 250-263.

Seeman, J. (1989). Toward a model of positive health. *American Psychologist, 44,* 1099-1109.

Seligman, M. E. P. (1972). Learned helplessness. *Annual Review of Medicine, 23,* 407-412.

Seligman, M. E. P. (1998). *Learned optimism.* New York, NY: Pocket Books.

Seligman, M. E. P. (2002). *Authentic happiness.* New York, NY: Free Press.

Staw, B., & Barsade, S. (1993). Affect and managerial performance: A test of the sadder-but-wiser vs. happier-and-smarter hypotheses. *Administrative Science Quarterly, 38,* 304-331.

Strack, S., Carver, C., & Blaney, P. (1987). Predicting successful completion of an aftercare program following treatment for alcoholism: The role of dispositional optimism. *Journal of Personality and Social Psychology, 53,* 579-584.

Sweeny, K., Carroll, P. J., & Shepperd, J. A. (2006). Is optimism always best? Future outlooks and preparedness. *Current Directions in Psychological Science, 15,* 302-306.

Taylor, S. (1989). *Positive illusions.* New York, NY: Basic Books.

Tiger, L. (1979). *Optimism: The biology of hope.* New York, NY: Simon and Schuster.

Walumbwa, F. O., Peterson, S. J., Avolio, B. J., & Hartnell, C. A. (2010). An investigation of the relationships among leader and follower psychological capital, service climate, and job performance. *Personnel Psychology, 63,* 937-963.

Waterman, R. H., Waterman, J. A., & Collard, B. A. (1994). Toward a career-resilient workforce. *Harvard Business Review,* 72(4), 87-95.

Weinstein, N. (1989). Optimistic biases about personal risks. *Science, 246,* 1232-1233.

Wernsing, T. (2014). Psychological capital: A test of measurement instrument invariance across twelve national cultures. *Journal of Leadership and Organizational Studies, 21,* 179-190.

Youssef-Morgan, C. M. (2014). Advancing OB research: An illustration using psychological capital. *Journal of Leadership and Organizational Studies, 21,* 130-140.

PSYCHOLOGICAL CAPITAL AND BEYOND

第6章

心理资本韧性

翻看任何一个世界一流领导的传记，你都会惊讶于他们反复表现出来的强大韧性。一次次的失败并不会阻碍他们努力实现他们为自己、组织甚至整个社会所设立的使命。纳尔逊·曼德拉、特蕾莎修女、温斯顿·丘吉尔、昂山素季、亚伯拉罕·林肯这些领导所表现出来的韧性，更加证明了能够从最艰难的情况下恢复过来的重要性。

在积极心理学运动之前，心理学领域主要被消极主导，与此类似，大部分关于韧性的研究和实践在很长一段时间内都与高危儿童、青少年和功能不良家庭有关。那些在经历创伤后能恢复正常生活的人被称为"幸存者"。他们被赞为是"卓越的"（甚至是"神奇的"；Masten, 2001）。传统的研究侧重于"谁"具有韧性，例如案例研究记录有关非凡的意志力和从困境中恢复的能力的轶事。之后，韧性研究便转向同时研究谁具备了韧性以及具备韧性的人有什么共同特征的方向上来。

积极心理学家安·马斯滕（Masten, 2001; Masten, Cutuli, Herbers, & Reed, 2009）通过理论构建和研究证明，韧性所涉及的日常技能和心理力量可以在任何年龄段和任何心理状态的人中发现、测量、保持和培养。马斯滕（Masten, 2001, p. 235）指出韧性"来自普通、规范的人力资源的神奇力量"，并且"对提升个人和社会的胜任力和人力资本有深刻的意义。"

我们将韧性的积极心理学观点概括并延伸到工作环境（Avolio & Luthans, 2006; Luthans, 2002; Luthans, Avolio, Avey, & Norman, 2007; Luthans, Luthans, & Luthans, 2004; Luthans & Youssef, 2004; Youssef & Luthans, 2005b, 2007）。作为心理资本的一个要素，我们将韧性定义为"从逆境、矛盾、失败甚至积极

事件、进步和更多的责任中恢复的能力"（Luthans, 2002, p. 702）。心理资本的韧性不只包括恢复"正常"，还包括将逆境作为通向成长和发展的跳板。例如在这种观点下，逆境导致的不是创伤后应激障碍，而是创伤后成长（PTG, Tedeschi, Park, & Calhoun, 1998）。

与之类似，积极组织学者 Caza 和 Milton（2012）将工作的韧性定义为"以在工作中经历逆境时表现出能力和之后显示出职业成长为特征的一种发展轨迹"（p. 896）。这两个定义共同提到了韧性的三个特点：逆境、适应和成长。因此，研究工作环境下的韧性其目的在于发现可以促进员工、领导和组织韧性发展的条件。这项工作弥补了一项重要空白，因为在此之前将韧性应用到工作环境的知识相对稀少、碎片化和不充分（Sutcliffe & Vogus, 2003）。

关于韧性的个人反思练习

为了更好地深入理解韧性，请你再花点时间思考下面的问题：

- 你上一次经历逆境、冲突、失败，或者甚至是一件你认为已经克服的积极事件是什么时候？
- 这个事件或情境的性质是什么？
- 这个事件是突然间出乎意料地发生，还是逐渐发生的？
- 你采取了哪些应对策略？
- 你认为这些策略有多有效？
- 你可以获得哪些支持？你用到了哪些？
- 你认为你最终从这个事件中完全恢复过来了吗？为什么恢复了？或为什么没有？
- 你从这个经历中学到了什么？

- 除了这个事件、你处理的方式和事件的结果,还有什么教到了你这些东西?
- 总体来说,在经历过这个事件后如果让你现在来评估自己,你觉得自己是否成长和成熟了,恢复到了"正常"或甚至更好了,还是变差了?

带着相同的问题,你可以观察一下你所尊敬的领导或导师。

- 这些人是如何面对逆境的?从他们的韧性里你学到了什么是你可以用来发展自己的,不论是作为领导还是下属?

我们现在请你进一步挑战自己,回想一次或几次你主动努力离开舒适区去尝试不可预期的新事情。例如,问你自己:

- 我上一次主动尝试新的和难的事情是什么时候?
- 是否做了不同于以往的事情,即使我认为它是有风险和不寻常的?
- 出国旅游?
- 尝试了过去从未试过的一种新食物?
- 走了一条与以往不同的路去一个熟悉的地方,只是为了改变?
- 听一种新类型的音乐?
- 单纯地出于好奇去读一些东西?
- 接受别人的想法来替代自己的,因为我真心认为别人的想法更好?
- 结交了一个朋友,尽管他外貌不好看或跟我性格不一样?
- 向某人求助,尽管地位有差异?
- 允许自己未做好准备临场发挥?
- 搬到一个新地方?
- 换了一个完全不同的事业方向?

- 回到学校去学一个完全不同的专业?
- 给为我工作的人充分自由去做一个重要的决定?

一个韧性故事

除了思考这些问题来了解你自己的韧性之外,想一想下面这个故事。在玛丽十几岁时,她的妈妈死于癌症,她不得不与经常骂她的爸爸、充满怨恨的继母、比她大很多的智障继兄一起生活。在这种情况下,她很快便开始怀念学校,然后有几次轻微地触犯了法律。法院裁定旧学院派的心理疏导要着重解决玛丽的高危情况,因而她被安置到寄养机构里。她从一个寄养家庭搬到另一个寄养家庭,不是因为她自身犯了什么错。而是因为,那些寄养家庭想要生一个自己的孩子而把她送回机构,或是寄养家庭要搬到另外一个城市,甚至是寄养家庭要改造她住的房间以作他用。

在经历了这种不确定和不稳定的生活后,玛丽在与好朋友的一次谈话中被触发了,她的朋友用语言刺激她要掌管自己的生活。之后,她决定要抓住自己能掌控的东西,包括自己的思想、身体和想要成功的动力。从那个时候开始,玛丽将自己的时间和精力都放到了学习和体育上,并且尽自己最大能力去做选择的每一件事。高中阶段,她的学习成绩和体育都很优秀。这为她赢得了全额奖学金让她能够进入到所在州的一所顶级大学踢足球。

玛丽的成功除了得益于她在教室和足球场上的努力外,还有一个不那么明显的原因,就是她有能力结交关心自己的朋友和导师。她不仅与同伴还与教练、教授和赞助这所大学足球项目的社区领导都保持着很好的关系。她会主动为少年联盟的孩子提供足球指导,帮她的导师照顾孩子,并且在照顾孩子时免费帮导师做家务。她的勤奋和尽责被他人看在眼里,她为之工作的人于是继续找她回来做,她因此成为所工作家庭的一个重要部分。她利用每一个机会与导师还有导师的配偶甚至爷爷奶奶交流，从他们那里寻求一些重大决定的建议。她从观察中和与健康家庭的交流中获得了很多宝贵的见解，而这些在她自己的生活中是不存在的。

虽然大学期间玛丽在足球队的表现有点勉强，但是她保持住了她的奖学金。她牺牲了丰富多彩的社交生活去努力学习，在她所学的市场营销专业内取得了高于平均水平的成绩。她还与她帮助照看过孩子的家庭保持着持续的联系，并经常被邀请去他们的家里吃饭。这种社交为玛丽带来了收获：在大三结束时她获得了一份诱人的暑假实习机会，给她提供这个机会的正是通过这种社交结识的一位当地银行的行长。

基于对玛丽成长轨迹的简单描述，故事的后半部分应该很容易预测了。然而如果我们回到她十几岁的时候看，这样的预测应该是希望渺茫的。但是，通过朋友的一个积极触发时刻和她自己的认真个性，人力资本（良好的大学教育、校足球队经历、银行实习经历），社会资本（与朋友和导师的关系），尤其是她的心理资本（效能或信心、希望、乐观，更主要的是韧性），她不但在毕业后获得了一个很好的机会可以在银行工作，而且在短短几年内成为负责市场和零售运营的副行长。玛丽选择了一条不同的路径，这与我们所讨论的希望有关，但在经过朋友的触发后，她也表现出了强大的韧性。

在这个故事中，玛丽这个成功的银行高管在她十几岁时无疑是处于高危状态并有大问题的。许多类似的故事都是这样的结局。玛丽能够从"高危"走向"成功"可以归因于她的心理资本——韧性。在她生命中有一个时刻让她意识到要掌管自己的生活，通过一些明智的策略她不但恢复了正常，而且取得了远高于平均水平的成绩。她因为生活中的负面事件受挫了吗？答案是肯定的。她具有韧性吗？答案也是肯定的。她在以后的职业生涯中会继续保持这种韧性吗？希望是，但是时间和对于韧性的理解会帮助回答这个复杂问题。

你可以从这个故事中提取的是，如果人们选择恢复，就有可能做到。这并不意味着个体的成功不需要外界支持。支持可以是慰问，可以是激励，所以人们必须明智地选择道路，并注意自己可以掌控的选择。

心理资本韧性的意义

马斯滕等人（2009, p. 118）从临床心理学的角度将韧性定义为"在重大逆境或风险之中或之后的积极适应方式"。如同我们在开头部分定义韧性时提到的，在心理资本方法论中我们将韧性的定义扩展到不仅包括从逆境中恢复，还有从积极的挑战性事件中恢复，并且超越常态或平衡点（Avolio & Luthans, 2006; Luthans, 2002; Youssef & Luthans, 2005b）。

除了受到承认的积极和消极事件，以及超出常态或回归平衡之外，积极心理学的很多因素被指出对韧性的发展有促进或阻碍的作用。这些因素可以分类为财富、风险因素（Luthans, Vogelgesang, & Lester, 2006; Masten, 2001; Masten et al., 2009; Youssef & Luthans, 2005b）和价值观（Coutu, 2002; Kobsa, 1982; Richardson, 2002; Youssef & Luthans, 2005a）。研究还表明，将这三个因素叠加、交互和协同地联系在一起的适应过程是韧性产生的原因（Cowan, Cowan, & Schulz, 1996; Masten et al., 2009）。

韧性资产

马斯滕等人（2009, p. 119）将韧性资产定义为"根据不同风险下的特定结果指标，一群个体或其所在情境中能预测积极结果的可测量特征。"具体来讲，他们指出认知能力、性格、积极的自我认知、信心、积极的生活观、情绪稳定性、自律能力、幽默感和整体的吸引力是可以提升韧性的潜在资产（Masten, 2001）。Wolin 和 Wolin（2005）提出了一个类似的资产清单，包括洞察力、独立、关系、主动性、创造力、幽默和道德。

从积极心理学的角度看，如同从前面有关玛丽的故事中可以看到的那样，重点强调的是基于关系的资产和它们对韧性的贡献，尤其是在处理消极事件时。例如，马斯滕讨论了关爱的成年人、有效的父母教育、亲社会和遵守规则的同龄人，以及社区集体效能对于个体韧性发展的重要性。Gorman（2005）认为，基于关系的资本和个人的作用可以加强韧性，能发现和培养自己的才能并找到可以支持自己的有效导师的人，更有可能具备韧性和取得成功。

韧性风险因素

马斯滕等人（2009, p. 119）将韧性风险因素定义为导致"发生不好结果的可能性增大"的因素。风险因素，也被称为脆弱因素（Kirby & Fraser, 1997），包括一些明显有害和非正常的经历，比如酗酒或滥用药物（Johnson et al., 1998; Sandau-Beckler, Devall, & de la Rosa, 2002），以及暴露于创伤（例如暴力）（Qouta, El-Sarraj, & Punamaki, 2001）。风险因素还可能包括一些不是那么明显的、渐进的但最终有害的因素，例如压力和工作倦怠（Baron, Eisman, Scuello, Veyzer, & Lieberman, 1996; Smith & Carlson, 1997）、身体不健康、受教育程度低和失业（Collins, 2001）。例如，最近的研究表明诸如恐怖主义、战争、飓风和校园暴力等灾难，将今天的青少年反复置于不同的当代恐惧中，这就要求辅导员设计出独特的预防及干预策略来帮助他们（Burnham, 2009）。

风险因素可能会有区别地将人们置于频繁和激烈的不良事件中，因此便增加了消极结果的可能性（Cowan et al., 1996; Masten, 2001）。然而，仅仅是风险因素不一定会导致失败和没有韧性。在当今世界，风险因素是不可回避的。因此，完全地回避和隔绝风险是不现实的。此外，实际上，挑战的存在是必要且宝贵的成长，也是自我实现的机会。如果能够适当地识别和管理风险，用资本战胜风险的过程将帮助人们克服自满，探索新领域和进一步利用他们的天赋和特长。换句话说，在玛丽的案例中，风险可以激励成长和发展，帮助人们实现他们的最大潜能。正如需求是动力的必要条件，风险因素可以被看作是韧性过程中反弹的前因。韧性让人可以利用隐藏的潜能，否则这些潜能就很有可能被埋没。

Cowen和其同事（1996, p. 9）强调风险的过程性，他们认为"风险的活跃因素不在于变量本身，而在变量引发的一系列过程，从风险出现的条件到产生具体的非常态结果的过程"。他们将人接触和应对风险因素比成免疫，这个过程让人接触小剂量的疾病来获得长期的力量、耐力和持续发展。

与之类似，Wolin（2005）提出了积极的替代模式，这与传统的风险"破坏模式"不同。这种包含了"破坏模式"的"风险模式"是一个自我实现的预言。因此，暴露在风险因素中的人（像故事里的玛丽）经常被断定和当成他们将会失败。在这种破坏性视角下，最大的发展性努力就是使处于风险中的人具备适应能力和应对技巧，这样他们即使遇到逆境也可以保持正常运转。另一方面，心理资本的韧性认为逆境和挫折既是风险因素也是成长和成功的机遇。视角和观念的改变可以产生更积极的自我实现预言。Reichard和Avolio（2005）对近100年来的领导力干预研究进行回顾发现，最大的影响可以归因于皮格马利翁效应。这些效应的产生是通过让领导相信下属或多或少都是有效的、合格的，诸如此类。这种信赖使下属产生了显著不同的表现。

现在被广泛认可的安慰剂效应也是同样的道理。越来越多的医学双盲实验证明了这一点。实验中病人认为自己接受了对他们有帮助的药物治疗而事实上并没有（例如给他们吃糖丸），结果是报告经常证明他们的病情有所改善，和真正接受了治疗的病人一样。近来有很多关于这种安慰剂效应的批判性评论，但是这里的心理学暗示似乎不可忽视（Miller, Colloca, Crouch, & Kaptchuk, 2013）。

考虑韧性过程中的资本和风险因素，就要考虑这两者的关系不一定是线型的。换句话说，韧性不应该是个体可获得的总资源和能力（资本）减去接触风险因素的频率和强度。相反，在韧性过程中，资本和风险因素应该被视作可累积和相互作用的。Sandau-Beckler 和其同事（2002）指出，风险链中的具体顺序或序列可以作为个体韧性水平的基本预测。

价值观对韧性的作用

韧性的另一个主要成分是根本的价值系统，它指导、塑造和赋予个人的认知、情绪和行为以连贯性和意义。价值观和信念能够让人们跳出眼前的难题，将他们与更美好的未来连接起来。例如 Avolio 和 Luthans（2006）指出，有韧性的真正领导能够看到未来的可能的自我，并将其带回到现在的真实的自我，即使在失败期间也能保持积极乐观。这样将未来带到现在可以激励自己和他人有更好的表现。这个观点也证明，有学习和发展动力的人可能会持续努力去实现有挑战性的目标和期待。像韧性一样，学习和发展的动力是可以发展或减弱的，这一点在无能的领导身上经常发生。

研究表明，能提供意义的价值观和信念，通过严峻的心理（Wong & Mason, 2001）和生理（Holaday & McPhearson, 1997）挑战来维持韧性。例如，研究发现宗教与心理健康（Bergin, 1983; Larson, Pattison, Blazer, Omran, & Kaplan, 1986; Ness & Wintrob, 1980）、快乐（Paul, 2005）以及应对创伤性经历（Baron et al., 1996; Gibbs, 1989; Tebbi, Mallon, Richards, & Bigler, 1987）的能力呈正相关。此外，那些遵循自己道德框架的人被发现可以不断地获得自由、能量和韧性（Richardson, 2002）。Wolin 和 Wolin（2005）认为道德观通过使个体的行为遵循一个指导判断（区分好坏）、原则（为决定和行为提供基础）和最终服务（为他人做贡献）的价值体系来增强韧性。可以说个体的价值观在增强韧性过程中的主要贡献，在于这些价值作为真实意义的源泉的稳定性（Coutu, 2002; Kobsa, 1982）。

对从事的事业有深度信仰的人表现出来的执着是令人惊讶的。我们将其标签为反动者、宗教狂热分子或者爱国者，但是最终，他们对可以将可能自我延伸到更高目标的东西都有深度信仰，也就是说，他们通过对所追求的任何东西的高度认同来获得所有权。同时这种强烈的信仰将增强他们和其所影响到的人的韧性水平。一个很好的例子，也是我们之前讨论希望时用过的例子就是，在南非种族隔离制度下的纳尔逊·曼德拉和他的罗本岛政治犯同伴们。他们不仅忍受了长达三十多年的生理和心理虐待，而且通过坚定的信仰和积极的心理资本最大程度上地改变了自己、他人和整个社会（Cascio & Luthans, 2014）。一位因犯在描述他所遭受的骇人虐待时说，当他意识到那些施虐者已经无法更加伤害他时，他感受到了内心的积极力量，他知道不论他的身体受多少伤害，他的灵魂是不可动摇的。换句话说，面对严峻的逆境，罗本岛的因犯们表现出了强大的韧性（Casio & Luthans, 2014, p. 57）。

行动中的韧性因素

除了罗本岛的重大历史事件可以证明心理资本韧性，我们也可以回到本章开头有关玛丽的故事上来。她无疑有很多重要的资本，包括她的智力和体育天赋、认真谨慎的性格和制定并实施有效策略的能力。重要的是，她还有希望（意愿和方法）、信心和对未来的乐观。在前三章中我们谈到，效能或信心、希望和乐观也可以看作是韧性过程的资本。玛丽的生活也有很多典型的风险因素：失去妈妈、不正常的家庭、失败的寄养制度和物力财力的缺乏。

玛丽拒绝受这些典型风险的支配。她挑战风险而不是接受风险来决定她的命运和未来。她能够利用她的资本并在自己的发展中增进自己的资本。她能够制定和实施策略来管理她的风险因素，比如通过朋友和导师建立可靠多样的社会支持网络（即社会资本）。优秀的学习和体育成绩表明她的才能和特长帮助中和了一些风险因素（比如接受高等教育的经济限制）。还有很明显的一点是其价值体系发挥的作用。玛丽强烈的工作责任感以及能够识别和抓住积极时刻（比如朋友告诉她要掌控自己的生活），使她能够利用教育来丰富自己的思想，利用运动来强壮自己的身体，利用社会网络来增强心理资本，最终使她获得了第一份工作和后来超常的职业成功。

如果玛丽出生在一个富裕健康的家庭（更多财富，更少风险因素），她会主动努力达到她现在达到的目标吗？答案是不确定的，但是逆境、挫折和风险因素对于玛丽韧性的建立和后来的成功有着不可忽视和不能被低估的作用。我们发展是因为我们被挑战，而不是因为我们获得了不需要再被强化的能力。因此，在极端的挑战上，韧性对于成功可能有至关重要的作用。

玛丽的早期生活轨迹是传统临床心理学甚至是近来的积极心理学讨论中对于韧性的典型描述。它可以作为一个很好的例子来阐述本章所谈的韧性过程中的资本、风险因素、适应过程和价值观等重要因素。然而，当将韧性作为心理资本的必要成分看待时，对韧性的理解就不一定局限在生命历程的风险因素了，比如失去所爱之人、严重的疾病、不正常的家庭或者失败的社会机构。

关于心理资本韧性，相比这种消极的生活历程，更多的关注是在今天工作环境中不可避免的消极因素（例如被解雇、裁员或没有升职机会；不能达到项目目标；或者更微妙的因素，如被队友忽视或者感觉被歧视）。然而，不只是对消极事件，心理资本韧性对处理工作环境中积极事件的作用也是不可忽视的（例如升职带来的更大责任或创纪录的一年带来的更高期望）。

也许表达这种反应的最简单方式就是，如果你被积极或消极事件推到超出能力的某个临界点，那你就到了接近韧性的门口。心理资本韧性不仅与怎样驱使领导和员工恢复正常自我有关，还关注如何能使他们像玛丽一样充分发挥各自的潜能。本章接下来的部分将基于目前讨论的定义和因素来研究韧性对绩效的影响，以及领导、员工和组织的韧性发展。

工作环境中的韧性：对绩效的影响

如同我们所讨论的，临床心理学和积极心理学研究都表明，韧性对于加强人类很多方面的功能都发挥着很大作用，尤其是与创伤后的应对、适应和健康有关的（Block & Kremen, 1996; Bonanno, 2004; Brunwasser, Gillham, & Kim, 2009; Coutu, 2002; Cowan et al., 1996; Egeland, Carlson, & Sroufe, 1993; Huey & Weisz, 1997; Hunter & Chandler, 1999; Johnson et al., 1998; Kirby & Fraser, 1997; Lee, Sudom, & Zamorski, 2013; Masten, 2001; Masten et al., 2009; Richardson, 2002; Sandau-Beckler et al., 2002; Smith & Carlson, 1997; Stewart, Reid, & Mangham, 1997）。一部分心理资本研究者还发现韧性与工作绩效正向相关（Avey, Reichard, Luthans, & Mhatre, 2011; Luthans et al., 2005, 2007; Youssef & Luthans, 2007），包括一些特殊的极端工作，例如军事格斗（Schaubroeck, Riollo, Peng, & Spain, 2011）。韧性在工作环境中的其他一些次要应用也在加速涌现，不论是在研究者还是实践者中（Conner, 1993, 2003; LaMarch, 1997; Luthans, Vogelgesang, et al., 2006; Vickers & Kouzmin, 2001; Waite & Richardson, 2004; Waterman, Waterman, & Collard, 1994; Zunz, 1998）。

对于今天竞争激烈、变化飞速和充斥着灰色道德地带的工作环境来说，韧性非常重要。今天的组织员工们不确定指导自己的潜在价值观和假设体系，以及他们的个人心理契约，包括他们拥有或不拥有什么权利和责任。对于那些只会被动应对和适应的人来说，这种环境是不友好和充满压力的，对于个体和组织来说都是不健康的。如果像传统关于韧性的文献所强调的，将韧性局限于被动的描述，认为它只有反应性应对和从逆境中生存的功能，将会限制它在这个扁平化的世界经济下多数组织员工所面临的形势中的应用。

今天的管理者和员工们知道，组织想要的是可以应对混乱，在困境中主动学习和成长，并且不论有多少巨大的挫折都可以表现卓越的顶尖人才（Hamel & Välikangas, 2003）。遇到困难或危机时能够恢复到原始状态是必须的，但已经不再足够了。平均水平的绩效已经不能满足今天迅速增长的预期。今天的预期已经升级到"比不错更好"了（Sutcliffe & Vogus, 2003）。今天的组织员工不仅需要在困难和不确定中生存、应对和恢复，还需要能够在此基础上成长和发展，并且需要比他们的对手更快（Ryff & Singer, 2003）。

心理资本韧性不仅仅是困境时最低水平的应对或中和负面影响的手段（Bonanno, 2004）。将韧性看作是主动而非被动反应可能会获得可持续的积极收获。Reivich 和 Shatte（2002）支持韧性的主动性本质，并将其描述为克服困难、适应环境、提高复原，并主动探索新知识与新体验，加深与他人的关系，寻找人生的意义。此外，我们之前提到的创伤后成长作为创伤后应激障碍的一种积极替代，也强调具有韧性的人将逆境作为达到更高目标的跳板。Ryff 和 Singer（2003）也认为具备韧性的人能够增强自立、自我效能、自我意识、自我表露、与人的关系、情感表达和共情。

反思逆境也可以赋予生活意义和价值，提炼人生哲学、目标和重要的事。Richardson（2002）的"弹性重组"概念与此观点有着特别的关联。他认为一个人生活轨迹中的混乱可以激发对于韧性品质的探索和改进。这些来自逆境和混乱的机遇可以带来持续的成长和发展，提供反思和自我评估的宝贵机会。换句话说，韧性可以扩展到包括经历了逆境和挫折的个人成长和自我强大。这种成长观是包罗万象的。

从实际的角度讲，我们期望韧性可以带来更好的绩效和底线收益，我们的研究证明了这种观点。此外，工作满意度、组织认同感和社会资本的增强也可能是潜在的积极结果，并反过来促使韧性增强，形成一个良性循环。

在今天的员工中发展韧性

如同我们所定义的，韧性是一个动态、可塑、可发展的心理资本或力量。它不是一种"神奇的"或"神秘的"能力（Masten, 2001），也不是什么"超物质"（Sutcliffe & Vogus, 2003）或"固有的"固定特质。积极心理学和商业咨询领域认为韧性是可发展的。例如，在积极心理学领域，哈佛医学院成人发展研究项目的主任George Vaillant（1977, 2000）已经清楚地表明，他研究的人们在其一生中会明显变得更有韧性，而坚韧研究所（Hardiness Institute）所长萨尔瓦托·曼迪（Salvatore Maddi）则多年来都在有效地训练韧性（Coutu, 2002）。新兴的神经学研究也支持韧性发展中的脑可塑性。事实上，Davidson（2012）的六种情绪风格中有一种是以该研究为基础的，它就叫作"韧性"，根据个人从逆境中恢复的快慢程度来客观测量。

作为韧性项目的一部分，Wolin和Wolin（2005）给出了在各种环境下都有效的韧性评估和训练方法，包括教育、治疗，甚至预防。在商业咨询领域，Reivich和Shatte（2002）多年来一直在为公司实行韧性开发项目。此外，Conner（1993, 2003）提供了专门针对领导力发展和变革管理的韧性开发训练干预和解决方案。Waite和Richardson（2004）的实证研究也支持训练干预对加强工作环境中的韧性是有效的。虽然一些领域（例如销售和市场营销）有来自效能（Fu, Richard, Hughes, & Jones, 2010）、乐观（Dixon & Schertzer, 2005）甚至心理资本整体（Nguyen & Nguyen, 2012）的研究，但是迄今为止，对与销售人员尤其相关的韧性（考虑到他们经常被拒绝）的研究还是很缺乏。

分析了韧性过程中的因素之后，马斯滕和他的同事（2009）提出了三套可用于工作场合的韧性发展策略。总结来说如下。

1. **关注资产的策略**。正如名字的含义，这些策略的重点在于提升可以增加积极结果概率的资产和资源（包括感知到的和真实的）水平。

在工作环境中，这些资产包括人力资本（教育、经验、知识、技能、能力）、社会资本（关系、人际网络），甚至其他积极心理资本的元素（效能、希望、乐观）。人力资本，尤其是知识、技能和能力可以从传统培训和开发项目中得到学习和提升。

人力资本的隐性元素，可以用来深入理解组织的具体价值、文化、结构、策略和流程，并能通过各种受到广泛认可的方法和技术（例如社会化、导师指导甚至岗位轮换）得到发展。社会资本可以通过沟通、信任建立、真实性和透明度、反馈与认可、团队协作及工作与生活平衡来发展（Luthans & Youssef, 2004; Youssef & Luthans, 2005a, 2005b）。本书各章所推崇的这种发展积极心理资本的方法证明，我们不仅是在建立个人心理资本，而且是在为集体心理资本做长期贡献。

2. 关注风险的策略。基于这个策略，马斯滕等人（2009）指出了能够增加不理想结果的概率的风险因素。虽然发展心理学也在强调风险，但与我们将风险因素看作是挑战和发展机会的积极观点一致，我们的发展方法强调管理而不是回避大部分的风险因素（Luthans, Vogelgesang et al., 2006）。例如，基于我们之前对韧性的定义"从逆境、矛盾、失败甚至积极事件、进步和更多的责任中恢复的发展性能力"（Luthans, 2002, p. 702），升职可以看作是一个积极事件，一个成长的机会，以及更多的责任，但它也可能是令人不知所措的，被视为高风险的情境。回避风险策略是在拒绝这个升职机会。而另一种管理风险的策略则属于发展的方法，通过加强在新领域的自我效能来实现。效能发展包括培训或指导，以及频繁的建设性反馈。通过这种风险管理方法，可以建立起与新挑战相关的新型资产，进而帮助人们将风险因素看作是发展机会，并且从中吸取经验，获得正常甚至更好的发展。这种经过时间检验的策略将威胁变成了机遇。

关注风险策略的另一个例子就是创业和内部革新。这需要创新精神，会有很多虽然经过计算但仍然属于高风险的举动，但也有可能获得高回报。在商业环境中，这种创业冒险是被鼓励和称赞的，要想在今天竞争激烈的环境中获得成功，这也是必要的。

然而很多有创新能力和高潜力想法的人放弃了他们的梦想，回归到更安全的回避风险策略（例如找一个安稳但枯燥的工作）。再一次，通过使个人具备适当的资产，尤其是社会资本（Sanders & Nee, 1996; Teixeira, 2001），那么即使个体面对风险，也可以通过开拓创新的策略实现潜在的机会。不过，很多破坏性且不必要的风险因素还是需要回避，即使对工作环境中身心都健康的成年人而言也是如此。例如，美国人由于长时间的高压工作而导致不健康的饮食习惯和运动缺乏（Greenhouse, 2001; Koretz, 2001），这对大部分组织员工来说都是应该要减少或回避的风险因素。

3. 关注过程的策略。马斯滕等人（2009）提出的第三套策略是有效的适应系统和过程。这套策略的目的在于识别、选择、发展、利用和维持各种适当的资产来管理相关的风险因素。这样可以战胜逆境并获得成长。例如，在真实领导力开发模型中（Avolio & Luthans, 2006; Luthans & Avolio, 2003），自我意识和自我管理过程成为韧性发展过程中不可或缺的部分。换句话说，拥有所有适当的资产也不一定能够在困境中有效运作，除非领导有适当的方法准确评估这些资产（自我意识），并应用和发展这些资产去克服风险（自我管理）。

虽然注重过程的策略强调儿童和少年心理学领域的各种应对机制，但Harland和他的同事（2005）对工作环境中韧性的研究清晰地区分了回避型应对和积极型应对。与我们对风险的理解一致，积极型应对与韧性正相关的程度更大，它能让个体退出来并实现超越，而回避型应对则倾向于与韧性的影响呈负相关。Gittell（2008）从组织层面阐释了关系协调机制的合理性，关系协调机制能让组织对外部威胁和压力产生韧性反应（这一过程要求组织变革），并因此得到促进。与之类似，Teixeira 和 Werther（2013）认为组织管理创新过程（不是创新本身，创新本身是一种资本）的方式是组织韧性和竞争力的基础。

具备韧性的领导和员工

我们当前焦虑的环境对组织员工的忍耐力是一种挑战，更不用说有针对性的主动成长和发展。到目前为止，我们强调这些实质性变化对韧性的影响主要取决于领导和员工的资本、风险因素和价值观互相作用和融合的过程。下面的例子虽然不是十分详尽，但可以作为具有代表性的标准来分析可能需要心理资本韧性的潜在负面变化。

由于心理契约的易变属性以及员工期待自己的付出能够从组织那儿得到回报（Robinson, Kraatz, & Rousseau, 1994），因而如同我们前面所讨论的，组织承诺以及管理者与员工之间的互相信任已经降低了。近年来，组织不再能够保障长期稳定的雇佣，管理者与员工因此便失去了一些宝贵的加强韧性的资产。这些失去和减少的资产包括有温情的领导、辅导机会，以及在对组织发展和职业规划的长期投资过程中涉及的人力和社会资本。此外，失去收入和工作不安全感带来的风险可能导致负面的思想和情绪，例如对未来的恐惧、自满、不努力和不愿意从事组织公民行为，甚至还可能导致出于自私和贪婪的道德问题行为，比如贪污、蓄意破坏、陷害、骚扰甚至罕见情况下的暴力。

现有的证据都表明在这些困难的情况下，领导的作用决定了挑战如何被看待。事实上，Burns（1978）、Bass 和 Avolio（1994）所描述的转换型领导的本质是，领导帮助下属将威胁视为进步的机遇，并且随着时间的推移让下属相信他们能够掌控成功。通过这样做，他们能够将下属变成领导。

职业韧性

幸运的是，这些表面上看起来功能不良且具有破坏性的工作环境变化也可能会有积极的一面。今天的组织领导和员工可以学习另外一种韧性——职业韧性。根据 Waterman、Waterman 和 Collard（1994, p. 88），具有职业韧性的员工是"一群不止致力于持续学习，还随时准备重塑自己、迎接变化，对自己的职业管理负责，并且致力于公司成功的员工"。领导能够为员工创造环境去发展对未来的这种态度。

具备了职业韧性，组织与员工之间的关系就不再是传统的忠诚与献身于一家组织中的一条职业路径和一个专业方向（排除了不确定因素和风险）。职业韧性取向下，组织与员工之间的关系是多变和灵活的，该关系得以维持的基础是双方互惠互利。在这种观点下，员工被持续检测和标杆管理，并且根据组织的需要做出改变，相应地提升技能和能力。同时，这个过程对实现组织的目标也是有帮助的。将这种平衡扭转到韧性积极方面的核心是，让员工相信自己是受到公平对待的，并且未来也将被公平对待。不得不解雇一些人的时候要为他们保留尊严，这样有助于加强韧性。这种方式是领导可以直接对组织产生影响的。

我们认识的一位管理者说，每当他不得不解雇一些人的时候，他都会将他们看作是前同事。他从经济和心理方面尽其所能地让他们对组织和他的领导力保留积极的评价。这样做的有效效应就是，当组织好转需要人时，之前遭解雇的员工会愿意再回来，并且积极地向其他人推荐这个公司。

在职业韧性取向下，组织负责的不再是传统的雇佣合同，而是员工的"可雇用性"。这种可雇用性的实现依靠的不是规范训练而是装备员工，并发展和支持其终身学习，增加他们在组织内外的机会。换句话说，职业韧性不是对心理契约的违背或背叛。相反，它是一种新型的心理契约，有稍微不同但仍是平衡的预期，包括组织为员工发展投资使他们对内对外都是宝贵的资产（Bagshaw, 1997; Kakabadse & Kakabadse, 2000）。

在职业韧性图式下，组织战略决策中固有的一些风险因素，例如裁员、业务流程再设计、合并与收购、外包，也有可能促使新的韧性资产的发展。比如，具备职业韧性的管理者和员工更有可能花时间和精力提升自己的简历、扩展人脉，以及在部门外甚至组织外建立关系。这种新开发的人力和社会资本在逆境时将是宝贵的资源（资产）。当通过精心设计的组织文化、政策和流程（如避免利益冲突）来适当地进行管理后，这些关系将有益于组织发展，而不是破坏组织利益。此外，诸如自我意识、自我管理和自我发展等适应机制能帮助管理者和员工主动和独立地开发资产、管理风险、提炼价值观和信念，并最终建立韧性。

领导力的影响

需要注意的一点是，之前的案例表明领导力对于员工韧性的加强有不可或缺的作用。我们之前提到过从管理者到员工的自上而下的韧性效应（Avolio & Luthans, 2006; Youssef & Luthans, 2005b）。同样，Harland和他的同事（2005）在研究中发现，个人魅力、理想化的影响力、智力激发以及个性化的关怀等转换型领导力的四个维度与员工的韧性呈正相关。而另一方面，交易型领导力维度与员工的韧性则没有关系。研究者在更为广泛的能力范围内对韧性进行评估，不仅包括应对和恢复，还有学习、成长和优势的提升。

很明显，与员工发展、开放交流、信任建立、为工作创造更多意义、对主动性和独立性增长进行有效监测相一致的领导方式，与近来新兴的对于真实、正直和透明重要性的认可是一致的。事实上，最强大的领导是可信的转换型领导。例如，Powley 和 Powley（2012）以钻井事故、工作场所枪击和工伤退休为例指出，领导力在组织危机后的组织修复和韧性建立方面发挥着至关重要的作用。与之类似，Xerox、Patnaik 和 Sahoo（2010）通过一个案例分析证明，CEO 为组织留下的韧性财富可以指导未来的行动，并在组织困难时指导转变。

真实可信的领导可以增强员工的韧性（Avolio & Luthans, 2006; Luthans & Avolio, 2003）。真实可信的领导为了追求自我意识会尽可能地开放沟通渠道，鼓励员工给他们真诚的反馈。这种真诚的反馈能够帮助真实可信的领导了解自己和自己的心理资本水平，并准确地评估自己的弱点。这种反馈能够减少预期外挑战突然出现和降低个体韧性水平所带来的风险。

自我意识帮助领导更好地利用他们的精力、行动和资源来发展自己，并为有效地发展、授权和委派员工提供方向。这种平等的合作伙伴关系鼓励员工在一个没有威胁、充满信任和透明的环境中不断发展和进步。

当领导和员工能够将互相提供给对方的资源资本化时，他们就可以共同恢复到正常水平甚至有更好的发展。他们可以共同从组织中获取，而不是通过权力游戏和政治花招来恶性争夺资源和信息。大量组织在这种明争暗斗中损耗了多少精力？那些损失对建立可以维持高水平韧性的资产又有什么启示？

韧性组织：创造复原和超越的环境

组织韧性的重要性近来才被认可。现在应该清楚的是，对韧性来说，就像整体心理资本一样,整体比部分之和更有力量。换句话说,将一群有韧性的管理者和员工汇集一起并不足以建立一个有韧性的组织(Coutu, 2002; Horne & Orr, 1998)。当员工的工作环境能够通过催化、培育和保护韧性发展过程的各种要素来培养韧性时,协同效应就产生了(Youssef & Luthans, 2005b)。

组织韧性指组织的结构性和程序性的动力学特征,使组织能够承受压力、保持凝聚力、从困境中复原以继续有效地应对和管理风险(Klarreich, 1998; Worline et al., 2002)。Hamel 和 Välikangas(2003)将组织韧性定义为能够机动地重塑战略和商业模型以应对不可避免的变化的能力。

如同个人,我们提出将组织的宏观资产、风险因素、价值观和适应过程资本化来发展和维持韧性(Youssef & Luthans, 2005b)。组织资产中有助于韧性发展的包括经济方向的传统资本,例如财务、物质、结构和技术资源。组织资产可能也包括前面讨论的人力资本要素的集合,也就是显性与隐性的知识。此外,社会资本(人际关系和部门间关系,规范,价值观,信任,以及社区)可能在组织的社会环境下发展(Luthans & Youssef, 2004)。最重要的是,心理资本的各个要素被证明即使在组织层面也特别重要。一个很好的例子就是集体效能或群体效力,其中的自信来源于团队而非个人的能力和经验(Maddux, 2009)。

在个人层面,现代商业环境中的很多普遍事件和不确定性都可以看作是风险因素,它们既具威胁又为市场领导和组织层面的差异化提供前所未有的机遇。这样的例子包括全球化、恶性竞争、消费能力增强、资源短缺、诉讼、道德危机、合格员工与领导的缺乏、工作与生活的平衡,以及与战略决策相关的挑战例如缩小规模、外包和各种裁员计划。如果正确处理,这种威胁可能变成组织成长和发展的机遇。例如,Branzei 和 Abdelnour(2010)甚至发现,一些发展中国家处在极端恐怖主义的不利环境中,其中的创新行为却很繁荣,恐怖主义程度越高,经济回报越高,尤其是对非正式组织而言。

我们在对真正领导力发展的原始阐述中强调，发展性触发事件或时刻在领导发展自我意识、自我管理和最终的真实性和韧性中起到了重要作用。一些触发事件可能是无法计划和难以预测的，因此会将领导置于风险因素中，最多可以通过被动适应和应对机制来克服。另一方面，在我们提出的真实领导力发展过程中，组织也可以主动将领导置于计划内的触发事件中，向他们发出挑战，并帮助他们开启韧性发展的激动旅程（Avolio & Luthans, 2006; Luthans & Avolio, 2003）。例如，这种事件包括安排他们到一个没有相关经验的岗位上去工作一个季度或者承担一个远超出能力的项目。在这种韧性发展过程中，组织和领导的优势能有效地利用，二者都获得了成长和终身学习。

组织价值观对韧性的发展是不可或缺的，不论是在个人层面还是组织层面。Coutu（2002, p. 52）对这种关系论进行了论述，"强价值观为环境赋予了意义，因为它们提供了解释和塑造事件的方法"。换句话说，当组织价值观得到有效传达和全面采纳，则可以在组织方向不明和动荡时为其提供方向。组织价值观为员工提供稳定坚实的后盾，并为快速有效的程序化应对方式提供指导方针（Sutcliffe & Vogus, 2003; Weick, 1993）。当组织和员工逐渐适应时，稳定的价值观将使他们重获平衡，积聚和组织精力，恢复并取得更好发展。此外，由于在提供意义方面，价值观和信念比个人更重要（Seligman, 1998），因此强劲可靠的组织价值观与个人目标及管理者和员工的理想相一致时有可能加强韧性，因为它帮助个人理解其不得不面对的困境的意义。这种一致性可以通过组织领导力得到强化，进而有助于组织韧性的发展。

如同之前提到的，组织韧性需要有效持续的适应过程、缓冲机制和维护体系（Worline et al., 2002; Youssef & Luthans, 2005b）。这些体系在稳定时期不断地为组织获得、投入和积累大量的结构和程序资源。它们使组织能够恰当地筛选、引导、适应和融合资源以主动地预测和有效地应对逆境，也就是说它们有助于组织韧性的发展。如果能够适当地培养，这种资源可以提供剩余能力来支撑最具挑战和压力的事件。

Horne 和 Orr（1998）提出，战略规划、组织整合、组织学习和组织文化意识等过程能够很大程度上加强组织韧性。具体来说，战略规划通过制订合理目标和应变计划使组织随时准备好应对困境。组织各部门与整体进行目标整合，可以保持组织内部团结一致以及有效共享资源和能力，减少恶性竞争，使组织可以积聚"更多能量"。组织学习可以促进知识的获得、创新、分享和利用。组织文化意识可以帮助形成对组织愿景、核心竞争力以及弱势和潜在风险因素的准确理解与评估。

Worline 和同事们（2002）提出了有助于组织韧性的三个缓冲过程：加强、补充和准备。加强指的是"结构和实践的动态结合，能通过增强组织内的各种资源使组织更加精力充沛"（Worline et al., 2002, p. 5）。例如，给新员工的工作提供及时反馈能够帮助他们避免白费努力，强化最有效的行为，最终提升自信。另一方面，在绩效真的下滑时，持续的反馈能够帮助他们识别并纠正问题的根源。这种方式下，反馈是在补充能量。这就是所谓的"实践和结构的动态组合，当组织的各种资源减少或减弱时，可以恢复、再生和更新"（Worline et al., 2002, p. 5）。

由于反馈是分享最佳实践的一种有效方法，它有助于扩大每一个成员的经验和知识库。通过这种方式，共享知识扩展了组织的战略和选择，增强了组织的独立适应能力。在这种情况下，反馈就是 Worline（2002, p. 5）所说的准备，"是结构和实践的动态组合，增强组织灵活调动资源满足及时之需的能力的，它使组织能够调转方向和改变资源来满足意外的需求"。

建立组织韧性的另一种方法是重视员工的"声音"（Burris, Detert, & Romney, 2013; Morrison, 2011; Van Dyne & LePine, 1998; Vickers & Kouzmin, 2001）。这种观点认为一个组织应该创造一种机制来增强"倾听"员工的能力。通过帮助员工"找到他们的声音"，领导将可能把员工与组织在更大意义上联系在一起。同时，这种领导也是在组织中建立一种更大意义的所有权，这对组织韧性可能有积极的影响。这些机制包括适当和透明的沟通渠道、对不同观点的开放态度和对创新、授权和投入的鼓励。加强组织系统韧性的其他例子包括绩效工资、公平和真正的认可、制定目标、辅导、团队协作和其他高绩效工作实践。

Edmonson 等人（1999）对"心理安全感"的研究就是帮助员工找到他们的声音。这方面的研究表明，员工在一些组织环境中发表自己的观点比在另一些组织环境中更安全。这种心理安全感被认为是受领导和员工影响的一种氛围和文化因素，积极的领导会在员工中创造更高水平的心理安全感（Carmeli & Gittell, 2009）。

组织韧性是一个详细、复杂和长期的过程。很少有组织能够说自己达到了最大程度的潜在韧性。描述韧性组织特点的研究很少，然而 Horne 和 Orr（1998）从有限的研究中加以提炼，简练地标定出了 7 个 "C"，他们认为韧性的组织最喜欢这 7 个特征：共同体（community）、能力（competence）、关系（connection）、承诺（commitment）、沟通（communication）、协调（coordination）和关怀（consideration）。

Hamel 和 Välikangas（2003）认为韧性组织可以有效克服四种挑战。第一种是"认知挑战"，指成功可能滋养出否认和傲慢的文化以及对免疫和无敌的假想。第二种是"战略挑战"，指"最低要求的满意结果"（而不是最高），需要用开放的态度接受更广泛的战略可能性来替代。第三种是"政治挑战"，有风险但高潜力的想法可能会因组织权力和政治因素而无法获得资源和支持从而无法实行。第四种是"意识形态的挑战"，优化和效率可能会代替更为有效的组织生存能力度量，例如创造力、创新能力和革新能力。当一个组织克服了这四类挑战，它就有可能拥有强大的韧性。最后，一个应用性更强的案例分析表明，对韧性的训练包含三种战略实践：培养远见、演练非常规行为和建立实验型社区（Välikangas & Romme, 2012）。

韧性的潜在陷阱

虽然韧性可以帮今天的组织和组织成员配备巨大的能力、活力和保护机制，但是许多组织和组织领导可能不愿意有目的地让员工经历或参与处理自己或组织的逆境和挫折。同理，许多成年人不认为让孩子面对威胁或困难是可接受、有益和道德健全的决定（Wolin & Wolin, 2005）。传统的家长式领导认为自己有责任和义务为员工处理每一个问题。然而，这样快速解决问题的方法可能并不是发展力量和耐力最有效的方法，也不能帮助员工增强解决问题的能力和独立能力。此外，不公平地承担危机管理重担的领导容易承受高度的压力和过度劳累。不但损害自己的健康，还会阻碍组织和员工的韧性发展。而且，他们可能会造成员工和组织的依赖、脆弱和缺乏准备。

组织或领导出于员工的"利益"而做的决定实际上可能会造成长期的有害影响。当领导替员工做了决定使员工似乎在短期内恢复时，领导就会错误地认为员工是有韧性的。领导认为，员工的韧性使他们免受了领导单方面决定的不利影响。然而，有效的短期应对不等于长期的韧性。如果员工没有适当的渠道来说出自己的想法，那这种表观而不真实的短期"韧性"的高代价将是，未来员工对领导和组织的不敬业、消极被动、不忠诚和不信任。

举一个例子，我们曾经采访过一个刚刚经历过组织变革并被领导认为"具备韧性"的员工。四年前，这家公司对它的一个部门进行了自动化改革，造成这个部门从500人缩编到五个人！这五个幸存者得到的信息是，他们被保留是因为他们是"精英"。公司只保留最好和最聪明的人。他们获得了加薪、更好的福利以及更高的责任和自主权。

从这五个"精英幸存者"后来继续被这个公司雇用并取得成功来看，他们似乎知道如何应对这种情况。然而，这五个精英表现出了很低的斗志，不仅因为工作量和公司对他们的期待都增加了，还因为他们每个人都会时常怀念失去的友谊和同事关系，想象被解雇的同事和他们的家庭会面对的困境，以及怀念部门内曾经有而现在已经不复存在的协同、合作和隐性知识。看上去这几个幸存者表现出的被动应对态度和行为被错误地解读为高度的韧性。更糟糕的是，这种对韧性的不准确假定使这五个人将自己置于风险更高和功能不良的结果中，因为他们接受了留在一个他们讨厌（甚至憎恨）、对之零信任和零奉献的公司中。

另一个潜在陷阱是价值观对加强韧性的作用。对韧性的影响主要取决于价值观的稳定性，而不是这些价值观的道德好坏或它们是否与组织的价值观一致。例如，适者生存机制也许在很多艰苦的环境中都有助于韧性的发展，比如在战犯集中营（Couttu, 2002），但是当运用在工作环境中时，它的深层价值体系可能就不是道德上可以接受的了。因此，组织领导和员工用来从逆境恢复的个人信仰和价值观需要被仔细审视并且符合组织价值系统和道德标准。

Rudolph 和 Repenning（2002）的灾难动态模型阐述了组织可能会落入的另一个陷阱。这个模型的核心是，一些组织资本可能会随着时间的推移变成对组织韧性有负面影响的风险因素。例如，许多现行有效的组织系统只能够识别和处理与现状有很大差别的变化，对表面看上去无害而实际上会逐渐累积并最终瓦解它们的事件却不是很敏感。这种看上去细小但频繁发生的变化可以使组织达到一个临界值而出现意想不到的"数量诱发的"灾难。换句话说，一个组织可能看上去有韧性因为它运转良好并有有效的自我管理机制，但实际上却处于倒闭的边缘。

举个例子，美国数字设备公司（DEC）就在成功的时候经历了灾难性的倒闭。这家公司的 CEO 和创始人肯恩·奥尔森（Ken Olsen）将这个组织打造成功是基于工程师优势。然而当市场转型，计算机更多地作为一个商品时，DEC 仍然继续坚持制造过度追求技术的电脑，最终被市场全盘否决。这种单一的重心给这个脆弱的公司带来了灾难性结果。

Hamel 和 Välikangas（2003）也同意"像往常一样运营"和组织韧性并不是必须的。在过去相对静态的商业环境里，组织通过"隐藏它们的错误"或设立进入门槛的势头来保持盈利。只有当现实的危机非常重大以至于不可忽视时，他们才会将此作为"一次性事件"贸然地解决。而这在当代组织所面对的动态环境下已经行不通了。各种不同的戏剧性变化已经是规则而非例外，这就要求组织能够非常"敏感"，不断寻找机遇，来支持前瞻性地破坏他们目前成功的战略和商业模型，为快速巨大的战略转变做好准备。不论是在个人、领导还是组织层面，心理资本韧性都不再是"锦上添花"了，它现在已经变成我们居住和竞争的全球化"扁平世界"中的必需品了。

韧性研究和实践的未来启示和方向

　　从这一章中可以看到，出现了大量有关韧性在工作环境中应用的知识，对此现状的最佳描述是"有前景但仍在涌现"。另一方面，有很多已有的发展和临床心理学研究，它们关注的是连续体的消极方面，以及最近兴起的心理学（Block & Kremen, 1996; Masten, 2001; Masten et al., 2009）和神经科学（Davidson, 2012）的积极应用。作为心理资本和积极组织行为学的一部分，在过去十年间对于工作相关的韧性研究的关注也在提升（Avey et al., 2011; Caza & Milton, 2012; Luthans, 2002; Luthans et al., 2004, 2005, 2006, 2007; Luthans & Youssef, 2004, 2007; Newman, Ucbasaran, Zhu, & Hirst, 2014; Youssef & Luthans, 2005a, 2005b, 2007, 2012; Youssef-Morgan, 2014; Youssef-Morgan & Luthans, 2013）。

　　另一方面，在今天充满不确定性的工作环境下，关于韧性还有很多需要了解的。近来的理论建立和实证研究提供了很好的出发点，但是除了我们的心理资本研究和少数积极组织学术研究的学者外（Caza & Milton, 2012），有利于实证研究和实践应用的韧性理论的发展似乎有下降的趋势。受欢迎的文献反映了对实践的兴趣在增长,预示着商业实践中韧性的重要性和对韧性的需求。这是一个学术研究可能产生真正影响的潜在领域,尤其是进一步开发韧性的理论框架和深层机制以激励更严密的实证研究和更有效的实践应用。鉴于此,我们提出下面几个对未来研究非常重要方向:

- 韧性概念最严重的一个问题就是它是根据结果被定义的,这样就经常导致循环定义、同义反复的论证和无法证伪的假设。如果有韧性的个人、群体、组织或社区是那些能够从逆境中恢复并成长的,那么鉴别韧性的唯一方法就是回顾性分析,这在很大程度上排除了事先科学预测和解释的可能性。我们在上一章吉姆·柯林斯"从优秀到卓越"的组织案例中提到了类似的问题。这些组织是基于它们当时的优秀被挑选出来的,但是它们当中的一些后来因为各种各样的原因失败了。在新现象的解释阶段,归纳研究是有趣和有帮助的,但不幸的是随着时间的推移,这使得对韧性的前因、中介因素、调节因素的研究变得极为随意。未来的韧性理论建立对于概念研究来说已经时机成熟。尤其在工作环境中,改进后的韧性的定义,以及包括韧性前因、中介因素、调节因素和潜在结果在内的综合模型,不论是在个人、团队层面还是组织、社区和国家层面,都对我们理解、衡量、实证检验和实际应用韧性的质量和严谨性产生了巨大影响。
- 与之类似,用外部前因即逆境来定义韧性,使离开逆境后无法对其进行预测和评估。过着相对稳定生活的人就缺乏韧性吗?要断定他们是否具备韧性必须将他们置于逆境中吗?或许稳定的生活在一定程度上正是得益于他们前瞻性的预防策略,而这可能又正是因为他们具备或多或少的韧性。因此,与积极心理学侧重研究健康和幸福一样,对于韧性的进一步研究和理解需要离开逆境来进行,对于不幸或处在风险中的人而言，设计更多的前瞻性策略来激发他们身上的韧性是有益的。此外，什么是逆境以及逆境的严重性可能因人、群体和情况而异。这使得我们有必要深入研究逆境的"客观"特征与对逆境的"主观"评价之间的相互作用。重要的是，逆境可能会有非叠加性、累积性和顺序效应。这就要求更好地理解多个不利事件如何随着时间的推移不断积累产生了独特、非线性或不连续形式的韧性或非韧性反应（Fletcher & Sarkar, 2013; Seery, Holman, & Silver, 2010）。

- 与韧性的定义有关的是韧性和一些相关构念的重合，这些相关概念包括：顽强（Eschleman, Bowling, & Alarcon, 2010）、恢复（Sonnentag, Niessen, & Ne , 2012）、创伤后成长（Calhoun & Tedeschi, 2006; Westphal and Bonanno, 2007）和蓬勃发展（Paterson, Luthans, & Jeung, 2014; Spreitzer, Sutcliffe, Dutton, Sonenshein, & Grant, 2005）。这些与韧性的逆境、适应和成长特征相关的构念在本章开头处讨论过。它们也可能与韧性共享某些前因、中介因素、调节因素和结果。需要更多的研究来进一步阐明这些与韧性相关的重叠构念在概念和经验方面的趋同与差异。

- 虽然我们的研究支持员工韧性与工作结果相关（Avey et al., 2011; Youssef & Luthans, 2007），但与心理资本效能、希望和乐观的主动性不同，韧性更多是被动的。因此，韧性发展很难评估，因为直到将来在某个计划外的时间里发生了挫折，组织成员不得不表现出从困难中恢复和成长的能力时，韧性才能被充分意识到。因此，关于韧性有必要采取纵向研究以更好地捕捉由韧性发展引起的进步以及这些结果的可持续性。迄今为止，两个关于心理资本的纵向研究确实能够起到预测结果的作用，并且可以作为模型（Avey, Luthans, Smith, & Palmer, 2010; Peterson, Luthans, Avolio, Walumbwa, & Zhang, 2011）。纵向韧性研究不仅有助于对韧性结果的全面了解，也可以促进理解与风险因素评估、利用各种资产缓和风险甚至将风险资本化以获得成长和发展相关的过程、机制和战略。

- 关于韧性的大部分研究要么是侧重个人层面（例如发展心理学和心理资本韧性），要么是组织层面。然而，很少有研究尝试建立一个多层面的韧性理论，这种多层面的韧性理论能够帮助解释个人韧性如何影响更高层面韧性的产生和发展。这种"理论借鉴"（Whetten, Felin, & King, 2009）不止是从一个层面的概念和机制来推断下一层面。在跨水平分析中归纳出高级构念之前，先检查了高级构念的"概念性同构（构念的操作性和关系网络在不同分析水平上是相似的）"和"功能性同构（高阶构念与对应的低阶构念可以预测相同的结果）"。填补这项研究空白的努力正在出现（McKenny, Short, & Payne, 2013）。我们尤其倡导将群体或团队作为未来韧性研究的一个目标。这些群体动态与个人层面或更高的集体层面相比可能是独特的，值得被单独研究。

最后，我们最初的研究表明韧性（以及整体心理资本）可以在短期高度集中的微观干预中得到发展（Luthans, Avey, Avolio, Norman, & Combs, 2006; Luthans, Avey, Avolio, & Peterson, 2010; Luthans, Avey, & Patera, 2008）。神经学研究也支持短期和长期的干预策略可以为韧性提供当前工作环境所不能提供的发展机会（Davidson, 2012）。未来将需要跨越不同环境、层面、人群和文化的实验研究。例如，有更多的兴趣和投资放在对军人和其家人的了解、衡量和韧性建立上。大量的项目和评估正在这个领域中进行（Sinclair & Britt, 2013）。本章最后一个案例分析将提供更多关于这些创举的信息。这种努力可以影响跨学科的韧性研究，也可以被跨学科的韧性研究所影响。

参考文献

Avey, J. B., Luthans, F., Smith, R. M., & Palmer, N. F. (2010). Impact of positive psychological capital on employee well-being over time. *Journal of Occupational Health Psychology, 15,* 17-28.

Avey, J. B., Reichard, R. J., Luthans, F., & Mhatre, K. H. (2011). Meta-analysis of the impact of positive psychological capital on employee attitudes, behaviors, and performance. *Human Resource Development Quarterly, 22,* 127-152.

Avolio, B. J., & Luthans, F. (2006). *The high impact leader.* New York, NY: McGraw-Hill.

Bagshaw, M. (1997). Employability: Creating a contract of mutual investment. *Industrial and Commercial Training, 29(6),* 187-189.

Baron, L., Eisman, H., Scuello, M., Veyzer, A., & Lieberman, M. (1996). Stress resilience, locus of control, and religion in children of Holocaust victims. *Journal of Psychology, 130,* 513-525.

Bass, B. M. & Avolio, B. J. (1994). Improving organizational effectiveness through transformational leadership. Thousand Oaks, CA: Sage.

Bergin, A. (1983). Religiosity and mental health: A critical reevaluation and meta-analysis. *Professional Psychology Research and Practice, 14,* 170-184.

Block, J., & Kremen, A. M. (1996). IQ and ego-resiliency: Conceptual and empirical connections and separateness. *Journal of Personality and Social Psychology, 70,* 349-361.

Bonanno, G. A. (2004). Loss, trauma and human resilience. *American Psychologist,* 20-28.

Branzei, O., & Abdelnour, S. (2010). Another day, another dollar: Enterprise resilience under terrorism in developing countries. *Journal of International Business Studies, 41,* 804-825.

Brunwasser, S. M., Gillham, J. E., & Kim, E. S. (2009). A meta-analytic review of the Penn Resiliency Program's effect on depressive symptoms. *Journal of Consulting and Clinical Psychology, 77,* 1042-1054.

Burnham, J. J. (2009). Contemporary fears of children and adolescents: Coping and resiliency in the 21st century. *Journal of Counseling and Development, 87,* 28-35.

Burns, J. M. (1978). *Leadership.* New York, NY: Free Press

Burris, E. R., Detert, J. R., & Romney, A. C. (2013). Speaking up vs. being heard: The disagreement around and outcomes of employee voice. *Organizational Science,* 24-38.

Calhoun, L. G., & Tedeschi, R. G. (Eds.). (2006). *Handbook of posttraumatic growth: Research and practice.* Mahwah, NJ: Erlbaum.

Carmeli, A., & Gittell, J. H. (2009). High-quality relationships, psychological safety, and learning from failures in work organizations. *Journal of Organizational Behavior, 30(6),* 709-729.

Cascio, W. F., & Luthans, F. (2014). Reflections on the metamorphosis at Robben Island: The role of institutional work and positive psychological capital. *Journal of Management Inquiry, 23,* 51-67.

Caza, B. B., & Milton, L. P. (2012). Resilience at work. In K. S. Cameron & G. M. Spreitzer (Eds.), *Oxford handbook of positive organizational scholarship* (pp. 895-908). New York, NY: Oxford University Press.

Collins, J. (2001). *Good to great.* New York, NY: Harper Collins.

Collins, M. E. (2001). Transition to adulthood for vulnerable youths: A review of research and implications for policy. *Social Service Review, 75,* 271-291.

Conner, D. (1993). Managing at the speed of change: How resilient managers succeed and prosper where others fail. New York, NY: Villard Books.

Conner, D. (2003, May 12). Training & development—Solutions at Sun Microsystems.

Coutu, D. L. (2002). How resilience works. *Harvard Business Review, 80(5),* 46-55.

Cowan, P. A., Cowan, C. P., & Schulz, M. S. (1996). Thinking about risk and resilience in families. In E. M. Hetherington & E. A. Blechman (Eds.), *Stress, coping, and resiliency in children and families* (pp. 1-38). Mahwah, NJ: Erlbaum.

Davidson, R. (2012). *The emotional life of your brain.* New York, NY: Hudson/ Penguin.

Dixon, A. L., & Schertzer, S. M. B. (2005). Bouncing back: How salesperson optimism and self-efFcacy influenceattributions and behaviors following failure. *Journal of Personal Selling and Sales Management, 25,* 361-369.

Edmondson, A. (1999). Psychological safety and learning behavior in work teams. *Administrative Science Quarterly, 44,* 350-383.

Egeland, B., Carlson, E., & Sroufe, L. A. (1993). Resilience as a process. *Development and Psychopathology, 5,* 517-528.

Eschleman, K. J., Bowling, N. A., & Alarcon, G. M. (2010). A meta-analytic examination of hardiness. *International Journal of Stress Management, 17,* 277-307.

Fletcher, D., & Sarkar, M. (2013). Psychological resilience: A review and critique of definitions, concepts, and theory. *European Psychologist, 18,* 12-23.

Fu, F. Q., Richards, K. A., Hughes, D. E., & Jones, E. (2010). Motivating sales people to sell new products: The relative influence of attitudes, subjective norms, and self-efficacy. *Journal of Marketing, 74,* 61-76.

Gibbs, M. (1989). Factors in the victim that mediate between disaster and psychotherapy: A review. *Journal of Traumatic Stress,* 2(4), 489-514.

Gorman, C. (2005). The importance of resilience. *Time, 165(3)*, A52-A55.

Greenhouse, S. (2001, September 1). Report shows Americans have more labor days. *The New York Times,* p. A6.

Hamel, G., & Valikangas (2003). The quest for resilience. *Harvard Business Review, 81(9)*, 52-63.

Harland, L., Harrison, W., Jones, J., & Reiter-Palmon, R. (2005). Leadership behaviors and subordinate resilience. *Journal of Leadership and Organizational Studies,* 11, 2-14.

Hoffer Gittell, J. (2008). Relationships and resilience. *Journal of Applied Behavioral Science, 44,* 25-47.

Holaday, M., & McPhearson, R. (1997). Resilience and severe burns. *Journal of Counseling and Development, 75,* 346-356.

Horne, J., Ill, & Orr, J. (1998). Assessing behaviors that create resilient organizations. *Employment Relations Today,* 24(4), 29-39.

Huey, S. J., Jr., & Weisz, J. R. (1997). Ego control, ego resiliency, and the five-factor model as predictors of behavioral and emotional problems in clinic-referred children and adolescents. *Journal of Abnormal Psychology, 106,* 404-415.

Hunter, A. J., & Chandler, G. E. (1999). Adolescent resilience. *Image: Journal of Nursing Scholarship, 31,* 243-247.

Johnson, K., Bryant, D., Collins, D., Noe, T. Strader, T. & Berbaum, M. (1998). Preventing and reducing alcohol and other drug use among high-risk youths by increasing family resilience. *Social Work, 43,* 297-308.

Kakabadse, N., & Kakabadse A. (2000). Critical review—outsourcing: A paradigm shift. *Journal of Management Development, 19,* 670-728.

Kirby, L., & Fraser, M. (1997). Risk and resilience in childhood. In M. Fraser (Ed.), *Risk and resilience in childhood* (pp. 10-33). Washington, DC: NAS W Press.

Klarreich, S. (1998). Resiliency: The skills needed to move forward in a changing environment. In S. Klarreich (Ed.), *Handbook of organizational health psychology: Programs to make the workplace healthier* (pp. 219-238). Madison, CT: Psychosocial Press.

Kobsa, S. C. (1982). The hardy personality. In G. S. Sauders & J. Suls (Eds.), *Social psychology of health and illness* (pp. 3-32). Hillsdale, NJ: Erlbaum.

Koretz, G. (2001, June 11). Why Americans work so hard. *Business Week,* p. 34.

LaMarch, J. (1997). The resilient worker: Employees who can cope with change. *Hospital Material Management Quarterly, 19(2),* 54-58.

Larson, D., Pattison, E., Blazer, D., Omran, A., & Kaplan, B. (1986). Systematic analysis of research on religious variables in four major psychiatric journals, 1978-1982. *American*

Journal of Psychiatry, 143, 329-334.

Lee, J. E. C., Sudom, K. A., & Zamorski, M. A. (2013). Longitudinal analysis of psychological resilience and mental health in Canadian military personnel returning from overseas deployment. *Journal of Occupational Health Psychology, 18,* 327-337.

Lengnick-Hall, C. A., Beck, T. E., & Lengnick-Hall, M. L. (2011). Developing a capacity for organizational resilience through strategic human resource management. *Human Resource Management Review, 21,* 243-255.

Luthans, F. (2002). The need for and meaning of positive organizational behavior. *Journal of Organizational Behavior, 23,* 695-706

Luthans, F., Avey, J. B., Avolio, B. J., Norman, S. M., & Combs, G. J. (2006). Psychological capital development: Toward a micro-intervention. *Journal of Organizational Behavior, 27,* 387-393.

Luthans, F., Avey, J. B., Avolio, B. J., & Peterson, S. (2010). The development and resulting performance impact of positive psychological capital. *Human Resource Development Quarterly, 21,* 41-66.

Luthans, F., Avey, J. B., & Patera, J. L. (2008). Experimental analysis of a web-based training intervention to develop positive psychological capital. *Academy of Management Learning and Education, 7,* 209-221.

Luthans, F., & Avolio, B. (2003). Authentic leadership: A positive development approach. In K. S. Cameron, J. E. Dutton, & R. E. Quinn (Eds.), *Positive organizational scholarship* (pp. 241-258). San Francisco, CA: Berrett-Koehler.

Luthans, F., Avolio, B. J., Avey, J. B., & Norman, S. M. (2007). Positive psychological capital: Measurement and relationship with performance and satisfaction. *Personnel Psychology, 60,* 541-572.

Luthans, F. Luthans, K. & Luthans, B. (2004). Positive psychological capital: Going beyond human and social capital. *Business Horizons, 47(*1), 45-50.

Luthans, F., Vogelgesang, G. R., & Lester, P. B. (2006). Developing the psychological capital of resiliency. *Human Resource Development Review,* 5(1), 25-44.

Luthans, F., & Youssef, C. M. (2004). Human, social and now positive psychological capital management: Investing in people for competitive advantage. *Organizational Dynamics, 33,* 143-160.

Luthans, F., & Youssef, C. M. (2007). Emerging positive organizational behavior. *Journal of Management, 33,* 321-349.

Maddux, J. E. (2009). Self-efficacy: The power of believing you can. In S. Lopez & C. R. Snyder (Eds.), *Oxford Handbook of positive psychology* (2nd ed., pp. 335-343). New York,

NY: Oxford University Press.

Masten, A. S. (2001). Ordinary magic: Resilience process in development. *American Psychologist, 56,* 227-239.

Masten, A. S., Cutuli, J. J., Herbers, J. E, & Reed, M. G. J. (2009). Resilience in development. In S. J. Lopez & C. R. Snyder (Eds.), *Oxford handbook of positive psychology* (2nd ed., pp. 117-131). New York, NY: Oxford University Press.

McKenny, A. F., Short, J. C., & Payne, T. (2013). Using computer-aided text analysis to elevate constructs: An illustration using psychological capital. *Organizational Research Methods, 16,*152-184.

Miller, F. G., Colloca, L., Crouch, R. A., & Kaptchuk, T. J. (Eds.). (2013). *The placebo: A reader.* Baltimore, MD: John Hopkins Press.

Morrison, E. W. (2011). Employee voice behavior: Integration and directions for future research. *Academy of Management Annals, 5,*373-412.

Ness, R., & Wintrob, R. (1980). The emotional impact of fundamentalist religious participation. *American Journal of Orthopsychiatry, 50,* 302-315.

Newman, A., Ucbasaran, D., Zhu, F., & Hirst, G. (2014). Psychological capital: A review and synthesis. *Journal of Organizational Behavior, 35,*120-138.

Nguyen, T. D., & Nguyen, T. T. M. (2012). Psychological capital, quality of work life, and quality of life of marketers: Evidence from Viet Nam. *Journal of Macromarketing, 32,* 87-95.

Paterson, T. A., Luthans, F., & Jeung, W. (2014). Thriving at work: Impact of psychological capital and supervisor support. *Journal of Organizational Behavior, 35,*434-446.

Patnaik, R., & Sahoo, P. K. (2010). CEO's legacy to the board: Honesty, resilience or trust? The case of Xerox. *IUP Journal of Corporate Governance, 9*(1/2), 15-26.

Paul, P. (2005). The power to uplift. *Time, 165(3),* 46-48.

Peterson, S. J., Luthans, F., Avolio, B. J., Walumbwa, F. O., & Zhang, Z. (2011). Psychological capital and employee performance: A latent growth modeling approach. *Personnel Psychology, 64,*427-450.

Powley, E. H., & Powley, W. (2012). Building strength and resilience: How HRleaders enable healing in organizations. *People and Strategy,* 35(4), 42-47.

Qouta, S., El-Sarraj, A., & Punamaki, R. (2001). Mental flexibility as resiliency factor among children exposed to political violence. *InternationalJournal of Psychology, 36(1),* 1-7.

Reichard, R. J., & Avolio, B. J. (2005). Where are we? The status of leadership intervention research: A meta-analytic summary. In W. Gardner, B. Avolio, & F. Walumbwa (Eds.), *Authentic leadership theory and practice: Origins, effects and development. Monographs in leadership and management.* (Vol. 3, pp. 203-223). Oxford, UK: Elsevier.

Reivich, K., & Shatte, A. (2002). The resilience factor: 7 essential skills for overcoming life's inevitable obstacles. New York, NY: Random House.

Richardson, G. (2002). The metatheory of resilience and resiliency. *Journal of Clinical Psychology, 58,* 307-321.

Robinson, S. L., Kraatz, M. S., & Rousseau, D. M. (1994). Changing obligations and the psychological contract: A longitudinal study. *Academy of Management Journal, 37,* 137-152.

Rudolph, J. W., & Repenning, N. P. (2002). Disaster dynamics: Understanding the role of quantity in organizational collapse. *Administrative Science Quarterly,* 47, 1-30.

RyfF, C., & Singer, B. (2003). Flourishing under fire: Resilience as a prototype of challenged thriving. In C. Keyes & J. Haidt (Eds.), *Flourishing: Positive psychology and the life well-lived* (pp. 15-36). Washington, DC: American Psychological Association.

Sandau-Beckler, P., Devall, E., & de la Rosa, I. (2002). Strengthening family resilience: Prevention and treatment for high-risk substance-affected families. *Journal of Individual Psychology, 58,* 305-327.

Sanders, J. M., & Nee, V. (1996). Immigrant self-employment: The family as social capital and the value of human capital. *American Sociological Review, 61,* 321-349.

Schaubroeck, J. M., Riolli, L. T., Peng, A. C., & Spain, E. S. (2011). Resilience to traumatic exposure among soldiers deployed in combat. *Journal of Occupational Health Psychology, 16,* 18-37.

Seery, M. D., Holman, E., & Silver, R. (2010). Whatever does not kill us: Cumulative lifetime adversity, vulnerability, and resilience. *Journal of Personality and Social Psychology, 99,* 1025-1041.

Seligman, M. (1998). *Learned optimism.* New York, NY: Pocket Books.

Sinclair, R. R., & Britt, T. W. (2013). *Building psychological resilience in military personnel.* Washington, DC: APA.

Smith, C., & Carlson, B. (1997). Stress, coping, and resilience in children and youth. *Social Service Review, 71,* 231-256.

Sonnentag, S., Niessen, C., & Neff, A. (2012). Recovery. In K. S. Cameron & G. M. Spreitzer (Eds.), *Oxford handbook of positive organizational scholarship* (pp. 867-881). New York, NY: Oxford University Press.

Spreitzer, G. M., Sutcliffe, K., Dutton, J. E,, Sonenshein, S., & Grant, A. M. (2005). A socially embedded model of thriving at work. *Organization Science, 16,* 537-550.

Stewart, M., Reid, G., & Mangham, C. (1997). Fostering children's *resilience. Journal of Pediatric Nursing, 12,* 21-31.

Sutcliffe, K. M., & Vogus, T. (2003). Organizing for resilience. In K. S. Cameron, J. E. Dutton, & R. E. Quinn (Eds.), *Positive organizational scholarship* (pp. 94-110). San Francisco, CA: Berrett-Koehler.

Tebbi, C., Mallon, J., Richards, M., & Bigler, L. (1987). Religiousity and locus of control of adolescent and cancer patients. *Psychological Reports, 61,* 683-696.

Tedeschi, R., Park, C., & Calhoun, L. (Eds.). (1998). *Posttraumatic growth: Positive changes in the aftermath of crisis.* Mahwah, NJ: Erlbaum.

Teixeira, C. (2001). Community resources and opportunities in ethnic economies: A case study of Portuguese and black entrepreneurs in Toronto. *Urban Studies, 38,* 2055-2078.

Teixeira, E., & Werther, W. B. (2013). Resilience: Continuous renewal of competitive advantages. *Business Horizons, 56,* 333-342.

Valikangas, L., & Romme, A. L. (2012). Building resilience capabilities at "Big Brown Box, Inc." *Strategy and Leadership, 40,* 43-45.

Vaillant, G. E. (1977). *Adaptation to life.* Boston, MA: Little, Brown.

Vaillant, G. E. (2000). The mature defenses. *American Psychologist, 55,* 89-98.

Van Dyne, L., & LePine, J. A. (1998). Helping and voice extra-role behaviors: Evidence of construct and predictive validity. *Academy of Management Journal, 41,* 108-119.

Vickers, M. H., & Kouzmin, A. (2001). Resilience in organizational actors and rearticulating voice. *Public Management Review,* 3(1), 95-119.

Waite, P., & Richardson, G. (2004). Determining the efficacy of resiliency training in the work site. *Journal of Allied Health, 33,* 178-183.

Waterman, R. H., Waterman, J. A., & Collard, B. A. (1994). Toward a career-resilient workforce. *Harvard Business Review,* 72(4), 87-95.

Weick, K. E. (1993). The collapse of sense making in organizations: The Mann Gulch disaster. *Administrative Science Quarterly, 38,* 628-652.

Westphal, M., & Bonanno, G. A. (2007). Posttraumatic growth and resilience to trauma: Different sides of the same coin or different coins? *An Applied Psychology: An International Review, 56,* 417-427.

Whetten, D., Felin, T., & King, B. (2009). The practice of theory borrowing in organizational studies: Current issues and future directions. *Journal of Management, 35,* 537-563.

Wolin, S., & Wolin, S. (2005). *Project resilience.* Retrieved October 2014.

Wong, J., & Mason, G. (2001). Reviled, rejected, but resilient: Homeless people in recovery and life skills education. *Georgetown Journal on Poverty Law and Policy, 5,* 475-503.

Worline, M. C., Dutton, J. E., Frost, P. J., Kanov, J., Lilius, J. M,, & Maitlis, S. (August, 2002). *Creating fertile soil: The organizing dynamics of resilience.* Paper presented at the annual meeting of the Academy of Management, Denver, CO.

Youssef, C. M., & Luthans, F. (2005a). A positive organizational behavior approach to ethical performance. In R. A. Giacalone, C. Dunn, & C. Jurkiewicz (Eds.), *Positive psychology in business ethics and corporate social responsibility* (pp. 1-22). Greenwich, CT: Information Age.

Youssef, C. M., & Luthans, F. (2005b). Resiliency development of organizations, leaders and employees: Multi-level theory building for sustained performance. In W. Gardner, B. Avolio, & F. Walumbwa (Eds.), *Authentic leadership theory and practice: Origins, effects and development. Monographs in leadership and management.* (Vol. 3, pp. 303-343). Oxford, UK: Elsevier.

Youssef, C. M., & Luthans, F. (2007). Positive organizational behavior in the workplace: The impact of hope, optimism, and resilience. *Journal of Management, 33,* 774-800.

Youssef, C. M., & Luthans, F. (2012). Positive global leadership. *Journal of World Business, 47,* 539-547.`

Youssef-Morgan, C. M. (2014). Advancing OB research: An illustration using psycho logical capital. *Journal of Leadership and Organizational Studies, 21(2)*, 130-140.

Youssef-Morgan, C. M., & Luthans, F. (2013). Thinking positive: Leadership across cultures. *Organizational Dynamics, 42,* 198-208.

Zunz, S. (1998). Resiliency and burnout: Protective factors for human service managers. *Administration in Social Work,* 22(3), 39-54.

PSYCHOLOGICAL CAPITAL AND BEYOND

第 7 章

潜在的心理资本：创造力、福流、心智觉知、感恩和宽恕前面四个章节详细探讨的积极心理资源——效能、希望、乐观和韧性——是最符合第2章中所提出的心理资本入选标准的。然而，正如我们所指出的，上述四个概念并不表示这就是一个彻底穷尽的列表了。在积极心理学（Lopez & Snyder, 2009）和积极组织学术研究（Cameron & Spreitzer, 2012）领域中，新兴的丰富知识体系提出了大量积极取向的独特个体、团队和组织的资源、优势和美德。从理论基础和在工作场所的潜在应用性来看，这些积极构念中有许多都显得非常有前途。一些构念还表现出了可测量性和可发展性，这意味着它们是状态变量，我们可以把它们往好的方向改变！

在本章以及下一章节，我们有选择性地介绍一些积极构念。我们认为这些构念可能有特别的关联性，并且在现在或者将来有可能被囊括到心理资本的概念中去。我们从与心理资本"相匹配"的角度，简洁地评价每一个积极资源概念。这有助于引导将来的研究和实践。针对所涉及的心理资源，本章和下一章的表格提供了一份简单的心理资本入选标准检查清单总结。特别地，我们在本章探讨和评价了创造力（creativity）、福流（flow）、心智觉知（mindfulness）、感恩（gratitude）和宽恕（forgiveness），而在下一章则涉及情绪智力（emotional intelligence）、精神性（spirituality）、真实性（authenticity）和勇气（courage）。在表7.1中也包含了效能、希望、乐观和韧性，这些概念将作为基准比较来确认新介绍的积极资源概念是否符合心理资本的内涵标准：有理论基础、可测量、状态类的或是可开发的、与绩效以及其他工作相关结果有关的。此外，我们还从概念上评价每一个构念，考察其是否符合心理资本的两条潜在的理论机制。这两条理论机制代表和揭示了效能、希望、乐观和韧性这些概念之间的共性。正如在第2章所讨论的，这两条机制是：（1）一种内化的自主性、控制和意向感（Youssef-Moran & Luthans, 2013）和（2）"在动机性努力和毅力的基础上对于环境和成功可能性的积极评价"（Luthans, Avolio, Avey, & Norman, 2007, p. 550）。这两条特别的理论标准不仅支持将这些潜在的积极构念囊括进心理资本，还为此提供了潜在的边界条件。

表 7.1 评价各种高潜力积极构念与心理资本的"匹配性"

积极构念	基于理论？	状态类的/可塑的？	可测量的？	与工作绩效有关？	与其他工作结果有关？	自主的	积极评价
效能	√	√	√	√	√	√	√
希望	√	√	√	√	√	√	√
乐观	√	√	√	√	√	√	√
韧性	√	√	√	√	√	√	√
创造力	√	?	√	?	?	×	×
福流	√	√	√	√	√	√	√
心智觉知	√	√	√	?	√	?	×
感恩	√	√	?	?	√	√	√
宽恕	√	√	√	?	√	√	√

至今为止，我们在理论构建、研究、测量以及把心理资本应用到人力资源、领导力开发、绩效管理上所做的工作，主要致力于探讨希望、效能、韧性和乐观（或者称为 HERO）的积极状态。我们认为本章和下一章对于推动心理资本动态演变，也就是作为一个开放的系统，是非常必要的。我们认识到，正如经济学领域的经济和财政指标一样，心理资本除现有概念之外还很有可能有额外指标。今天，一个人无法在考虑一个国家的经济状态时不去考虑全球经济指标，虽然说全球经济指标在多少年前并不存在。因此，这两个章节只是简单地想要识别出，积极心理资本能够在投资和引领今天特别是将来的劳动力方面所能起到的、本质上无限的潜能和影响力。正如经济和财政方面在不断寻找创新的新方法来投入和开发资本一样，我们觉得心理资本同样需要如此。我们希望这些章节不仅仅在传递一个信息——心理资本是动态

的和变化发展的，而且能够为心理资本发展的持续历程提供一张粗略图。正如简略的清单表所示，我们所主张的心理资源还没有精确地满足我们所确立的每一条心理资本入选标准，但如分析所指出的，有好几个概念值得进行认真考虑，并且值得放入将来的研究议程和后续应用中。

与更广泛的积极心理学研究历程相似，对于心理资本的未来，我们渴望在强调工作场所中人类最佳积极功能和繁荣的方面发生一种范式改变。在这种渴望的精神里，我们对于是什么组成了终身积极性和优秀这一问题（Avolio & Luthans, 2006），寻求一种多层面的认同、理解和赞赏（如我们在第 1 章所指出的，一种更深的探究）。我们对用一种简单的、短视的视角来研究个体积极构念并不感兴趣。我们对组织中积极心理功能的广泛远景的探究，必定考虑一个更高的层面，如果你希望，则还可能会是一种元级别（关注于积极心理自身的级别）。我们对心理资本的长期愿景是，它能够为来自主流组织行为学文献的实用模式提供意义和目标。这将可能包括这样一些构念，团队中的"集体心理资本"和"文化心理资本"变量，甚至是"虚拟心理资本"（基于我们所有人今天和将来的互动方式）。下面我们将系统地探究对这种心理资本愿景有贡献的一些最佳候选变量。

创造力作为潜在的心理资本

虽然有很多种定义，Simonton（2009）把创造力简单地定义为产生（1）独创的和（2）适应的观点。创造力的概念和测量常常依赖于以下这些维度：有创造力的人、创新过程、创新产品或结果（Peterson & Seligman, 2004; Simonton, 2009）。虽然创造力常常与引人注目的革命性观点相联系，但创造力也包括在解决日常问题时找到新颖方法的能力，以及建构性地适应新想法和机制，积极地促进个体更好地看待他人和自己，并或多或少因此培养出创造力（Simonton, 2004）。

传统上讲，创造力一直被看作是一种秉性特质，只能在比较小的年纪进行开发，或者说甚至是一种由基因决定的个体差异（Cassandro & Simonton, 2003; Feist, 1998）。因此，对于创造力发展，强调最多的一直是在孩子群体（Nickerson, 1999）。然而，积极心理学运动为天性 – 教养的争论重新添加了动力：在创造力的概念化中，基因和环境或发展因素展现出复杂的乘积式和协同式相互作用（Plomin & Daniels, 1987; Simonton, 2009）。正如同我们在心理学和组织行为学的其他领域中所看到的一样，天性 – 教养这一争论表明人类远比研究者和实践者最初所想的要"有弹性"得多。著名的心理学家如保罗·巴尔特斯（Paul Baltes）表明，与较早时期相比，在人一生中的较晚时期，依赖于自己所受教养的人可能体验到更多的创造力和智慧（Baltes, 2006）。既然人们在一生中花了很多时间在工作上，比那些鼓励人们忘掉自己有创造力的大脑的组织环境，一个鼓励创新的组织环境可能会促使员工在整个健康一生的各个时间点上都产生更多的创造力。

与促进工作场所中的创造力特别相关的是来自内在和外在激励因子的影响。研究已经发现，内在因子能够激发工作中的创造力，或者说激发 Zhou 和 Ren（2012）所指的"任务情境"，包括工作复杂度、反馈、目标、创造性期望、自主与决断、时间，以及压力。外在因子可以刺激创造力，或者说刺激 Zhou 和 Ren（2012）所指的"社会环境"，包括领导力与监管、同事影响、社会网络、文化影响、充足的资源、奖赏，以及激励。为了刺激创造力，Amabile 和 Fisher（2009）建议组织和领导应当有选择性地、协同地利用内外激励因子来激发、确认和奖赏创新行为。

目前存在许多不同的创造力测量工具，各自强调创造力的不同维度：有创造力的人、创新过程、创新产品或结果（Peterson & Seligman, 2004; Simonton, 2009）。例如，从信效度和在不同背景和文化的可推广性方面来讲，经典的《托兰斯创造性思维测试》（Torrance Test of Creative Thinking, TTCT;

Torrance，1988）可能是最受支持的一种工具。TTCT 是一种过程导向的测试，评估了四种创新能力。这四种能力被认为是与创造力相关联的发散思维过程的必备成分：流畅性、灵活性、原创性和详尽性。另一方面，当有创造力的人，而非创新过程，成为分析的参考点时，各种人格问卷和投射测验非常受推崇，包括有人测量大五人格中的一个因子：对新经验的开放性（Costa & McCrae, 1992; Digman, 1990; Kerr & Gagliardi, 2003）。最后，如果强调的是创新产品或结果，那么通常就会运用各种与特定产品相关的绩效或结果来测量，比如满足客户的期望、客户对产品的投入和忠诚。

创造力满足心理资本的标准吗

基于至今为止有关创造力的文献，创造力符合的标准是：基于理论和可测量的。然而，创造力因为难以满足"状态类（对于发展的开放性）"这一标准而不能充分地成为我们所定义的心理资本的一部分。研究上持续地聚焦于"谁"是有创造力的，并从智力、人格特质以及其他相对稳定的创造力预测因子来进行考察（Feist, 1998; Kim, 2008）。虽然积极心理学对于促进那些能激发创造力的任务和社会机制很感兴趣（Zhou & Ren, 2012），甚至对心理资本的影响也感兴趣（Rego, Sousa, Marques, & Pina e Cunha, 2012; Sweetman, Luthans, Avey, & Luthans, 2011），但这些积极机制可以更多地被看作是调节因素或中介因素，而不是发展过程（Gupta & Singh, 2014）。

经过良好设计的工作、支持性的上级和同事、学习目标取向以及奖赏都可能在那些已经有创造意向的人身上激发出创造力。例如，一个新近的研究发现，在一个很大的中国研发部门，样本中有着不同学习目标取向的工程师似乎会依赖自身的心理资本以实现创造力（Huang & Luthans, 2014）。这个积极的中介因子所扮演的角色被解释为：激发了这些工程师的信心，使他们更好地忍受和应对挫折与困难，总体上这种积极性正是营造了更为有利的条件来培养工程师的创造力。然而，仍然没有回答的问题是：能否将这些促进性的积极机制用在那些天生不具有创造力天赋的人身上去开发创造力。

因为创造力还没有得到充分研究，或者说还没有证据表明创造力是一种状态类的、存在开发可能性的资源，因而不能轻易地通过主观能动的和意愿性的想法或行动激发创造力。也就是说，如果创造力是一种特质，那么创造力或多或少地存在不受个体意识选择的问题。创造力依赖于个体的特质倾向，也依赖于促进创造力的那些情境因素。因此，创造力也不依赖于个人对于环境和成功可能性的评价（Luthans et al., 2007）。当人们产生创造性的想法和行为时，很少了解这些对环境和成功可能性的评价。根据现有的文献，创造力仍然被看作是特质和环境激励因子进行最佳组合后的一种自然产物，而不是一种自主的、可以计算的能力。

然而，很多人可能曾经对领导力持同样的看法（Avolio, 2005），但现在非常清楚的是，领导力在大多程度上是后天培养的，而不是天生的。我们想要建议的是，创造力可能同样如此：创造力可能比传统的基于人的一生的大脑研究所认为的更为灵活。确实，今天大多行为遗传学家会主张，哪怕在人的一生的范围里，我们也可以看到遗传因子的变化对人们的想法、情绪和行为的影响（例如，可以参考一个企业家研究，许多人认为企业家是天生的，而不是后天培养的；Zhang et al., 2009）。

最后，至于绩效影响这条标准，至今而言，大多数研究把创造力看作是结果变量，而不是绩效或其他所期待的工作结果的前因变量。研究的焦点仍然更多地聚焦在预期创造力上，而不是探究创造力带来的结果上。当然，我们并不低估创造力对于个体、团队、组织、社区，乃至国家水平的成功的重要性。这个方面充满证据。然而，将创造力作为心理资源，通过它来预期和解释可测量的绩效以及其他工作相关结果的复杂机制，大多仍未被考察。

福流作为潜在的心理资本

福流（flow）是积极心理学著名的创始人之一米哈里·契克森米哈伊（Mihaly Csikszentmihalyi）创造的一个概念。福流被看作是一种最佳的体验。得到广泛认可的是，当个体具有高技能且正在经历一个有意义的挑战时就会出现福流（Csikszentmihalyi, 1997）。沉浸在"福流中"（一种精神愉快的地带）是许多人曾经体验到过的一种感受，但却很少有人能够完全定义或者理解它。

福流涉及一种不同于内在动机，甚至比内在动机更深的视角。当沉浸在福流中，到最后，完成任务本身成为一种奖赏，而不是通向其他目标（比如薪水、晋升、印象管理）的手段。在福流中的个体变得完全沉浸在活动中（Nakamura & Csikszentmihalyi, 2009）。对一个沉浸在福流中的人而言，时间是扭曲的，甚至似乎是静止不动的；这个人沉浸在完成某些有难度和有价值的任务状态里。

福流作为对于环境和成功可能性的积极评价

当个体在某个特定情境中，所主观体验到的机会或挑战水平与其所感知到的自己的技能水平（符合那个情境要求）完全相平衡时，就产生了福流。当挑战超过自己所感知的技能，那么焦虑和降低的自我效能就会妨碍工作上的投入度、乐趣、动机，因此妨碍福流的产生。同样地，当挑战很明显低于个体的技能水平时，厌烦和无兴趣就会把人的注意力从活动中分散开，使人无法出现福流（Csikszentmihalyi, 1975/2000）。

即使挑战和技能相匹配，但挑战和技能都在较低水平时，也不太可能出现福流。只有当相平衡的挑战和技能水平都达到较高程度时，才能出现福流（Csikszentmihalyi, 1997）。例如，强制参加一场单调的有关新消防报警系统的培训讲演，将无法产生处于福流中的感受。尽管这样一场讲座传播了新信息，但获取这些信息所需要的能力水平很可能很低，因为讲演者为了让那些不够聪明或不够专注的人也能"获取这些信息",将学习这些新信息需要的能力等级尽可能地降到了最低。另外,被动倾听所要求的挑战水平也无法拓展参与者的能力。因此,在这样一个情境中,被动的螺旋下降效应和缺乏专注度,都使福流无法发生。

相反,在最初的抵触之后,一场互动式对话或实践式的操练可能带来更多的专注和快乐,但这仍然不是福流。然而,当一位技艺精湛的运动员或音乐家面临激励人的挑战时,很可能进入福流状态。因此,福流与心理资本的概念化是一致的,与心理资本的构成资源有着共同特性,即"在动机性努力和毅力的基础上对环境和成功可能性的积极评价"(Luthans et al., 2007, p. 550)。

福流是状态类的和自主的

一些研究已经尝试去考察有哪些特质和持久的倾向性,可能会带来更为频繁的福流体验,也有人称之为一种"自具目的的人格"(Baumann, 2012)。然而,从福流作为"自然发生的动机"(Csikszentmihalyi, 1985)的主观性和动态性本质看来,似乎对于福流的一种更为相关的描述是:福流是更为状态类的。特别是,在这种观点里,每一个时刻的体验都在与个体的认知和情绪进行相互影响,以决定下一时刻能够体会到的福流的程度。成为"状态类",这与福流的概念更相符合,于是更存在发展的可能性。此外,由于前面所描述的平衡性在不同类的人、情境和挑战之间会有很大的变化,所以很难想象福流会是一种特质而不是状态或是状态类。最近的实验研究也已经成功地通过短期干预调控了福流的水平(Keller & Bless, 2008; Moller, Meier, & Wall, 2010)。

处于福流状态的特征包括:对活动高度专心、低自我意识、强烈的自主性和控制感、高自尊以及失去对时间的感知。甚至还会减弱所追求的终极目标的重要性,以延续眼前的活动,从中获取此刻强烈的快乐

（Csikszentmihalyi, 1975; Nakamura & Csikszentmihalyi, 2009）。然而，这些标准中也有一些例外。例如，当挑战性的活动被视为是"工作"或"学习"时，能够吸引更多的关注、产生更多的满意度和自尊，特别是当目标定在恰当的技能水平上（可拓展但又是可获得的技能水平）时。另一方面，研究已经表明，当活动被视为是"游戏""放松"（高技能-低挑战，例如进食或社交），或者甚至是结合了工作与娱乐的"认真的游戏"，比如课外活动或比赛，则有时更受喜爱，而且参与者有更大的愿望去从事这些类型的活动（Csikszentmihalyi, 1997; LeFevre, 1988）。

福流的测量

人们用了很多方法来测量福流，比如半结构化访谈和问卷。有一些测量方法针对特定的生活领域。然而，最受认可和支持的可能要数经验抽样法（experience sampling method）（Csikszentmihalyi & Larson, 1987）。在这种独特的福流测量法里，通过一种传呼仪器，参与者能够在随机的时间点里得到提示，并通过完成一些简单的问题来报告他们的福流水平。这种方法抓住了那个时刻的认知和情绪。虽然它的信度和效度得到了验证（Csikszentmihalyi & Larson, 1987），但对这种方法的主要批评认为，当受到提示时，参与者不得不放下现有活动来回答问题，这反过来可能会中断和减少福流体验。也许在未来，参与者能够通过神经提示得到信息（利用类似于谷歌眼镜的技术），这样提示就成了一种更为预知的过程，可以减少分心。

最近，人们开发和验证了一些自陈式量表用以测量福流。Jackson和Eklund（2002）的《福流状态量表》（Flow State Scale, FSS-2）和《特质福流量表》（Dispositional Flow Scale, DFS-2），以及两个量表各自的简版（Jackson & Eklund, 2008）就是一些例子。这四个量表反映出福流与已经确立的心理资本资源的概念有着相关性和一致性：都是状态类的，但都有一种特质类的底线水平。另一个例子是Bakker（2008）的《工作福流量表》（Work-Related

Flow Scale, WOLF），这是第一个被认可的福流测量工具，特别适用于工作场所。它测量了福流的三个维度：沉浸、工作享受感和内在工作动机。

工作场所中的福流：相关性和影响

福流有着重要的工作意义，文献中能够找到一些关于福流的可能解释。例如，契克森米哈伊（2003）有一本书致力于把福流应用到商业世界中。在其中的一个章节里，他甚至写了一节叫"构建心理资本"的内容，在其中他这样描述道："把享受看作能够增加资本的心理当量，把娱乐看作消耗资本的当量，这是有益的"（Csikszentmihalyi, 2003, p. 76）。因此，尽管"心理资本"这个术语在经济学文章之外被提及（谷歌搜索中可见）的情况很少，但契克森米哈伊用它来解释福流，而不是我们定义的那样，来构念和应用心理资本。然而，仅仅是他用了这个术语的简单事实（以及他也在某次积极心理学最高规格会议的一次演讲中提及），以及他写了一本书致力于探讨商业世界中的福流，都表明，福流可能有潜力被囊括进我们的心理资本的概念和测量中去。

福流及其发展在工作中一个更近期的应用发生在绿色货运公司（Green Cargo，这是一家瑞典的国有交通运输公司）。通过培训管理者来识别工人们的优势、为他们设定恰当的目标和挑战、提供及时的反馈，工人们能够在工作中体验到福流。结果，这家衰退的公司开始变得盈利，这是一个世纪以来的第一次（March, 2005）。另一个在工作中的应用是桑迪亚国家实验室进行的一个混合方法研究。这是一个由美国政府成立的，用以研究和设计国家安全技术解决方案的实验室，由洛克希德·马丁公司（Lockheed Martin）运作。这个研究证明了知识工人身上存在一种复杂的、多维度的福流结构（Quinn, 2005）。

此外，在转换型领导对于群体流畅性和灵活性的积极影响上（Sosik, Avolio & Kahai, 1998），以及福流与匿名性作为转换型领导影响创造力的中介机制等方面（Sosik, Kahai, & Avolio, 1999），都已经有一些实证性研究。这些特定的研究考察了领导如何通过技术影响团队决策支持系统中的团队的创造力和福流水平。

已经有研究表明，福流除了在组织领导中可能有作用以外，它还与软件设计、以计算机为媒介的沟通、医疗手术中的理想结果有关。而且，如前所述，在对于各种商业活动的意义上，福流已经得到了直接关注（Csikszentmihaiyi, 1997, 2003）。正如其他心理资本状态一样，已经发现福流与学术、艺术、文学、运动绩效以及身体和心理健康有关（Nakamura & Csikszentmihalyi, 2009）。正如在表7.1所示，福流似乎与心理资本入选标准达成了很好的匹配，而且特别是如果直接在工作场所中做更多的研究，那福流很可能是将来非常有希望的一种心理资本的资源。

阻碍福流的潜在问题

虽然福流可能受到技术开发和挑战机会的促进，但在福流的积极螺旋中，也有一些警示值得关注。例如，研究表明体验福流需要通过投入到愉快但并不那么苛求的活动中，从而在能量的使用和储存之间获得一个平衡（Nakamura & Csikszentmihalyi, 2009）。在今天充满竞争的工作环境中，风险是极其大的，并且这样大的风险将造成人们不惜任何代价（包括个人幸福）去追求成长和进步。这样一种无情的追求不仅会造成身心和情绪的枯竭，而且甚至可能带来绩效、有效决策和道德行为方面的破坏。还可能削弱起初所期望的积极的福流体验。为什么我们相信组织领导需要去识别功能良好的福流和功能障碍的工作狂与盲目的野心家之间的良好界限，这就是其中一个主要原因。

专注是体验和维持福流的一个突出影响因素。通过自我调节和个人选择将全部注意资源分配到特定任务中，是福流状态里至关重要的组成成分（Csikszentmihalyi & Csikszentmihalyi, 1988）。重要的是，组织环境或文化能够促进或阻碍参与者在自我调节方面的努力。虽然很难管理，但当组织领导和他们的助手尝试去识别和管理每天所接收到的过多、甚至常常是爆炸式的信息时，认知分心变得非常普遍。使用开放式沟通、信息透明化和相应的过滤手段能够帮助人重新集中注意和能量，因而加强了体验福流所需要的氛围。同时，新兴的一代可能比上几代人能够更好地处理多种分心，因此我们所考虑的"平衡"自身可能就是研究者和实践者的一个活动目标。

物理分心物，比如噪音和不舒适的工作位置（灯光不足，温度或空气流通问题），都是体验福流的潜在阻碍因素。然而更为突出的还是来自人力变动和社交分心，比如冲突、权力争夺、缺乏信任与透明化等，这些都非常具有阻碍性，带来注意力的耗竭、转移，或者变得专注于在行为和信息加工方面表现得更具防御性。例如，在一个被认为并不具备心理安全感的环境中（Edmondson, 1999），我们会预期个体可能为了仅仅是保持平衡状态，就要负担着高水平的情绪劳动。Edmondson过去十多年的研究展示的正是：一个心理安全的氛围允许人们探索和变得更有创造力，而且不惜冒险，这些会带来更多的创新。我们怀疑一个心理安全的环境是福流的诱因，而情绪分心比如内疚、害怕、脱离或者长时间工作后导致工作–家庭失衡的倦怠感受，这些都可能妨碍福流的获得。

心智觉知作为潜在的心理资本

虽然心智觉知（mindfulness）*在很多世纪以来一直是远东文化传统和佛教的一部分，但最近已经有越来越多的研究兴趣集中在作为积极心理学一部分的心智觉知的相关性和应用上。积极心理学家Langer（2009）把"心智

---

* mindfulness，这个概念东西方有不同起源，东方最初起源于佛教的"正念"，被西方学者融合后加以改良和运用。——译者注

觉知"("心不在焉"的反面)定义为"一种灵活的心智状态,特点在于对新奇事物的开放、对环境的敏感,并且投入到当下时刻"(p. 279)。它包括开发"一种能力,可以专注当前事物,记住它们,并且不会因为分心、思绪游离、联想式思维、辩解或拒绝而忽视它们"(Weick & Sutcliffe, 2006, p. 518)。在西方的传统里,心智觉知也被视为一种信息加工方式,通过增加对环境的欣赏引发学习、对现有分类的改进,并基于现有事件和经验创造新的类别,或者甚至降低对于这些编码过程和惯例的依赖(Langer, 1989; Levinthall & Rerup, 2006; Weick & Sutcliffe, 2006; Vogus, 2012)。

从概念上来讲,心智觉知似乎与福流相似。例如,两者都有高度集中、沉浸以及失去时间知觉这些共同表现。然而,它们在一些重要方面是不同的。例如,福流相关的是从环境体验中脱离或脱敏,而心智觉知相关的是对于哪些环境刺激有更敏锐的觉知和加工(Marianetti & Passmore, 2010)。因此,虽然福流和心智觉知都有一种增强的当下时刻取向,但福流所包含的注意宽度要狭窄得多(Dane, 2011)。

总体上,有大量的证据证明心智觉知的好处,特别是基于冥想的心智觉知。冥想是最普遍认可的提升心智觉知的方法。例如,一个基于心智觉知减压(mindfulness-based stress reduction, MBSR)干预的元分析已经表明,心智觉知对身心健康有显著的益处(Gorssman, Niemann, Schmidt, & Walach, 2004)。利用来自神经病学的证据,Davidson(2012)最近已经讨论了心智觉知如何能够随着时间的迁移调整大脑的功能,增强韧性、乐观、共情和其他习惯上被认为是"硬性的"积极资源。

心智觉知符合心理资本的标准吗

由于心智觉知研究和实践存在很深的根基,它符合心理资本所要求的理论和循证标准。而且,心智觉知的状态类本质和发展性潜能,早在积极心理学确立之前就已经得到确立,并且在当代研究和实践中已经得到支持。特别地，心智觉知能够通过一个四步的过程来进行开发：（1）了解心智觉知的概念和益处；（2）有目的的觉知；（3）包容和真实的专注；以及（4）对当下时刻的事实进行非评价性接受（Davidson, 2012; Kabat-Zinn, 1990; Marianetti & Passmore, 2010）。

近来，已经有越来越多的兴趣在于探讨心智觉知与工作的关系（Glomb, Duffy, Bono, & Yang, 2011; Leroy, Anseel, Dimitrova, & Sels, 2013; Marianetti & Passmore, 2010; Vogus, 2012）。例如，Dane 和 Burmmel（2013）发现心智觉知和工作绩效之间有正相关，而心智觉知和离职之间有负相关。Hülsheger、Alberts、Feinholdt 和 Lang（2013）发现心智觉知与情绪耗竭存在负相关，而和工作满意度存在正相关。在工作领域的这些影响补充了已经受到认可的心智觉知在提升身心健康、心理幸福感和社会关系方面的益处（Brown & Ryan, 2003; Brown, Ryan, & Creswell, 2007）。例如，最近一个研究考察了新西兰初级、中级和高级管理者的心智觉知水平，发现心智觉知与管理者的焦虑和抑郁存在负相关，而与他们的心理资本存在正相关（Roche, Haar, & Luthans, 2014）。

在组织层面，积极组织学学者们也已经采用"心智觉知的组织"来描述"一组社交过程，它是高信度组织产生完美绩效的基础"（Vogus, 2012, p. 664）。研究已经发现心智觉知的组织与异常突出的组织绩效有关，特别是在复杂的、动态的、互依的和有时间压力的条件下（Vogus, 2012）。

从另一个角度来看，Dane（2011）已经提议，通过心智觉知得到提升的宽泛的外在注意广度实际上可能阻碍了静态任务环境中的绩效，在这种环境中要求更多的专注。他也提出，通过心智觉知得到提升的宽泛的内在注意广度和增加的对于直觉的关注，在新手身上可能会对绩效带来负面影响，由于新手缺乏任务相关的专业知识，因而可能基于不够成熟或有偏见的直觉来做决策和采取行动。因此，在心智觉知和工作绩效的关系中，对各种各样可能的调节因素做出解释，是非常重要的。对于文献中这一空白的一个可能解释是，至今为止主要强调的一直是心智觉知本身以及心智觉知对于健康和幸福感的好处，而并没有必然去考察心智觉知在提升工作相关的氛围、过程和结果方面的工具性价值。Marianetti 和 Passmore（2010）对这一点进行了如下总结："心智觉知并没有一个目标……它的目的在于体验本身"（p. 196）。

在测量方面，似乎已经有了心智觉知测量工具的激增（参考 MINDFUI EXPERIENCE 官网，上有一个包含许多心智觉知量表的列表，也有链接指向支持这些测量工具信效度的研究）。这种发展态势反映在测量和研究心智觉知方面的兴趣在增加，横跨相当广泛的人群和背景（如不同的年龄群体、国家和心理条件）。虽然受到广泛认可的心智觉知测量工具比如 Brown 和 Ryan （2003）的《心智注意觉知》（Mindful Attention Awareness, MAAS）被用在工作样本中是足够通用的，但是仍然需要直接开发源于并以组织的参与者为目标的有效测量工具。

除了相关的测量工具，还有一个问题是，研究中用心智觉知干预太普遍了，特别是以冥想训练作为心智觉知的替代品，然后评估这些干预的结果却并不必去测量参与者的心智觉知水平，或者说去评估心智觉知随着时间的增强程度。因此，将来的研究应该重视（1）使用有效的心智觉知测量工具，(2)利用横向、纵向研究，以及实验研究来进一步理解和测量冥想，以及冥想会带来许多已经被认识到的益处其背后机制，以及（3）考察其他除了冥想之外、能够促进心智觉知及其益处的潜在机制和干预手段。另一个测量心智觉知的潜在风险是，只要用到测量，无论是用定量的还是定性的测量，就其本身而言，都可能减少参与者的心智觉知状态（Brown & Ryan, 2004）。

关于心智觉知是否符合锻炼者的自主性控制和有意行为的理论标准，在文献中还存在一些不一致的观点。一方面，可以有意培养心智觉知，通过保持和重新引导个体的注意力使之专注在当下时刻，并有意识地但非评价性地承认和拒绝分心。这种练习当然要求目的性和自我调节。另一方面，心智觉知的结果状态较少受到个体的主观控制和监视。或者正如 Marianetti 和

Passmore（2010）所指出的，在练习心智觉知时，"我们引导我们自身所经历的这种体验，本身没有任何控制"（p. 196）。因此，心智觉知与心理资本所要求的自主性机制是否相符合，这一点很受质疑。

最后，我们遇到的问题是：心智觉知是否符合"在动机性努力和毅力的基础上对环境和成功可能性的积极评价"这一理论标准（Luthans et al., 2007, p. 550）。心智觉知聚焦于当下，或者说目前的环境，而不是将来。其目的是慢下来以更充分地体验当下，活在当下，发现此刻所展现出来的整个世界。它并不想要去积极或者消极地评价这些环境因素，而是想要有意地回避评价、推迟决断。因此，心智觉知就达不到心理资本在理论上所依赖的机制。

感恩和宽恕作为潜在的心理资本

像其他心理资本资源一样，感恩和宽恕在日常语言中经常被用到。例如，感恩常常意味着尊重和表达赞赏，而宽恕意味着不去指责他人，放过他人的错误（Cameron & Winn, 2012, p. 238）。然而，也像其他概念一样，这两个术语在积极心理学中有更谨慎的定义。例如，Emmons（2004, p. 554）把感恩定义为"在获得一个礼物之后，一种感激和快乐的感觉，而这个礼物可以是从某个特定他人那里获得的一种有形的好处，也可以是自然之美所激发出来的一个平和的极乐时刻"。此外，Watkins、Van Gelder 和 Frias（2009）把状态感恩和特质感恩进行了区分。状态感恩是当其他某人（无论是人类的、超自然的还是非人类的慈善者）提供了好处，而个体认为自己接受到一些好处时所体验到的一种情绪。另一方面，特质感恩指的是更容易在不同的情境中体验到感恩的一种情绪倾向。有人提出，在不能用乐观解释风格（个人的、永久的、普遍的，见第 5 章）来内化一个积极事件时，感恩是对乐观的一种补充，也就是感恩可以代替悲观、外在的评价方式。

另一方面，宽恕在积极心理学中被定义为"把感知到的侵犯从负面转换为中性甚至正面，包括与侵犯者的关联、侵犯事件，以及侵犯结果。而侵犯的源头以及因此而来的宽恕对象，可能是这个人自己、他人或者是个体认为超出自己控制的情境"（Yamhure & Snyder, 2003, p. 302）。宽恕的意义和用途在两个主要方面有变化。第一，宽恕包含不同程度的针对侵犯源头的主动性仁慈、亲社会改变，甚至是爱和赞赏（相对于仅仅被动忍受、不去责备或是减少受害感）。第二，调解程度被看作是宽恕一个不可或缺的部分（Enright & North, 1998; McCullough, Pargament, & Thorensen, 2000; McCullough, Root, Tabak, & Witvliet, 2009）。

虽然积极心理学倾向于把感恩和宽恕当作两种独立的构念，但我们的目的只是把它们作为可能的心理资本来进行简单介绍，因此我们把两者放到一起。特别地，我们把感恩和宽恕作为同一枚珍贵硬币的两面来进行阐述。一方面，感恩的个体选择去专注和欣赏生命中的积极面，包括他们自己和他人的优势、天资、天赋、亲社会行为以及有利事件。这种感恩有助于提升和保持对自己、他人和情境因素和事件的积极看法。硬币的另一方面，宽恕是处理个体生活中的负面事物（包括在自身、他人和情境因素与事件中感知到的缺陷、弱点、负面的行为与结果）的积极方法。不过，通过宽恕，个体可以以从容、积极的立场来对待自己或他人。宽恕意味着接受这样的观点：如果个体不沉浸在过去的负面事物中，那么将来可能实际上变得更好。

我们现在也看到在组织行为学的领域中，对于宽恕的兴趣有更多直接的应用。例如，Fehr 和 Gelfand（2012）把宽恕作为一种类似于氛围的组织构念进行了讨论。他们在文章中探讨了组织——也就是组织领导们——如何营造出宽恕的氛围，以对工人的幸福感、动机和绩效产生积极的影响。例如，他们讨论了宽恕的氛围可能如何影响组织部门里的公正知觉，如何使冲突以更亲社会性的方式得到解决，以及如何影响在困难的挑战中组织成员相互之间所展现出来的共情程度。

感恩和宽恕的组合有助于塑造感知和归因，并且逐渐灌输一种"积极标记"和"积极身份"的积极取向，以提高个体的心理资本存量或者"库存"。怎么实现的呢？对他人持有负面想法，比如报复，会付出高程度的情绪劳动而拉低个体的积极性，从而削弱心理资本。用非专业人士的话来说，我们可以提出，复仇在消极中消耗一个人，把人们的注意力从积极事物中分散开去。

可以简单地将感恩视为是高心理资本的人愿意额外旅行的里程数。同时，通过感恩可以使宽恕变得更容易，并成为一种资本，因为侵犯被积极地评价为是从生活中学习重要一课的机会。于是，通过促进宽恕，个体对他人的感恩获得加强，更多友好的关系和情境以及积极的上升螺旋得到持续发展。宽恕使受害者可以以一种更为积极的角度来看待侵犯者，结果提升了看透事物的可能性，并且感恩那些积极事物，感恩从那个人或那件事中获得的教训。正如前面所指出的，这些螺旋可能通过组织所营造的氛围中得到能量，这就造就了宽恕和感恩的传染效应。

能够有选择性地聚焦在积极事物上，并为此心怀感激和感恩，这反过来可以激发宽恕。例如，顶级管理者对组织内忠诚的客户或供应商的感恩之情，可能会通过与所有相关方（比如销售人员面对客户和供应商；销售人员面对组织的供应链主管）进行负责任的社交行动来激发互惠往来。提升针对有价值员工和客户的感恩文化，反过来可以促进员工对同事和客户的偶然恶意事件的宽恕。

有一个例子就是：我们打过交道的一家组织在过去的50年一直把它的客户称为"客人"。创始人的意图是想要通过总是把客户当成商店的客人，来表达自己对客户的感恩之情。确实，他是20世纪50年代早期第一个提供并专注于售后服务质量的汽车经销商。这比服务质量运动的出现早了很多年。回到1953年，一个称作ALJ的集团把其公司总部设在沙特阿拉伯的吉达……而不是东京！时至今日仍是如此！确实，这家公司依然是丰田汽车在世界上最大的独立经销商，而正是从这家公司身上，丰田汽车自身也学到了如何积极地对待客户。

组织领导对员工的感恩之情也能够被看作一种真正的积极强化的形式，能够产生绩效影响（比如反馈和社会认可；Peterson & Luthans, 2006; Stajkovic & Luthans, 2003）。领导对员工的感恩之情可能不仅仅带来绩效提升，而且会带来更多的组织公民行为，减少破坏性行为，如暴力、破坏、偷盗、压力和倦怠。随着时间的推移，感恩文化能够促进困难时期的宽恕（比如精简和裁员）。这与积极心理学的感恩观点是一致的：感恩是一种道德情感，像"道德晴雨表"一样标识着所收获的好处，是一种互惠性的"道德动机"，也是亲社会行为的一种"道德强化刺激"（McCullough, Kilpatrick, Emmons, & Larson, 2001）。

感恩和宽恕符合心理资本的标准吗

感恩和宽恕之间的共同点在于，两个概念对于大多数心理资本入选标准有着类似的适配性（参考表 7.1）。例如，感恩和宽恕都已经从秉性特质和发展状态两个方面进行了构念和测量，而这是纳入心理资本的必要条件。从特质上来讲，感恩和宽恕可以被视为持久的倾向，也就是在比平常水平更高的强度、频率、范围和密度上倾向于体验到感恩（Emmons, McCullough, & Tsang, 2003; McCullough, Emmons, & Tsang, 2002; Watkins et al., 2009），或是一般意义上的宽恕意向（Hebl & Enright, 1993; Yamhure, Thompson, & Snyder, 2003）。这些具有跨时间和跨情境的特点。

尽管这支持了特质论，但也有大量的理论构建和实证研究表明感恩和宽恕也可以是状态类的，因而存在开发的可能性。例如，Emmons 和 Crumpler（2000）通过要求参与者简单地在周记中记录自己可以感恩的事情，使之发展出了更高水平的感恩。各种其他的成功干预也已经被用于发展感恩，其中大多数围绕在鼓励参与者"清点自己的祝福"，也就是思考、写作或表达对于他人的感恩（Emmons & McCullough, 2003; Seligman, Steen, Park, & Peterson, 2005; Watkins, Woodward, Stone, & Kolts, 2003）。Miller（1995）提出了一种增强感恩的更为精细的方法：确认忘恩负义的态度、用更为感恩的态度来取而代之，然后把这些更为积极的态度转换成感恩行为。在工作场所中也开始出现发展感恩的一些应用（Emmons, 2003）。

也有证据表明宽恕可以通过一个四步的过程来进行成功开发，具体包括（1）发现和意识自己的潜在认知和情绪，比如愤怒和害羞；（2）做出宽恕的决策和承诺；（3）通过对侵犯者的接受、共情和同情来重构侵犯事件；以及（4）克服困难，并找到宽恕体验的意义感（Baskin & Enright, 2004）。元分析结果支持了，最强的宽恕开发干预手段已经有理论基础，有个体和团队之分，是过程导向的，并且能持续较长时间（Baskin & Enright, 2004; Wade, Worthington, & Meyer, 2005; Worthington, Sandage, & Berry, 2000）。

多年前，俄亥俄州的一个项目致力于把青少年的过失行为转变为富有成效的公民行为，在这个项目里我们曾遇到一个宽恕的案例。设立这个项目是为了向侵犯者展示，当他们偷了小商店的东西时，他们很明显地影响了这些小店的微薄盈利。犯罪的青少年被要求在他们所抢的店里进行工作来偿还所偷的数额。起初这些店主非常不愿意加入这个项目，也就是他们并没有那么愿意去宽恕。然而，经过一段时间，在店主和青少年的行为模式中都出现了一个有趣的变化。许多店主，在偿还期结束后，真的长期雇用了这些制造麻烦的青少年。

应用到当前的工作问题上，Worthington、Berry、Shivy 和 Brownstein（2005）提出在裁员中进行宽恕是必要的，也是可行的。他们建议可以通过确立基于工作相对稳定性的实际预期来促进宽恕，确保组织的行动是负责任的，行为方式是透明的，而且努力为裁掉的员工提供帮助和支持。通过遵循公认的指导以达到程序公正（Greenberg, 2009），我们预期被裁掉的员工更愿意宽恕他们的组织。

在较早的一个章节里，我们已经简单给出过一个例子，讲述了有关华盛顿特区一家电子公司的事情，该公司在宽恕问题上做得极好。这家公司的

CEO 指出，他想要所有的员工都成为这家公司的"司友"一员。当他不得不裁员时，他把裁掉的员工当作公司的司友，长时间地保持联系，以保证员工肯定有一个新的职位。有趣的是，当经济复苏时，不仅仅一些员工回来继续在这家公司工作，而且他们还会不断地把公司推荐给他们的朋友和同僚，作为一个可能的雇主。这符合 Fehr 和 Gelfand（2012）提出的一个概念，它描述的可能就是组织水平的宽恕，因为我们怀疑随着时间的推移，创始人所谓的宽恕开始扩散到文化和氛围中去了。

文献中可以找到关于状态类宽恕的可信和有效的测量工具，分为针对具体的人、侵犯事件或两者皆有（Mauger et al., 1992; McCullough et al., 1998, 2009; Subkoviak et al., 1995）。不幸的是，另一方面，并没有找到有关感恩的类似测量工具。关于特质类感恩倒是有可信和有效而且被广泛应用的测量工具，例如《感恩问卷–6》（Gratitude Questionnair-6, GQ-6；McCullough et al., 2002）和《感恩愤恨和欣赏测试》（Gratitude Resentment and Appreciation Test, GRAT；Watkins et al., 2003）。另一方面，测量状态类感恩的普遍方法是要求参与者用类似"感恩的""感谢的"或"赞赏的"这些形容词来评价自己此刻的情形（Watkins et al., 2009），或者使用单一条目的一般化评估（Wood, Maltby, Stewart, Linley, & Joseph, 2008）。

此外，在临床和积极心理学文献中，尽管感恩和宽恕在提升身心健康、幸福感和病理学症状的自由变化方面的作用是受到认可的（Emmons, 2004; Emmons & Shelton, 2002; McCullough, 2004; McCullough et al., 2009; Watkins et al., 2009），但除了前面已经提到的案例研究和轶事证据之外，人们对感恩和宽恕于工作绩效的潜在影响，仍然所知相对甚少。Emmons 和 Mishra（2011）提出了感恩会带来令人满意的结果的一些机制，其中有一些非常值得将来在工作环境中开展感恩研究。例如，感恩促进对压力的应对，减少来自自己和社会比较的有害情绪，减少物质主义的努力，改善自尊，提升可获得的积极记忆，构建社会资源，激励道德行为，促进目标获得，并且提升身体健康。

这里的每一条都可以被看作是获取工作成功的一项前提。

虽然宽恕已经被认为与组织环境存在关联性（Aquino, Grover, Goldman & Folger, 2003; Cameron & Caza, 2002; Fehr & Gelfand, 2012），但至今为止仍只有很少量的研究。Bright 和 Exline（2012）已经总结了这些少量的研究，主要涉及两个方面：员工犯错和营造组织宽恕文化或氛围。在员工犯错对宽恕的影响上，人们研究了所发生事情的过程（Sutton & Thomas, 2005）。而很多年前，Bosk（1979）做了一个经典的人种学研究，追溯了专业人士所犯医疗错误的后果和牵连。文化和氛围研究也用了宽恕的一种定性研究方法。例如，在一家货运公司，Bright（2015）发现了提升宽恕的两种叙述方式（"实用主义的"被用于维系至关重要的关系；而"卓越的"可以带来一种改善的氛围和文化）。Bright 和从事积极组织学术研究的同事们（Bright, Cameron, & Caza, 2006）也已经在他们的研究中发现，知觉到的宽恕氛围对于裁员组织有着一种长期的积极影响。

最后，感恩和宽恕都与心理资本的自主性机制及其积极评价的特点相一致。正如前面所讨论的，感激和宽恕的开发都要求自主性的决策和行动。更具体地，感恩和宽恕都是基于有目的的评估，都会用一种更为积极和欣赏的方式来定格过去、现在及将来的情境。例如，通过增加对侵犯者的可感知的关心价值、预期价值以及安全性，从而来促进宽恕（McCullough et al., 2009）。相似地，研究揭示，特质类感恩和状态类感恩之间的关系受到受益者对于施恩者真诚的助人性、价值和成本的积极评价的中介作用（Wood et al., 2008）。因此，感恩和宽恕符合心理资本的根本理论机制。

总体而言，我们认为，感恩和宽恕是将来可以被纳入心理资本的两个非常有前景的候补概念。它们看起来和今天的商业环境特别相关，因为今天的商业环境里，有问题的伦理标准和残酷的竞争似乎过于频繁地增长了贪婪、憎恨和报复，而不是感恩、赞赏、分享、共情和同情。将来的研究想要填补这个空白，就很可能需要很多的感恩研究，以及大家所关心的宽恕研究，无论在个体水平，还是团队或群体、组织、特别是社会水平上。例如，近期 Bright 和 Exline（2012）已经为将来的研究构造了宽恕的四水平结构：个人内心的、关系的、组织的以及群体的。

参考文献

Amabile, T. M., & Fisher, C. M. (2009). Stimulate creativity by fueling passion. In E. Locke (Ed.), *Handbook of principles of organizational behavior* (2nd ed., pp. 481-497). Oxford, UK: Blackwell.

Aquino, K, Grover, S. L., Goldman, B., & Folger, R. (2003). When push doesn't come to shove: Interpersonal forgiveness in workplace relationships. *Journal of Management Inquiry, 12,* 209-216.

Avolio, B. J. (2005). Leadership development in balance: Made/Born. Mahwah, NJ: Erlbaum.

Avolio, B. J., & Luthans, F. (2006). The high impact leader: Moments matter in accelerating authentic leadership development. New York, NY: McGraw-Hill.

Bakker, A. B. (2008). The work-related flow inventory: Construction and initial valuation of the WOLF. *Journal of Vocational Behavior, 72,* 400-414.

Baltes, P. B. (2006). *Lifespan development and the brain.* Cambridge, UK: Cambridge University Press.

Baskin, T., & Enright, R. (2004). Intervention studies on forgiveness: A meta-analysis. *Journal of Counseling and Development, 82,* 79-90.

Baumann, N. (2012). Autotelic personality. In S. Engeser (Ed.), *Advances in flow research* (pp. 165-186). New York, NY: Springer.

Bosk, C. L. (1979). *Forgive and remember: Managing medical failure.* Chicago, IL: University of Chicago Press.

Bright, D. S. (2005). *Forgiveness and change.* Unpublished Ph.D. dissertation, Case Western Reserve University, Cleveland, OH.

Bright, D. S., Cameron, K., & Caza, A. (2006). The amplifying and buffering effects of vistuousness in downsized organization. *Journal of Business Ethics, 64,* 249-269.

Bright, D. S., & Exline, J. J. (2012). Forgiveness at four levels: Intrapersonal, relational, organizational, and collective-group. In K. Cameron & G. M. Spreitzer (Eds.), *Oxford handbook of positive organizational scholarship* (pp. 244-259). New York, NY: Oxford University Press.

Brown, K. W., & Ryan, R. M. (2003). The benefits of being present: Mindfulness and its role in psychological well-being. *Journal of Personality and Social Psychology,* 84, 822-848.

Brown, K. W., & Ryan, R. M. (2004). Perils and promise in defining and measuring mindfulness: Observations from experience. *Clinical Psychology: Science and Practice, 11,* 242-248.

Brown, K. W., Ryan, R. M., & Creswell, J. D. (2007). Mindfulness: Theoretical foundations and evidence for its salutary effects. *Psychological Inquiry, 18,* 211-237.

Cameron, K., & Caza, A. (2002). Organizational and leadership virtues and the role of forgiveness. *Journal of Leadership and Organizational Studies, 9,* 33-48.

Cameron K., & Spreitzer, G. M. (Eds.). (2012). *Oxford handbook of positive organizational scholarship.* New York, NY: Oxford University Press.

Cameron, K., & Winn, B. (2012). Virtuousness in organizations. In K. Cameron & M. Spreitzer (Eds.), *Oxford handbook of positive organizational scholarship* (pp. 231-243). New York, NY: Oxford University Press.

Cassandro, V., & Simonton, K. (2003). Creativity and genius. In C. Keyes & J. Haidt (Eds.), *Flourishing: Positive psychology and the life well-lived* (pp. 163-183). Washington, DC: American Psychological Association.

Costa, P. T., Jr., & McCrae, R. R. (1992). Revised NEO Personality Inventory (NEO-PI-R) and NEO Five-Factor Inventory (NEO-FFI) manual. Odessa, FL: Psychological Assessment Resources.

Csikszentmihalyi, M. (1975). *Beyond boredom and anxiety.* San Francisco, CA: Jossey-Bass.

Csikszentmihalyi, M. (1985). Emergent motivation and the evolution of the self. *Advances in Motivation and Achievement, 4,* 93-119.

Csikszentmihalyi, M. (1997). *Finding flow.* New York, NY: Basic.

Csikszentmihalyi, M. (2003). *Good business.* New York, NY: Penguin Books.

Csikszentmihalyi, M., & Csikszentmihalyi, I. (Eds.). (1988). *Optimal experience.* Cambridge, UK: Cambridge University Press.

Csikszentmihalyi, M., & Larson, R. (1987). Validity and reliability of the experience-sampling method. *Journal of Nervous and Mental Disease, 175,* 526-536.

Dane, E. (2011). Paying attention to mindfulness and its effects on task performance in the workplace. *Journal of Management, 37,* 997-1018.

Dane, E., & Brummel, B. J. (2013). Examining workplace mindfulness and its relations to job performance and turnover intention. *Human Relations, 67,* 105-128. Davidson, R. J.

(2012). *The emotional life of your brain.* New York, NY: Hudson. Digman, J. M. (1990). Personality structure: Emergence of the five-factor model.

Annual Review of Psychology, 41,417-440.

Edmondson, A. (1999). Psychological safety and learning behavior in work teams.

Administrative Science Quarterly, 44, 350-383.

Emmons, R. A. (2003). Acts of gratitude in organizations. In K. S. Cameron, J. E.Dutton & R. E. Quinn (Eds.), *Positive organizational scholarship* (pp. 81-93). San Francisco, CA: Berrett-Koehler.

Emmons, R. A. (2004). Gratitude. In C. Peterson & M. Seligman (Eds.), *Character strengths and virtues: A handbook and classification* (pp. 553-568). Oxford, UK: Oxford University Press.

Emmons, R. A., & Crumpler, C. A. (2000). Gratitude as a human strength: Appraising the evidence. *Journal of Social and Clinical Psychology, 19,* 56-69.

Emmons, R. A., & McCullough, M. E. (2003). Counting blessings versus burdens: An experimental investigation of gratitude and subjective well-being in daily life. *Journal of Personality and Social Psychology, 84,*377-389.

Emmons, R., McCullough, M., & Tsang, J. (2003). The assessment of gratitude. In S.Lopez & C. R. Snyder (Eds.), *Positive psychological assessment: A handbook of models and measures* (pp. 327-341). Washington, DC: American Psychological Association.

Emmons, R. A., & Mishra, A. (2011). Why gratitude enhances well-being: What we know, what we need to know. In K. Sheldon, T. Kashdan, & M. Steger (Eds.), *Designing positive psychology: Taking stock and moving forward* (pp. 248-262). New York, NY: Oxford University Press.

Emmons, R. A., & Shelton, C. M. (2002). Gratitude and the science of positive psychology. In C. R. Snyder & S. Lopez (Eds.), *Handbook of positive psychology* (pp. 459-471). Oxford, UK: Oxford University Press.

Enright, R., & North, J. (Eds.). (1998). *Exploringforgiveness.* Madison: University of Wisconsin Press.

Fehr, R., & Gelfand, M. J. (2012). The forgiving organization: A multilevel model of forgiveness at work. *Academy of Management Review, 37,*664-688.

Feist, G. (1998). A meta-analysis of personality in scientific and artistic creativity.

Personality and Social Psychology Review, 2, 290-309.

Glomb, T. M., Duffy, M. K, Bono, J. E., & Yang, T. (2011). Mindfulness at work. *Research in Personnel and Human Resources Management, 30,*115 -157.

Greenberg, J. (2009). Promote procedural and interactional justice to enhance individual and organizational outcomes. In E. A. Locke (Ed.), *Handbook of principles of organizational behavior* (pp. 255-271). Chichester, UK: Wiley.

Grossman, P., Niemann, L., Schmidt, S., & Walach, H. (2004). Mindfulness-based stress reduction and health benefits: A meta-analysis. *Journal of Psychosomatic Research, 57,* 35-43.

Gupta, V., & Singh, S. (2014). Psychological capital as a mediator of the relationship between leadership and creative performance behaviors. *International Journal of Human Resource Management, 25,* 1373-1394.

Hebl, J., & Enright, R. (1993). Forgiveness as a psychotherapeutic goal with elderly females. *Psychotherapy, 30,* 658-667.

Hiilsheger, U., Alberts, H., Feinholdt, A., & Lang, J. (2013). Benefits of mindfulness at work: The role of mindfulness in emotion regulation, emotional exhaustion, and job satisfaction. *Journal of Applied Psychology, 98,* 310-325.

Huang, L., & Luthans, F. (2014). Toward better understanding of the learning goal orientation—creativity relationship: The role of positive psychological capital. *Applied Psychology: An International Review,* doi: 10.111/apps.12028.

Jackson, S. A., & Eklund, R. C. (2002). Assessing flow in physical activity: The Flow State Scale-2 (FSS-2) and Dispositional Flow Scale-2 (DFS-2*). Journal of Sports amd Exercise Psychology, 24,* 133-150.

Jackson, S. A., & Eklund, R. C. (2008). Long and short measures of flow: Examining construct validty of the FSS-2, DFS-2, and new brief counterparts. *Journal of Sports amd Exercise Psychology, 30,* 561-587.

Kabat-Zinn, J. (1990). Full catastrophe living: How to cope with stress, pain, and illness using mindful meditation. London, UK: Piatkus.

Keller, J., & Bless, H. (2008). Flow and regulatory compatibility: An experimental approach to the flow model of intrinsic motivation. *Personality and Social Psychology Bulletin, 34,* 196-209.

Kerr, B., & Gagliardi, C. (2003). Measuring creativity in research and practice. In S. Lopez & C. R. Snyder, (Eds.), *Positive psychological assessment: A handbook of models and measures* (pp. 155-169). Washington, DC: American Psychological Association.

Kim, K. H. (2008). Meta-analyses of the relationship of creative achievement to both IQ and divergent thinking test scores. *Journal of Creative Behavior, 42(2),* 106-130.

Langer, E. (1989). *Mindfulness.* Reading, MA: Addison-Wesley.

Langer, E. (2009). Mindfulness versus positive evaluation. In S. Lopez & C. R. Snyder (Eds.), *Oxford handbook of positive psychology* (2nd ed., pp. 279-293). New York, NY: Oxford

University Press.

LeFevre, J. (1988). Flow and the quality of experience during work and leisure. In M. Csikszentmihalyi & I. Csikszentmihalyi (Eds.), *Optimal experience* (pp. 307-318). Cambridge, UK: Cambridge University Press.

Leroy, H., Anseel, F,, Dimitrova, N. G., & Sels, L. (2013). Mindfulness, an authentic functioning, and work engagement: A growth modeling approach. *Journal of Vocational Behavior, 82,* 238-247.

Levinthall, D. A., & Rerup, C. (2006). Crossing an apparent chasm: Bridging mindful and less mindful perspectives on organizational learning. *Organization Science, 17,* 502-513.

Lopez, S., & Snyder, C. R. (Eds.). (2009). *Oxford handbook of positive psychology* (2nd ed.). New York, NY: Oxford University Press.

Luthans, F., Avolio, B. J., Avey, J. B., & Norman, S. M. (2007). Positive psychological capital: Measurement and relationship with performance and satisfaction. *Personnel Psychology, 60,* 541-572.

March, A. (2005, August). The art of work. *Fast Company, 77-79.*

Marianetti, O., & Passmore, J. (2010). Mindfulness at work: Paying attention to enhance well-being and performance. In A. Linley, S. Harrington, & N. Garcea (Eds.), *Oxford handbook of positive psychology and work* (pp. 189-200). New York, NY: Oxford University Press.

Mauger, P., Perry, J., Freeman, T., Grove, D., McBride, A., et al. (1992). The measurement of forgiveness: Preliminary research. *Journal of Psychology and Christianity, 11,* 170-180.

McCullough, M. (2004). Forgiveness and Mercy. In C. Peterson & M. Seligman (Eds.), *Character strengths and virtues: A handbook and classification* (pp. 445- 459). Oxford, UK: Oxford University Press.

McCullough, M., Emmons, R., & Tsang, J. (2002). The grateful disposition: A conceptual and empirical typology. *Journal of Personality and Social Psychology, 82,*112-127.

McCullough, M., Kilpatrick, S., Emmons, R., & Larson, D. (2001). Gratitude as moral affect. *Psychological Bulletin, 127,*249-266.

McCullough, M., Pargament, K., & Thorensen, C. (Eds.). (2000). *Forgiveness: Theory, research and practice.* New York, NY: Guilford Press.

McCullough, M., Rachal, K, Sandage, S., Worthington, E., Brown, S., & Hight, T. L. (1998). Interpersonal forgiving in close relationships II: Theoretical elaboration and measurement. *Journal of Personality and Social Psychology, 75,*1586-1603.

McCullough, M., Root, L. M., Tabak, B. A., & Witvleit, C. (2009). Forgiveness. In S.J. Lopez & C. R. Snyder (Eds.), *Oxford handbook of positive psychology* (2nd ed., pp. 427-

435). New York, NY: Oxford University Press.

Miller, T. (1995). *How to want what you have.* New York, NY: Avon.

Moller, A. C., Meier, B. P., & Wall, R. D. (2010). Developing an experimental induction of flow: Effortless action in the lab. In B. Bruya (Ed.), *Effortless attention: A new perspective in the cognitive science of attention and action* (pp. 191-204). Cambridge, MA: MIT Press.

Nakamura, J., & Csikszentmihalyi, M. (2009). Flow theory and research. In S. Lopez & C. R. Snyder (Eds.), *Oxford handbook of positive psychology* (2nd ed., pp. 195-206). New York, NY: Oxford University Press.

Nickerson, R. S. (1999). Enhancing creativity. In R. J. Sternberg (Ed.), *Handbook of creativity* (pp. 392-430). New York, NY: Cambridge University Press.

Peterson, C., & Seligman, M. (2004). *Character strengths and virtues: A handbook and classification.* New York, NY: Oxford University Press.

Peterson, S., & Luthans, F. (2006). The impact of financial and nonfinancial incentives on business unit outcomes over time. *Journal of Applied Psychology, 91,* 156-165.

Plomin, R., & Daniels, D. (1987). Why are children in the same family so different from one another? *Behavioral and Brain Sciences, 10,*1-16.

Quinn, R. (2005). Flow in knowledge work: High performance experience in the design of national security technology. *Administrative Science Quarterly,* 50,610-641.

Rego, A., Sousa, F., Marques, C., & Pina e Cunha, M. (2012). Authentic leadership promoting employees' psychological capital and creativity. *Journal of Business Research, 65,*429-437.

Roche, M., Haar, J., & Luthans, F. (2014). The role of mindfulness and psychological capital on the well-being of organizational *leaders. Journal of Occupational Health Psychology, 19,*476-489.

Seligman, M. E. P., Steen, T. A., Park, N., & Peterson, C. (2005). Positive psychology progress: Empirical validation of interventions. *American Psychologist, 60,* 410-421.

Simonton, D. (2004). Creativity [originality, ingenuity]. In C. Peterson & M. Seligman (Eds.), *Character strengths and virtues: A handbook and classification* (pp. 109-123). Oxford, UK: Oxford University Press.

Simonton, D. K. (2009). Creativity. In S. J. Lopez & C. R. Snyder (Eds.), *Oxford handbook of positive psychology* (2nd ed., pp. 261-269). New York, NY: Oxford University Press.

Sosik, J. J., Avolio, B. J., & Kahai, S. S. (1998). Inspiring group creativity: Comparing anonymous and identified electronic brainstorming. *Small Group Research, 29,*3-31.

Sosik, J. J., Kahai, S. S., & Avolio, B. J. (1999). Leadership style, anonymity, and creativity in group decision support systems: The mediating role of optimal flow. *Journal of Creative*

Behavior, 33,227-257.

Stajkovic, A., & Luthans F. (2003) Behavioral management and task performance in organizations: Conceptual background, meta-analysis, and test of alternative models. *Personnel Psychology, 56,*155-194.

Subkoviak, M., Enright, R., Wu, C., Gassin, E., Freedman, S., Olson, L., Sarinopoulus, I. (1995). Measuring interpersonal forgiveness in late adolescence and middle adulthood. *Journal of Adolescence, 18,* 641-655.

Sutton, G. W., & Thomas, E. K. (2005). Restoring Christian leaders. *American Journal of Pastoral Counseling, 8,* 27-42.

Sweetman, D., Luthans, F., Avey, J. B., & Luthans, B. C. (2011). Relationship between positive psychological capital and creative performance. *Canadian Journal of Administrative Sciences, 28,*4-13.

Torrance, E. (1988). The nature of creativity as manifest in its testing. In R. Sternberg (Ed.), *The nature of creativity* (pp. 43-75). New York, NY: Cambridge University Press.

Vogus, T. J. (2012). Mindful organizing: Establishing and extending the foundations of highly reliable performance. In K. S. Cameron & G. M. Spreitzer (Eds.), *Oxford handbook of positive organizational scholarship* (pp. 664-676). New York, NY: Oxford University Press.

Wade, N. G., Worthington, E. L., & Meyer, J. E. (2005). But do they work? A meta-analysis of group interventions to promote forgiveness. In E. L. Worthington (Ed.), *Handbook of forgiveness* (pp. 423-439). New York, NY: Routledge.

Watkins, P. C., Van Gelder, M., & Frias, A. (2009). Furthering the science of gratitude. In S. J. Lopez & C. R. Snyder (Eds.), *Oxford handbook of positive psychology* (2nd ed., pp. 437-445). New York, NY: Oxford University Press.

Watkins, P. C., Woodward, K., Stone, T., & Kolts, R. L. (2003). Gratitude and happiness: Development of a measure of gratitude, and relationships with subjective well-being. *Social Behavior and Personality, 31,*431-451.

Weick, K. E., & Sutcliffe, K. M. (2006). Mindfulness and the quality of organizational attraction. *Organization Science, 17,*409-421.

Wood, A., Maltby, J., Stewart, R., Linley, P., & Joseph, S. (2008). A social-cognitive model of trait and state levels of gratitude. *Emotion, 8*, 281-290.

Worthington, E. L., Berry, J. W., Shivy, V. A., & Brownstein. E. (2005). Forgiveness and positive psychology in business ethics and corporate social responsibility. In R. A. Giacalone, C. Jurkiewicz, & C. Dunn (Eds.), *Positive psychology in business ethics and corporate social responsibility* (pp. 265-284). Greenwich, CT: Information Age.

Worthington, E., Sandage, S., & Berry, J. (2000). Group interventions to promote forgiveness: What researchers and clinicians ought to know. In M. E. McCullough, K. I. Pargament, & C. E. Thoresen (Eds.), *Forgiveness: Theory, research and practice* (pp. 228-253). New York, NY: Guilford Press.

Yamhure Thompson, L., & Snyder, C. R. (2003). Measuring forgiveness. In S. Lopez & C. R. Snyder (Eds.), *Positive psychological assessment: A handbook of models and measures* (pp. 301-312). Washington, DC: American Psychological Association.

Youssef-Morgan, C. M., & Luthans, F. (2013). Psychological capital theory: Toward a positive holistic model. In A. B. Bakker (Ed.), *Advances in positive organizational psychology* (Vol. 1, pp.145-166). Bingley, UK: Emerald.

Zhang, Z., Zyphur, M., Narayanan, J., Chaturvedi, S., Avolio, B., Lichtenstein, P., & Larsson, G. (2009). The genetic basis of entrepreneurship: Effects of gender and parents. *Organizational Behavior and Human Decision Processes, 110,* 93-107.

Zhou, J., & Ren, R. (2012). Striving for creativity: Building positive contexts in the workplace. In K. S. Cameron & G. M. Spreitzer (Eds.), *Oxford handbook of positive organizational scholarship* (pp. 97-109). New York, NY: Oxford University Press.

第 8 章

潜在的心理资本：情绪智力、精神性、真实性和勇气

PSYCHOLOGICAL CAPITAL AND BEYOND

正如在前一章的开篇评论中所指出的,虽然希望、效能、韧性和乐观这些积极心理资源最符合心理资本的标准,它们并不是所有可以纳入心理资本的概念。虽然有许多积极资源,我们已经选择了(没有特定的次序)那些看上去最相关的、最有可能满足心理资本在不久的将来的入选标准的(即有理论和研究基础的;可靠的测量;状态类和有开发可能的;以及对所期待的工作态度、行为和绩效有影响的)一些概念来进行深入细致的探讨。前一章总结和评估了创造力、福流、心智觉知、感恩和宽恕,而这一章将继续讨论情绪智力、精神性、真实性和勇气。类似表 7.1,我们用表 8.1 总结了这四个积极资源的适配性。

情绪智力作为潜在的心理资本

基于社会和教育心理学中的理论构建,情绪智力(emotional intelligence, EI)可以被定义为准确地感知、表达、理解、使用、管理自己和他人情绪的能力(Mayer & Salovey, 1997; Mayer, Salovey, Caruso, 2000; Salovey, Mayer, Caruso, & Yoo, 2009)。除了这种"基于能力的"定义之外,有关情绪智力的混合模型把情绪智力定义为"一系列非认知的才能、胜任力和技能,能够影响个体成功应对环境要求和压力的能力"(Bar-On, 199, p. 14)。混合情绪智力模型可能包括智力、人格特质和情感。

加德纳(Gardner, 1983)针对多元智力的原创性工作是引发学术界关注情绪智力的最重要的发展。他把智力的定义延伸到认知性心智能力的范畴（如传统智商要测量的逻辑或数学、语言或口头维度）之外，囊括了多种多样的领域。加德纳确认出的多元智力不仅包括音乐、空间或视觉、身体或动觉、以及个人内在的一些方面，也包括了社会或人际智力。

起初，加德纳并没有特意使用"情绪智力"这个术语，人们通常认为Salovey 和 Mayer（1990）的工作是有关情绪智力的第一项学术工作。然而，是丹尼尔·戈尔曼的畅销书（Goleman, 1995, 1998; Goleman, Boyatzis, & McKee, 2002）才使情绪智力拥有了在当今管理实践者和咨询师群体中高度受欢迎的地位。戈尔曼（1998）确认了对于高情绪智力个体而言最重要的一些维度：自我意识、自我管理、自我激励、共情和社会技能。

表 8.1 评估几个高潜力积极构念与心理资本的"匹配性"

积极构念	基于理论？	状态类的/可塑的？	可测量的？	与工作绩效有关？	与其他工作结果有关？	自主的	积极评价
情绪智力	?	?	?	?	?	?	×
精神性	√	√	?	?	√	?	?
真实性	√	√	√	√	√	√	√
勇气	√	√	√	?	?	√	√

情绪智力测量符合心理资本的标准吗

在心理资本的所有资源里（包括主要的四项和所有可能的那些概念），情绪智力或 EI（有时也称为"EQ"，作为从智商"intelligence quotient"或 IQ 引申而来的概念*），无疑得到管理实践的最大关注。情绪智力只有相对很少的效度证据，却几乎成了一种传统智慧。出于同样的原因，情绪智力也在组

---

* 智商 IQ 是定量描述智力水平的一个公式化的概念；类似地，EQ 也是定量描述情绪智力（EI）的公式化概念。——译者注

织行为学的学术领域中受到批评（Locke, 2005）。与前一章和本章所述的大多仍是新兴的潜在心理资本能力不同，管理和组织行为学文献中已经有相当多关于情绪智力在工作中运用的内容了。例如，Luthans（2002b）最先把情绪智力囊括到组织行为和积极领导力中来（Luthans, Luthans, Hodgetts, & Luthans, 2001），但他很快丢掉了情绪智力的概念（Luthans, 2002a; Luthans, Luthans, & Luthans, 2004; Luthans & Youssef, 2004），因为在那个时候情绪智力并没有得到很好的测量，不足以满足心理资本的标准（特别是要有理论基础、基础研究以及有效测量这三条）。现在，在十多年后，虽然情绪智力确实仍然还有类似的问题（Locke, 2005），但我们想要认可情绪智力在理论建构、研究和测量上发生的进展，重新考虑情绪智力至少可以成为一种可能的、起作用的心理资本要素（Ashkanasy, Daus, 2005; Cherniss, 2010; Mayer, Salovey, Caruso, & Cherkasskiy, 2011；O'Boyle, Humphrey, Pollack, Hawver, & Story, 2011；Ybarra, Rees, Kross, & Sanchez-Burks, 2012）。

从得到证明的情绪智力在工作中的影响来看，Kelley 和 Caplan（1993）早就报告过，贝尔实验室的绩效明显可以更好地由情绪智力预测，而不是认知性心智能力。而且，创造性领导力中心对不良管理者的失败进行的研究也表明，这与管理者在情绪智力方面的缺陷有关，而不是技能缺乏（Gibbs, 1995）。此外，戈尔曼与他的同事在 2002 年把情绪智力应用到有效的组织领导和工作团队中去。他报告说，无论在什么样的组织规模、管理层级甚至国家文化中，情绪智力的要素都能够解释组织所认为对于高绩效非常关键的那些胜任力中的大约三分之二。情绪智力对于绩效的贡献，在高级专业和管理职位上，甚至变得非常确凿（在七种胜任力中高达六种）（Goleman, 1998）。然而，这些来自实践导向的早期文献的发现大多基于推测，依赖这些来把情绪智力纳入心理资本，显得相当不可靠。

但是，最近 Mayer 和 Salovey（2004）的确提供了实证证据，在情绪智力和所期待的工作结果（比如优秀的客户服务）以及一些较间接的结果（比如有效的社会功能、应对风格、适应技巧、较少的药物和酒精滥用发生率等）之间建立了联系。实证研究发现，情绪智力和个体与团队绩效、组织公民行为之间存在着中等或者不显著关系（Day & Carroll, 2004）。基于许多研究的元分析结果支持了情绪智力和绩效之间存在相关，相关度在 0.24 到 0.30 之间（O'Boyle et al., 2011）。然而，这些元分析结果也基于一些前期的研究，其中就有早期情绪智力研究中存在的一些内在概念和方法上的缺陷。

在商业情境之外，情绪智力在教育、教养、政治和其他领域中也有许多值得注意的应用（Salovey, Caruso, & Mayer, 2004; Salovey et al., 2009）。然而，一些实证研究发现，情绪智力在对成功、满意、幸福感和各种"生活技能"的预测效度上，比起初想象的要有限得多，特别是在除去人格和认知能力部分的解释之后（Bastian, Burns, & Nettelbeck, 2005）。

现今情绪智力也已有许多测量，而最确切和最受支持的是 Bar-On（1997）的《情商测验》（Emotional Quotient Inventory, EQ-i）和第二版《MSC 情绪智力测试》（Mayer-Salovey-Caruso Emotional Intelligence Test, MSCEIT）（Mayer, Salovey, & Caruso, 2001）。正如之前讨论过的，Bar-On 主要从智力、情感和适应性人格特质这几个方面来定义情绪智力，而 Mayer、Salovey 和 Caruso 强调情绪智力的发展性本质，认为情绪智力是一系列可习得的能力或状态（Salovey, Mayer, Caruso, & Lopes, 2003）。然而，考察各种情绪智力测量工具的汇聚效度、区分效度和增益效度之后发现，不同的情绪智力只有很弱的汇聚效度（Brackett & Mayer, 2003; Livingstone & Day, 2005）。这表明对于情绪智力实际到底是什么，情绪智力应当如何被测量，这些方面人们并没有足够的一致意见。因此，尽管有了上述进步，在情绪智力能够被完全整合到心理资本之前，我们仍然面临挑战，需要找到更全面的理论模型，更多的实证研究，以及更可靠的测量工具。

至于心理资本的自主性角度，至少基于能力的情绪智力模型在某种程度上认为情绪智力是自主性的、有意图的（比如情绪调整）（George, 2000）。在另一方面，近来，Ybarra 等人（2012）挑战了情绪智力受个体控制的观点，因为这一观点假定情绪是易于识别的或是"可读的"。这一观点还假定情绪识别和控制是一个精细过程，但事实并不总是如此。人们发现，在很多情形中，情绪过程是凭借直觉的，这使得这些情绪过程更符合"纯状态"，而不是心理资本相对稳定、可控的"状态类"本质。最后，情绪智力与心理资本的积极评价机制不相符合。虽然情绪智力来自知觉和评价过程，但情绪智力所强调的是知觉、理解和利用个体的情绪来弄明白事物的精准性，而不是积极性。

我们请那些感兴趣推进情绪智力科研的人去关注 Mayer、Salovey 和 Caruso（2008）的综述和评论，也可以看看 Joseph 和 Newman（2010）的整合性理论框架和元分析。这两篇文献都强调了情绪智力混合模型的弱点，指出这就是情绪智力研究缺乏严格性的基本原因；它们还建议研究者们专注于以能力为基础的模型。这类工作推进了把情绪智力纳入心理资本的进程，一旦情绪智力得到了更好的定义、测量和验证。

精神性作为潜在的心理资本

在美国，教会和政府之间相分离的传统，以及其他文化价值观例如宗教选择的自由，已经导致哪怕有也是非常少的人会在研究中关注例如精神性或宗教性这类主题，或甚至是去关注在组织行为学和人力资源管理上有关精神性或宗教性的讨论。然而，积极心理学和积极组织学术研究认可精神性的作用（Pargament & Mahoney, 2009; Peterson & Seligman, 2004; Sandelands, 2012），美国管理科学院（the Academy of Management）现在也有一个分支是：管理、精神性和宗教。还有一些专注于此的期刊（比如美国心理学会的《宗教和精神性心理学》）、期刊的一些专刊（比如《领导力季刊》的 2005 年十月刊），以及《工作中的精神性与组织绩效手册》（Giacalone & Jurkiewicz, 2010）。鉴于这些发展，以及我们自身对独特积极心理资源（对进化中的心理资本的将来有潜在影响的）的追寻，我们至少要介绍一些刚启动的讨论，包括应用到工作领域时精神性是什么，以及如何根据心理资本的标准来对精神性进行测量。

相比其他潜在心理资本的积极资源，精神性和宗教性更胜一筹的是，在其概念化和研究中存在相当多的多样性。例如，一些理论和研究者把精神性和宗教性看作是可以相互替换的，或至少在概念上是类似的，并且用同样的测量工具去测量这两个概念。另一方面，有实证研究证据表明精神性和宗教性是不同的概念，虽然两者有一些相关，但是在各自最明显的特征上存在分歧（Zinnbauer et al., 1997）。但是还有一些人担心精神性和宗教性之间的差异已经被过分强调了。把精神性和宗教性对立成两个相对的概念，被批评为是一个不准确的观点（Zinnbauer, Pargament, & Scott, 1999）。

Hill 和其同事们（2000, p. 66）提出了精神性的一个综合定义，即："由追寻神而引发的情感、思维、体验和行为。'追寻'一词指的是想要确认、意会、维持或变换。'神'一词指的是个体所知觉到的神圣的存在，神圣的物体，终极现实或神圣的真理。"接着他们开始描述宗教性的特点，并把宗教性和精神性进行了区分。

为了对宗教性下一个定义，他们在所定义的精神性中额外加入了两个维度。第一个与宗教性有关的维度指的是，成为那些提供追寻神的方式和方法的群体（比如有组织的宗教）一员，认同他们，以及从中得到批准和支持。这种追寻以具体的仪式、练习或行为期望的形式出现。宗教性的第二个区别性特征是，在追寻的过程中，其他非神的目标也可能被追寻。非神的目标有这样一些例子：归属、身份以及满足外在动机的其他东西。也就是说，宗教性包括精神性，正如成员和顺应同时包含了内在神圣的和外在非神的因素（Hill et al., 2000）。

到工作中更具体，Ashmos 和 Duchon（2000）把工作中的精神性定义为认可，即（1）员工有一种内在（精神的）生活，（2）这种内在生活被有意义的工作所滋养，也滋养着有意义的工作，而且（3）这个过程在社区背景下发生。他们相信，虽然员工可能会在工作中表达其宗教信仰，但工作中的精神性同时包含了神圣的和世俗的方面。虽然 Milliman 等人（2003）借用 Ashmos 和 Duchon（2000）对工作中精神性的定义和测量，但他们把精神性调整为只包含有意义的工作、社区感、与组织价值观相一致这样一些世俗的方面，并没有提到任何神圣的方面。Sandelands（2012）走了另一个极端，主张只有超自然的精神性（那些基于神圣的、超能力观点的成分）可以带来真正的人道主义，足以构建积极的商业范式。

我们的目的是想寻求可能的心理资本，所以我们把上述这些观点都加以整合，认为精神性既包含对神的追寻，也包含一种社区感、意义和意会、召唤，以及内在和外在动机。这些维度看起来与精神性可能作为心理资本所起的作用最为相关。那些拥有精神性心理资本的人可能会把他们的工作看作是一种召唤，而不是仅仅是传统的交换性雇佣合同（Wrzesniewski, 2012）。他们可能仍然是外在动机的，但对他们更重要的是，他们的内在动机是符合或者超过预期的。换种说法，那些具有精神性心理资本的人，可能展现出超出职责所要求的组织公民行为，甚至在他们并没有被组织的外在奖赏系统所直接认可时（关于这种组织公民身份的讨论见 Organ, 1988）。

精神性与心理资本相关的看法，也与 Bass（1985）关于转换型领导的效能高于交易型领导的说法相类似。具体地，转换型领导通过对更高、更有意义和更有价值的事业的认同来与下属相连接，而非通过一种简单的交易性交换关系。也就是说，具备精神性心理资本的领导可能可以提高下属对将要完成的工作的认同水平，然后是动机和承诺。

精神性符合心理资本标准吗

最近精神性在组织行为学和领导学领域中多有被涉及。例如，构成 Fry（2003, 2005; Fry & Nisiewicz, 2013）的精神性领导力模型的就包括在被授权团队中的成员身份，在这样的团队中人们可能被理解和赞赏。此外，召唤感赋予了精神性领导力以意义和价值，使得领导和下属受到内在激励去通过道德的、富有社会责任的价值观、态度和行为来做出改变。

近来，专注于精神性的组织行为学和领导学学者们也在将精神性与工作相关的结果做出联系。事实上，Dent、Higgins 和 Wharff（2005）回顾了 87 篇有关精神性的学术文章，他们发现大多数研究假设精神性和组织绩效有关。类似地，Reave（2005）基于她对领导力文献的定性分析，报告说精神性中与正直、诚实和谦逊有关的方面也已经在很多场合被发现与领导的成功有关。

Duchon 和 Plowman（2005）报告，在医院，工作部门的精神性与部门绩效（比如病人的满意度）存在正相关。他们推测，通过在与下属的精神性存在关联的工作中提供意义感，下属好好表现的动机就会比单纯为绩效付酬的交易方式要高——也就是说，下属在工作上有更高的内在动机（Duchon & Plowman, 2005）。类似地，领导力的很多理论包含信念和信仰等构念，这些是被应用到工作中的精神性模型的一部分。Milliman 和同事们（2003）也发现工作中的精神性与五大工作态度显著相关：组织承诺、离职意向、内在工作满意度、工作投入和基于组织的自尊。

在工作结果变量之外，精神性的贡献中最受支持的是，与有效应对艰难时刻相关（Pargament, 1997）。其他与精神性相关联的积极结果变量包括：改善关系、亲社会行为（组织公民行为）、身心幸福感，同时也避免反社会行为，如药物滥用和侵犯（见 Mattis 在 2004 年发表的一个全面回顾）。元分析结果也支持精神性和生活质量之间的正相关关系（Sawatzky, Ratner, & Chiu, 2005）。在心理治疗中，接受宗教和精神疗法的病人比接受其他世俗疗法的病人表现出更多进步（Worthington, Hook, Davis, & McDaniel, 2011）。

另一方面也应当注意,精神性的维度可能容易带来顺从和指向非神目标的外在动机(Hill et al., 2000)。这支持对有组织的宗教的负面反应。另外,顺从已和不良团队动力,如群体思维(Janis, 1982)和刻板(Barker, 1993)相联系,而有争论认为外在动机可能是减少内在动机的一个因素(Wiersma, 1992)。换句话说,精神性已经被发现与好结果坏结果都有关联。例如,如果精神性包括指向非神目标的外在动机,那么这会带来一些负面反应,如伪善。为了抵消这些负面性,并支持其与积极心理资本的关联性,精神性学者如积极心理学家 Kenneth Pargament(2002)指出,需要理解和澄清所感知到和所追寻的"神"的本质,追寻过程本身以及背后的动机(也就是外在还是内在)。

积极心理学认为总体上的精神性,特别是宗教性,是基于一些通过遗传和社会化而获得的持久特质(Mattis, 2004)。然而也需要认识到,纵向和终身研究的缺乏妨碍我们得到任何结论性的发现。最近的实证研究发现也支持了精神性的状态类本质(Davis, Worthington, Hook, & Hill, 2013),这与心理资本更为一致。

Fry(2005)提出了精神性领导发展过程的多水平模型。特别地,他主张精神性可以通过组织水平的愿景、策略、系统和目标,通过团队水平的授权、沟通和权力分享,以及通过个体水平的价值观如信任、宽恕、正直、诚实、勇气和卓越来加以提升。此外,有关神圣(Mahoney et al., 2005)和亵渎(Pargament, Magyar, Benore, & Mahoney, 2005)的感知,以及精神性皈依(Mahoney & Pargament, 2004)、净化和重构(Pargament & Mahoney, 2009)方面的研究支持了精神性和宗教性可以是可发展的状态。当个体遇到生命中代表着十字路口的挑战时刻时,重要的感知、归因和对生活的态度,以及个体对其精神自我的看法(Avolio & Luthans, 2006),都可能被改变。这些时刻可能提升或削弱精神性和宗教性的维度。

根据精神性和宗教性既是秉性特质也是发展性的状态,Tsang 和

McCullough（2003）提出一种分层模型来构造和测量这些概念。在控制了任何可能的个体差异之后，他们使用了多种测量工具来评估操作水平的、实践的和每日的精神性。单一条目的自陈式宗教性测量（比如，你多久做一次祷告、冥想或参加宗教仪式）在测量精神性特质时可能有效。然而，把精神性作为一种状态来评估其多方面的维度时需要更精细和多样的测量和方法，就如同在组织文献中最初出现的那些状态变量一样（Ashmos & Duchon, 2000; Fry, Vitucci, & Cedello., 2005）。

虽然精神性有许多现有的测量工具，但都被发现有局限性。例如，Tsang 和 McCullough（2003）建议研究者们应当停止开发新的精神性和宗教性测量工具，直到目前的量表得到修订和整合，使之能反映至少四个成分：特质、动机（内在或神圣的相对于外在或非神的）、应对风格（过程）以及实践（如冥想）。类似地，Fry 和同事们（2005）的精神性领导，以及 Ashmos 和 Duchon（2000）工作中的精神性测量混淆了行为和归因条目，同一量表中的分析层次也被混淆。这留下了质疑：这些问卷工具到底测量了什么。

最后，心理资本的自主性和积极评价机制的应用在很大程度上依赖于个体精神性的形式。当精神性引起一种在不可控的情形中的控制感，在采用缺乏宽度和深度的"小神""错误的神"或者精神性方法时也存在着问题。例如，过分依赖外在或超自然的力量可能导致宿命论和责任的放弃。类似地，当个体相信仁慈的、有爱的和宽大的上帝时，精神性能够产生一种积极的观点以及对于过去、现在和将来的良好评价。另一方面，对上帝的排他性的积极看法可能很难和疼痛与苦难的事实相调和，这可能导致怨恨和玩世不恭。在相反的极端，有关上帝的过于粗糙或惩罚性的信念可能导致痛苦（Pargament & Mahoney., 2009）。因此，为了使精神性在应用于工作中时有一种健康、有效的形式，需要用一种平衡的视角。

真实性作为潜在的心理资本

从文明起源以来,真实性就一直被哲学家、政治家、神学家关注,近来则是积极心理学家关心的话题(Harter, 2002; Seligman, 2002)。在文献中自我真实的存在就是真诚、真实行为的根本。真实性被看成一种终极价值,而且对许多其他所期待的结果比如道德、和平、快乐和满足,也是有帮助的。在近期一波公司道德丑闻和裁员的破坏性后果中,无论是员工还是社会总体都已经在质疑组织领导的道德水平,对其失去信任,而组织行为和领导力研究者和实践者们也已经增强了对真实性的兴趣,因为真实性可以运用到领导力和人力资源开发等方面(Avolio & Luthans, 2006; Avolio, Gardner, Walumbwa, Luthans, & May, 2004; Cashman, 1998; Gardner, Avolio, Luthans, May, & Walumbwa, 2005; George, 2003)。

Sartre(1966)把真实性定义为:不进行自我欺骗,或者作为个体能真实地对待自己是谁的问题。Brumbaugh(1971)把真实的个体定义为:个体展现出进行艰难选择的能力,并且能够为所犯的错误负责。真实的个体能认识到自身的缺陷,同时也不断地努力去发挥自己全部的潜能。Kernis(2003)把真实性定义为"个体的真实或核心自我在每日的事业中得到畅通无阻的运作"(p. 1)。

在积极心理学中,Harter(2002)把真实性定义为"拥有自己的个人经历,有思想、情绪、需求、愿望、偏好或信念……根据真实自我来采取相应行动,用与内在想法和感受相一致的方式来表达自己"(p. 232)。其他人也用个体所有权、接受、责任以及其在公众或私下对有关内在状态、承诺、感受、意图和行为的精准陈述来定义真实性(Sheldon, Davidson, & Pollard, 2004)。

Luthans 和 Avolio(2003)在 Harter 解释什么构成了真实领导力的这一定义基础上拓展了有关真实个体的讨论,他们声明这是"同时来自积极心理能力和高度发达的组织背景的一个过程,它为领导和相关人员带来更多的自我意识和自我规范的积极行为，促进了积极的自我发展"（p. 243）。根据这一定义，Luthans 和 Avolio（2003）清楚地走出了个体这一范畴，因为领导包括植根于一些情境中的他人和关系，而这些作者认为这对于把真实领导力定义为一个过程是非常重要的。

在 Avolio 和同事所称的真实领导力开发方面，已经发表了大量的概念性研究工作（例如，《领导力季刊》2005 年六月的专刊）。Avolio 和 Luthans（2006）把真实领导力开发（authentic leardership development, ALD）定义为"依赖领导的生命历程、心理资本、道德观点和高度发达的支持性组织氛围，来产生更多的自我意识和自我规范的积极行为过程，该过程又继而促进持续的积极自我发展，带来真正的可持续绩效"（p. 2）。目前正在开展有关 ALD 的不同阶段的研究，从进一步探讨《真实领导力问卷》（Authentic Leardership Questionnaire, ALQ）的构念效度（这可以在 Mind Garden 的官网上查看），或者聚焦在通过帮助人们理解是什么构成了真的或真实的领导及其发展来进行领导力开发（Avolio, 2010; Gardner, Cogliser, Davis, & Dickens, 2011）。

提及真实领导，纳拉亚纳·默西（Narayana Murthy）可能是真实领导力的原型。然而，许多美国人也许还没有听过他的名字。但如果你想到"把 IT 外包给印度"，默西是这个方面的领导先驱，他开办了一家叫印孚瑟斯（Infosys）的公司。在他在印孚瑟斯漫长的职业生涯中，有许多这类标志性领导行为和决策的例子，都属于真实领导力。例如，他和六位联合创始人拒绝收受贿赂以获得运营所需要的技术，那在当时的印度并不是标准的商业实操（Barney, 2010）。他们等了一年多才接到想要的电话，后来因为默西不愿意贿赂，有台电脑也被海关截住不放行。默西在创始阶段因为不愿意在伦理和道德标准上妥协，几乎破产。

默西在接受本书一位作者的访谈时谈到，他想要创立一家高伦理的公司，使之成为其他印度公司和公司领导所追求和模仿的楷模。他的很多慕名者，包括比尔·盖茨和沃伦·巴菲特都说默西先生在他所创立的印孚瑟斯中实现了真实领导力。

虽然心理资本已经被描述为真实领导力的一种重要前因和结果变量（Avolio & Luthans, 2006; Luthans & Avolio, 2003; Luthans, Norman, & Hughes, 2006），而且有人考察了心理资本在真实领导力和绩效之间的调节作用（Wang, Sui, Luthans, Wang, & Wu, 2014），真实性作为一种可能的心理资本，不局限于仅仅在领导力方面所扮演的角色。例如，有关自我决定的研究表明，当领导促进自主性、提供非控制性的积极反馈、认可他人观点，这将传递到他们的下属，使之也表现出真实性（Sheldon et al., 2004）。培养真实的下属能够影响其对于工作团队和整个组织的情感感知和满意度。这种真实性可能通过增加信任、管理质量和组织环境、好的感受和对工作的满意度得到表达（Deci, Connell, & Ryan, 1989）。研究已经发现真实性与自尊、积极情感和希望有关（Harter, 2002），而且会影响持续努力和实现目标的向上螺旋（Sheldon et al., 2004）。

除了诸如自我决定理论（Deci et al., 1989）所提供的有关真实性的认知视角之外，也已经有研究致力于考察情感性的非真实性在商业伦理情境和特定领域（比如情绪劳动方面）中的负面结果（Hochschild, 1979, 1983; Martin, Knopoff, & Beckman, 1998; Morris & Feldman, 1996; Sutton, 1991）。在团队或组织层面上，真实性也可能增强信任，继而能够增强沟通、创造力、创新和主动性，并且最终增加员工绩效、承诺和员工保有率（Colquitt & Salam, 2009）。换句话说，研究已经表明真实性于积极心理功能和所期待的绩效以及态度性的工作结果有关。同样，非真实性也已经与一些负面结果建立了联系，比如不道德的行为和来自情绪劳动的压力。也就是说，真实性可能已经与心理资本的其他构念之间有了汇聚和区分效度。

回顾真实领导力方面的进步

近期有关把真实性应用于领导领域的研究工作，是建立在过去三十年其他形式的积极领导力研究的基础上，比如转换型领导力（Avolio, 2011; Avolio & Walumbwa, 2014; Gardner et al., 2011）。这方面研究工作的动机是很多领导似乎在表现上有转换型特点，也就是他们在领导时出现这样一些领导行为：鼓舞、智力上激励、表现出对他人需求的关心、为他人设立渴望追求的理想。然而在谢幕之后，这些领导被暴露出来，看起来他们实际上是假的转换型领导，非常熟练于假装转换型领导的样子。这一担心是早在1988年讨论充满魅力的转换型领导是否也是真实的这一问题时就被提及过（Avolio & Gibbons, 1988）。

基于在十年前，转换型领导力是否是真实的就被Bass和Steidlmeier（1999）在一篇文章中提及，他们有意把真实的转换型领导表述为"真实的"，这与那些被称为"假转换型"的领导相对。假转换型领导的行为像转换型领导一样，但却缺失伦理和道德基础。根据发起当今转换型领导力研究的Burns（1978）所述，转换型领导力的定义就包括道德提升，如果缺失了道德，就不能被认为是转换型的。

把真实性引入领导力文献的其他动机来自几个方面。哈佛大学肯尼迪学院在过去十年所做的有关美国领导的几次民意测试已经表明，美国公民对其领导的信任在下降。例如，在2007年，那些被调查的公民中77%的人表达了对美国领导的信任危机（Rosenthal, Pittinsky, Purvin, & Montoya, 2007）。一些最低的信任和信心评估是关于商业领导和政府领导的。

然后，在戈沙尔（Ghoshal）早逝之前，他于2005年总结了商业教育的状态，他指出"通过传播超道德理论，商学院已经主动放任学生，使他们毫无道德责任感"（p. 76）。这种对于商学院如何开发领导的定罪观点，受到一批哈佛工商管理学硕士的老师和学生的推崇，他们决定在毕业后誓做有道德的管理者。

同时，在大众的领导力文献中，美敦力公司（Medtronic）的CEO比尔·乔治（George, 2003; George & Sims, 2007）呼吁更多真正的领导，他称之为"真实的",并用了非常类似的方法定义了真实领导力理论中所包含的四个构念。自从乔治从美敦力退休以来,他成为哈佛大学商学院的一员,开设了课程并最终开发了一个项目以提升和开发哈佛商学院学生的真实领导力,这些人当然也是将来的领导。

在有关真实性的文献中,加德纳等(Gardner et al., 2011)提及 Henderson 和 Hoy(1983)的工作是"当今时代"致力于领导的真实性研究的起点,其中提到领导真实性的三个成分,包括(1)个体接纳对自己的决定、行动、错误和绩效所负的责任;(2)不操纵他人;以及(3)有信心或有效能去坚持了解什么是对的,并且做对的事。

Henderson 和 Hoy(1983)的工作和后来 Kernis 和 Goldman(2006)的工作有重复,但它们都没有包含目前组成真实领导力理论的所有四个成分,并没有涉及如何进行测量(Walumbwa, Avolio, Gardner, Wernsing, & Peterson, 2008;以及第 10 章也有针对真实领导力理论的额外讨论)。最近一些工作已经超出了一些作者(如 Henderson、Hoy 以及其他作者)在"传统上"对于理解真实性的核心——"自我"或"自我概念或认同"——的强调,而是要根据与之相关的积极构念对真实性领导进行更宽泛的评估,并且对涉及真实领导力的四大成分中每一种如何让人认为这样的领导就是真实的领导有一个更深的理解。

真实性符合心理资本的标准吗

测量真实性有很多工具。然而由于这一构念的本质,"假装好(faking good,也就是社会赞许效应)"对效度有潜在威胁,特别是目前这些自陈式工具。因此,多源投入在测量真实性时变得极为必要。例如,Henderson 和 Hoy(1983)的测量是一种基于观察的工具,要求下属评估其领导的真实性。正如前面所指出的,Avolio 和其同事已经开发和验证了一个最受认可的真实领导力测量工具,包括自我意识、关系透明、内化的道德观点以及平衡加工

（Gardner et al., 2011; Walumbwa et al., 2008；Wang et al., 2014）。

与其他可能的心理资本构念一样，在把真实性进行概念化和测量，以及与可能的结果变量相联系的过程中，也许会存在一些困难。例如，在追求极端的真实性和诚实的过程中，一些人在阐述事实时可能缺乏社会技巧来展现共情。这可能会给其他人带来伤害，使人气馁、充满愤恨或者歪曲认识这个真实的人的投入和反馈。而且，当人们在扮演多个，有时还是相互冲突的角色时，他们可能在各种情境中接受几个相互排斥的自我，这会导致与真实自我的偏离（Harter, 2002）。

真实性的每一个缺陷都内在假定人们拥有唯一一个稳定的真实自我。我们相信事实并非如此。我们的立场是，人们拥有多个自我，一些实际的，一些可能的，正如在认知心理学和领导力文献中所记录的一样（Avolio & Luthans, 2006; Lord & Brown, 2004）。为了提升真实性，人们不仅仅需要"发现"隐藏在某处的真实、实际自我。他们还需要运用自我意识、自我调整和自我发展的能量，实际地理解真实自我的优势和局限性。然后，他们需要去探索和尝试平衡真实自我和可能自我，这样才能够实现全部的潜能（Avolio & Luthans, 2006; Gardner et al., 2005; Luthans & Avolio, 2003）。

当个体逐渐朝着一个所期待的、有挑战但又是可获得的可能自我（或者一系列的可能自我）努力时，真实自我就会适应、成长和发展。于是，经过一段实践，可能自我就实现在个体的真实自我里。真实性就已得到了发展（Avolio, 2010; Avolio & Luthans, 2006）。

有能力开发真实性这一观点，尤其与今天充满挑战的工作环境有关。与我们有关开发其他心理资本能力的讨论类似，我们指出了一种发展的观点，这使得组织成员能够从内在获取对于真实的可能自我的控制，也能够更为真实地按照真实的可能自我来行事，而不是对由社会化或文化壁垒强加给自己的次优的真实自我感到满足和满意（Avolio & Luthans, 2006）。

同样重要的是，注意到他人在真实性发展过程中所起到的重要作用。父母、配偶、朋友、领导、导师、同事和同伴（也就是重要他人）都能对个体的真实性起助益或阻碍作用。加强自我表达、支持自主性和创造力、接受自己和他人的优点和局限性、容忍异己、有创意的思维，这些都有助于形成一个能够提升真实性的环境，其路径是通过个体对实际、真实自我的内在理解和外在表达（Harter, 2002）。但是，他人也能够对显现和塑造个体的可能自我的过程有益，具体是通过挑战反目的或自满的自我观点，将自己推到舒适地带之外，以及模仿具有相似的适应性生活经验的角色榜样行为，来引导真实性发展的过程（Avolio & Luthans, 2006）。

总而言之，真实性发展是一个动态过程。它涉及在多种社会情形和多样化的人际关系中去发现、探索和检验多个自我。真实性可能会带来各种不同的能力（领导、下属、同事、配偶、朋友、父母等），所有都像催化剂一样会带来变化和有效的结果。

真实性可能满足心理资本的自主性标准，因为真实的领导必须证明他们能够停止评判（进行平衡加工的一个成分），并借此保持可能有冲突的相反观点，直到他们达到一个公正的决策或结论。当存在竞争的兴趣点时，这类加工时常会发生，往往需要真实领导具有更大的能动性来做出通常是困难的抉择或决策。

真实的领导也展示透明度，哪怕这会把他们置于一个脆弱的境地。我们期望这种透明度的展示，与真实领导能够被下属认为有更高水平的行为正直性有关，这些领导被描述为在分享相关信息方面具有长久的一致性，即使这么做可能会危害他们的地位。这可能使得他们的下属具有更大的自主性以在相互之间、在与领导之间保持透明度，因为他们可能感到这么做更为安全（Lapidot, Kark, & Shamir, 2007）。

类似地，我们会预期真实领导力的道德伦理成分也是同样一回事。在一件纷争的事情上，能够保持伦理或道德的立场，需要领导在这方面有很高的自主性。那些被视作具有真实性的领导展现出更为道德的观点，并且努力营造能够反映这些道德观点的氛围和文化（Hannah, Lester, & Vogelgesang, 2005）。那些传递真实性行为的领导会向下属传递一个信息：他们会坚持和践行他们的道德价值观。在坚持更高水平的道德和伦理行为方面，当一个真实的领导弄清楚下属所期待的是什么时，就会发生这样的传递（Hannah, Avolio, & Walumbwa, 2011）。

至于积极评价，真实领导力的一个核心成分涉及做一个自我意识的领导。对于他人如何看待他们的领导，真实的领导展示出高水平的觉知。而且，他们理解什么是自己能做的和什么是不能做的这样的界限，给下属提供了展示自身优势和能力的空间。通过这样的理解，真实的领导对于如何进行领导更感顺心，而且作为这种觉知的结果，人们会期待真实的领导能够表现出高水平的幸福感和积极性（Ilies, Morgeson, & Nahrgang, 2005）。因为舒适地"拥有着"自己的个人体验，包括想法、情绪和期望（Harter, 2002），人们会预期他们对自己有更为积极的评估。

正如表8.1所示，虽然到此为止真实性大多与领导有关联，但是真实性会有相当大的可能性满足心理资本的标准，进而为心理资本的发展和影响做贡献。

勇气作为潜在的心理资本

勇气在积极心理学中得到越来越多的关注（Pury & Lopez, 2009, 2010）。Peterson和Seligman（2004）把勇气定义为"在面对外在或内在的反对时，通过践行意志力来实现目标相关的情绪力量"（p. 29）。与广泛接受的观点相反，勇气不应当等同于大无畏。事实上，Evans和White（1981）从害怕及感知到的和客观的风险水平来定义勇气。因此，勇气涉及害怕，也涉及对于某个特定情境有关的风险和脆弱水平的一个不偏不倚的评估。

虽然感知到的或实际的风险通常被认为是表现勇气的一个先决条件，但谨慎地评估潜在风险和得到不想要结果的可能性，也是勇气的一个构成成分（Worline & Steen, 2004）。勇气也不仅仅是一种在风险极高的非凡时刻表现自己的美德。勇气在平凡和非凡的时刻都可以得到展示（Lopez, O'Byrne, & Peterson, 2003）。勇气行为的目标也应当是有目的、有意义、有用的，而不是不负责任（Woodward, 2004）、习惯性或者给他人带来损害的（Rorty, 1988）。Pury、Kowalski 和 Spearman（2007）也辨别了一般勇气和个人勇气，并且提出勇气能够在不同的人和不同的情境中表现出不同的意义。

勇气符合心理资本的标准吗

至今，勇气在工作中很少有应用，而这些应用大多是关于勇气在工作中的本质及表现的各色定性研究（Worline, 2012）。例如，Koerner（2014）最近确立了勇气的三个维度：（1）道德上有价值的目标；（2）一种风险、威胁或障碍；以及（3）意图性的行动。人们将勇气视为一种手段，用于减少来自自我和社会身份不一致的紧张，具体有四大不同的情境维度：持久性、反应性、反对性和创造性，虽然对于勇气行动而言，反对性是最普遍认可的前因变量。此外，勇气行动能协调身份认同上的紧张，带来一种正直、骄傲、快乐、释放和信心感。另一方面，不作为则会阻碍身份认同的调和，带来羞愧、遗憾和挫败。

Worline（2010）分析了高科技组织中超过 650 例勇气的例子，也把勇气描述为同样的个体 - 集体张力，认为勇气是一种针对集体福祉的威胁的保护性反应。类似地，Quinn 和 Worline（2008）用 2011 年 9 月 11 日遭劫持后坠毁在地面的美联航 93 号班机上乘客之间的交流，来表明有勇气的集体行动是如何从个人故事中浮现出来的。他们也提供了勇气在通常更为普遍的社会运动和组织中的一种应用。

尽管有着直觉和情绪的诉求，勇气在工作中可能不总是受欢迎的。组织文化中可能存在各种限制会阻碍勇气行为或者给有勇气的人以不良回报，比如规则破坏者、制造麻烦者或者破坏规范者。例如，Worline 和 Quinn（2003）表明，组织形式（市场、官僚、集团或者无政府状态）可能会启用一些价值观或行为，而限制其他。当个体利用他们的认知、情感和社会资源去挑战现状以支持受局限但却可能是组织最值得探求的价值观时，就出现了有勇气的、有原则的行动。例如，在市场经济中，组织最主要的价值观强调了雄心、竞争、效率和主动性。为了提升在这些组织中不受重视的价值观，比如忠诚、信任、诚实、正直、团队合作和社会责任感，勇气可能变得很必要（Worline & Quinn, 2003）。另一方面，官僚性会重视责任、纪律、服从和可预期性。然而，这些价值观在混乱和变革时期可能并不能很好地为组织服务。在这样一种组织氛围中，创新者和变革者就需要勇气来有效地与人沟通他们的想法和观点（Worline & Quinn, 2003）。

关于勇气行为，当今组织中最频繁引用的一个例子是揭发。虽然有争议，但多数人会同意，揭发是为了组织的最佳利益，至少从长期来看是如此。揭发能够保护组织的名声，节省相当多的财政资源，否则可能会被浪费在诉讼费和被损害的名誉或公共关系的衍生后果上。然而，揭发冒了很大的风险，因为他们可能挑战了所在组织中已确立的规则和条款，同时至少在短期的利益和竞争性上也受到了负面影响。从个人角度来看，揭发相关的风险可能包括：失去工作、报复、失去信任或者受到指责。为了感到胜任和有价值，揭发者可能会从公正、更大的益处以及个人和心理上的可能获益等方面来评估他们的风险行为（Miceli & Near, 2005）。

与这些定义和相关例子相一致，虽然勇气被看作是积极心理学中的一种美德（Peterson & Seligman, 2004），而且因此是一种非常受期待的终极价值，但至少在组织领域中，勇气可能仍然同时有着积极和消极结果。有勇气的组织员工可能收获物质、身体、社会和心理上的益处，但与勇气行为相关联的潜在风险也可能带来相类似的损失。例如，一个有勇气的想法挑战了现状，可能被表扬和赞同，或者可能被拒绝。有关同事的错误，有勇气地说出真话（揭发）可能能帮助组织节省实质的经济资源，并且加强了组织的道德价值观和文化，但也可能削弱了工作团队中的人际信任，或者减少了将来进行开放式沟通的倾向性。勇气对于组织克服害怕、采取进一步行动而言是必要的，但也可能导致不切实际的预期和冒太多的风险（Naughton & Cornwall, 2006）。

在一个有关工作绩效意义的研究中，Worline（2003）报告了从工作环境中用定性法采集的勇气的故事。她发现这些故事中出现了四种一致的要素。勇气的维度包括：个性化、胁迫、卷入和建设性反对。缺失这些要素，个体在编码故事时就不会将其视为是勇气的表现。个性化是基于把行动者看作是自己思考的，有反思的，而且在日常预期之外采取行动的（也就是脱离他人）。胁迫代表的是对外力的易感性。卷入指的是有一种组织整体感，并且能够意识到共同的方向。最后，建设性反对是一种感受到的对某人所在社会团队的反对，这会触发这个人采取个体化的行动来对抗所泄露内容的传播，以减少胁迫。总的来说，如在工作中的勇气故事所述的，个性化、胁迫和卷入都会帮助个体进行建设性反对。因此，建设性反对被看作是勇气的其他三个组成因素的结果。虽然是在工作中开展的，这个研究并没有直接测试绩效影响。

关于测量，至今已经有各种各样的方法用来测量勇气。现有的测量方法包括监测与勇气有关的生理反应、定性技术（如结构化和非结构化访谈）、内容分析和观察。也存在充分的自陈式问卷测量工具，比如 Woodward 和 Pury（2007）的《WP 勇气量表–23》（Woodward and Pury's Courage Scale-23, WPCS-23）、Norton 和 Weiss（2009）的《勇气测量》（Courage Measure, CM）以及 Sekerka、Bagozzi 和 Charnigo（2009）的《专业道德勇气》（Professional Moral Courage, PMC）问卷。Kilmann、O'Hara 和 Strauss（2010）也已经开发和校验了一个定量的《组织勇气评估》（Organizational Courage Assessment, OCA）（也可见 Lopez 等人在 2003 发表的一个关于勇气测量的全面综述）。总体上，各种测量工具和方法的使用已经增强了对于勇气的理解和测量。而且，如更早所总结的，有关勇气的定义似乎在文献中出现了很高的一致性。这种总体上的一致性能够促进关于勇气的概念和实证研究进展。

传统上，勇气已经被描绘成一种秉性。例如，Shelp（1984）把勇气定义为"一种自愿行动的秉性，在一个风险得到合理评估的危险情况中，个体知道期待的好处可能无法被意识到，虽然可能害怕但仍努力去获取或坚持一些对自己或他人有益的东西"（p. 354）。也有一些有关特质性勇气的推论是因为勇气与一些稳定特质有关，比如负性情感、主动性人格（Miceli & Near，2005）。

然而，人们也已提出一些不同的方法来开发和促进勇气行为。例如，Worline（2003）把勇气描述为并非是一种秉性，而是社会生活中会出现的一种财富，或者用我们的术语来说，是更为状态类的。勇气被 Worline 看作是社会生活的一部分，由有关的契机所引发。因此，勇气的出现依赖于个体和个体所在社会生活和契机的关系。

Worline（2003, p. 99）对勇气的具体定义是，一种"社会生活的形式，其中以个性化来体现建设性反对，从而来补救社会生活中的胁迫"。换句话说，无论在组织工作里还是在工作外，勇气能够改变在其他人看来可能是个体社会生活一部分的东西。大多数有关勇气的积极心理学概念都支持这一突发的、基于情形的本质（Worline, 2012）。Pury 和 Lopez（2009）广泛回顾了勇气与许多心理状态和过程的联系，使勇气与心理资本的状态类标准有了关联。

类似于自我效能（见第3章），勇气能够通过以下方式得以提升：成功的熟练经验和练习、相关他人的勇敢行动的榜样作用、社会劝说、他人的"鼓励"，以及身心的唤醒与健康。加强团队凝聚力和共同的责任感也可能营造出一种能够带来勇气行为的文化（Worline & Steen，2004）。

已经有研究发现，具体的开发态度和应对机制也对勇气的开发有影响（Haase，1987）。例如，如同前面所讨论的，能够通过主动接通和开放内部汇报通道、澄清组织对于不道德行为的立场，以及确立对揭发者的保护措施等方式来鼓励揭发行为。当发生揭发行为时，组织可以采取的应对有：对所报告的违反行为进行高质量调查，立即纠正错误行为，就组织对类似过错的不容忍性进行沟通（在一个尽量保护隐私的范围内），以及对于处理相应情况的积极行动进行强化（Miceli & Near，2005）。通过加强自我效能来提升勇气会带来不顾风险的主动的勇气行动，但减少伴随勇气行动而来的风险因素同时可能会减少对勇气的需要。如同通常所定义的，风险的出现似乎是勇气的一种必要的前因变量。

最后，是关于心理资本的自主性和积极评价机制方面，特别是，当勇气被描述为一种突发的、情境性的状态类积极资源时，它是具有自主性的、有意图的，且受行动者控制。Shelp（1984）强调了勇气的意志性本质。Worline、Wrzesniewski 和 Rafaeli（2002）也强调了勇气的一个维度是选择的自由，并且强调自主性是勇气行为的一个关键成分。Sekerka 和同事（2009）也把自主性作为一个维度，将其纳入了专业的道德勇气的概念化和测量中。积极评价也是前面所讨论的大多数勇气定义中的一个组成要素。如果没有勇气，被害怕和不确定支配，可能就会把风险评估得过高，从而带来不作为。勇气也能提供准确的认知判断，以在无畏和冒过多风险之间进行平衡（Worline et al., 2002）。

虽然前面提到的有关勇气的问题有必要进行更深入的理论探讨和科学研究，而且特别需要更好地理解勇气在提升工作绩效方面的作用，但如本章介绍的其他构念一样，将来把勇气纳入心理资本看起来非常有前景。

有关研究和实践的未来意义和方向

在前一章和本章，我们已经探讨了一些可能被纳入心理资本的积极资源。

它们似乎满足大多数的心理资本入选标准：积极、基于理论和研究、可测量、发展性的以及与工作绩效相关（见表 7.1 和表 8.1）。然而似乎可以很公正地说，这些概念是否完全满足心理资本入选标准，仍然有待于评判。虽然如此，评估所有这些其他的积极资源如何满足已经确立的心理资本入选标准，不仅有益于我们更好地理解和鉴别已经确立的心理资本"HERO"成分，而且丰富了我们对这些其他看似相关的积极心理资源的认识，以及对还需要什么才能使这些概念能够完全纳入心理资本等问题的认识。

正如这两章所指出的，这个综述并不是想为所有可能的心理资本资源提供一个全面的列表，我们目前对于这些可能能力的评估也不是结论性的。我们的目的一直都是简单地介绍一些继续研究和实践的方向，这可能有助于拓展心理资本领域的研究，并保持活力。为了实现这一目的，我们在本书额外介绍的一些研究中展现出现有和可能的心理资本资源，对这些资源的进一步调查，并且用我们的入选标准作为具体的指导（以期一致和严格的评估和应用）来对其他资源进行探索。

参考文献

Ashmos, D. P., & Duchon, D. (2000). Spirituality at work: A conceptualization and measure. *Journal of Management Inquiry, 9,* 134-145.

Ashkanasy, N., & Daus, C. (2005). Rumors of the death of emotional intelligence in organizational behavior are greatly exaggerated. *Journal of Organizational Behavior, 26,* 441-452.

Avolio, B. J. (2011). *Full range leadership development.* Thousand Oaks, CA: Sage.

Avolio, B. J. (2010). Pursuing authentic leadership development. In Nitin Nohria & R. Kurhana (Eds.), *Handbook of leadership theory and practice* (pp. 739-768). Boston, MA: Harvard Business School Publishing.

Avolio, B. J., Gardner, W. L., Walumbwa, F. O., Luthans, F., & May, D. R. (2004). Unlocking the mask: A look at the process by which authentic leaders impact follower attitudes and behaviors. *Leadership Quarterly, 15,* 801-823.

Avolio, B. J., & Gibbons, T. G. (1988). Developing transformational leaders: A life span approach. In J. A. Conger & R. N. Kanungo (Eds.), *Charismatic leadership: The elusive factor in organizational effectiveness* (pp. 276-308). San Francisco, CA: Jossey-Bass.

Avolio, B. J., & Luthans, F. (2006). The high impact leader: Moments matter in accelerating authentic leadership development. New York, NY: McGraw-Hill.

Avolio, B. J., & Walumbwa, F. O. (2014). Authentic leadership theory, research and practice: Steps taken and steps that remain. In D. Day (Ed.), *Oxford handbook of leadership and organizations* (pp. 739-768). Oxford, UK: Oxford University Press.

Barney, M. (2010). *Leadership @ Infosys.* New York, NY: Portfolio Penguin.

Bar-On, R. (1997). BarOn Emotional Quotient Inventory (EQ-i): Technical Manual. Toronto, ON: Multi-Health Systems.

Barker, J. R. (1993). Tightening the iron cage: Concertive control in self-managing teams. *Administrative Science Quarterly, 38,* 408-437.

Bass, B. M. (1985). Leadership and performance beyond expectations. New York, NY: Free Press.

Bass, B. M., & Steidlmeier, P. (1999). Ethics, character, and authentic transformational leadership. *Leadership Quarterly, 10,* 181-218.

Bastian, V. A., Burns, N. R., & Nettelbeck, T. (2005). Emotional intelligence predicts life skills, but not as well as personality and cognitive abilities. *Personality and Individual Differences, 39,* 1135-1145.

Brackett, M. A., & Mayer, J. D. (2003). Convergent, discriminant, and incremental validity of competing measures of emotional intelligence. *Personality and Social Psychology Bulletin, 29,* 1147-1158.

Brumbaugh, R. B. (1971). Authenticity and theories of administrative behavior. *Administrative Science Quarterly, 16,* 108-112.

Burns, J. M. (1978). *Leadership.* New York, NY: Harper & Row.

Cashman, K. (1998). Leadership from the inside out: Becoming a leader for life. Provo, UT: Executive Excellence.

Cherniss, C. (2010). Emotional intelligence: New insights and further clarifications. *Industrial and Organizational Psychology, 3,* 183-191.

Colquitt, J. A., & Salam, S. (2009). Foster trust through ability, benevolence, and integrity. In E. Locke (Ed.), *Handbook of principles of organizational behavior,* (2nd ed., pp. 389-404). Oxford, UK: Blackwell.

Davis, D. E., Worthington, E. L., Hook, J. N., & Hill, P. C. (2013). Research on religion/

spirituality and forgiveness: A meta-analytic review. *Psychology of Religion and Spirituality*, 5, 233-241.

Day, A. L., & Carroll, S. A. (2004). Using an ability-based measure of emotional intelligence to predict individual performance, group performance, and group citizenship behaviours. *Personality and Individual Differences, 36,* 1443-1458.

Deci, E. L., Connell, J. P., & Ryan, R. M. (1989). Self-determination in a work organization. *Journal of Applied Psychology, 74,* 580-590.

Dent, E. B., Higgins, M. E., & Wharff, D. M. (2005). Spirituality and leadership: An empirical review of definitions, distinctions, and embedded assumptions. *Leadership Quarterly, 16,* 625-654.

Duchon, D., & Plowman, D. A. (2005). Nurturing the spirit at work: Impact on work unit peformance. *Leadership Quarterly, 16,* 807-834.

Evans, P. D., & White, D. G. (1981). Towards an empirical definition of courage. *Behavioral Research and Therapy, 19,* 419-424.

Fry, L. W. (2003). Toward a theory of spiritual leadership. *Leadership Quarterly, 14,* 693-727.

Fry, L. W. (2005). Toward a theory of ethical and spiritual well-being, and corporate social responsibility through spiritual leadership. In R. A. Giacalone, C. Jurkiewicz, & C. Dunn (Eds.), *Positive psychology in business ethics and corporate social responsibility* (pp. 47-83). Greenwich, CT: Information Age.

Fry, L. W., & Nisiewicz, M. S. (2013). *Maximizing the triple bottom line through spiritual leadership.* Redwood City, CA: Stanford University Press.

Fry, L. W., Vitucci, S., & Cedillo, M. (2005). Spiritual leadership and army transformation: Theory, measurement, and establishing a baseline. *Leadership Quarterly, 16,* 835-862.

Gardner, H. (1983). Frames of the mind: The theory of multiple intelligences. New York, NY: Basic Books.

Gardner, W. L., Avolio, B. J., Luthans, F., May, D. R., & Walumbwa, F. O. (2005). "Can you see the real me?" A self-based model of authentic leader and follower development. *Leadership Quarterly, 16,* 343-372.

Gardner, W. L., Cogliser, C. C., Davis, K. M., & Dickens, M. P. (2011). Authentic leadership: A review of the literature and research agenda. *Leadership Quarterly, 22,* 1120-1145.

George, J. M. (2000). Emotions and leadership: The role of emotional intelligence. *Human Relations, 53,* 1027-1055.

George, W. (2003). Authentic leadership: Rediscovering the secrets to creating lasting value. San Francisco, CA: Jossey-Bass.

George, W., & Sims, P. (2007). *True north: Discover your authentic leadership.* San Francisco, CA: Jossey-Bass.

Ghoshal, S. (2005). Bad management theories are destroying good management practices. *Academy of Management Learning and Education, 4,* 75-91.

Giacalone, R. A., & Jurkiewicz, C. L. (2010). *Handbook of workplace spirituality and organizational performance.* Armonk, NY: M.E. Sharpe.

Gibbs, N. (1995, October 2). The EQ factor. *Time,* 60-67.

Goleman, D. (1995). *Emotional intelligence.* New York, NY: Bantam Books.

Goleman, D. (1998). *Working with emotional intelligence.* New York, NY: Bantam Books.

Goleman, D., Boyatzis, R., & McKee, A. (2002). *Primal leadership: Realizing the power of emotional intelligence.* Boston, MA: Harvard Business School.

Haase, J. (1987). Components of courage in chronically ill adolescents: A phenomenological study. *Advances in Nursing Science, 9(2),* 64-80.

Hannah, S. T., Avolio, B. J., & Walumbwa, F. O. (2011). Relationships between authentic leadership, moral courage, ethical and prosocial behaviors. *Business Ethics Quarterly, 21,* 555-578.

Hannah, S. T., Lester, P. B., & Vogelgesang, G. R. (2005). Moral leadership: Explicating the moral component of authentic leadership. In W. B. Gardner, B. J. Avolio, & F. O. Walumbwa (Eds.), *Authentic leadership theory and practice: Origins, effects, and development. Monographs in leadership and management* (Vol. 3, pp. 43-82). Oxford, UK: Elsevier/JAI Press.

Harter, S. (2002). Authenticity. In C. R. Snyder & S. Lopez (Eds.), *Handbook of positive psychology* (pp. 382-394). Oxford, UK: Oxford University Press.

Henderson, J., & Hoy, W. (1983). Leader authenticity: The development and test of an operational measure. *Educational and Psychological Research, 3,* 63-75.

Hill, P., Pargament, K., Hood, R., Jr., McCullough, M., Swyers, J., Larson, D., & Zinnbauer, B. (2000). Conceptualizing religion and spirituality: Points of commonality, points of departure. *Journal for the Theory of Social Behaviour, 30,* 51-77.

Hochschild, A. (1979). Emotion work, feeling rules, and social structure. *American Journal of Sociology, 85,* 551-575.

Hochschild, A. (1983). *The managed heart: Commercialization of human feeling.* Berkeley: University of California Press.

Ilies, R., Morgeson, F. P., & Nahrgang, J. D. (2005). Authentic leadership and eudaemonic well-being: Understanding leader-follower outcomes. *Leadership Quarterly, 16,* 373-394.

Janis, I. (1982). *Groupthink* (2nd ed.). Boston, MA: Houghton Mifflin.

Joseph, D. L., & Newman, D. A. (2010). Emotional intelligence: An integrative meta-analysis and cascading model. *Journal of Applied Psychology, 95,* 54-78.

Kelley, R., & Caplan, J. (1993). How Bell Labs creates star performers. *Harvard Business Review, 71(A),* 128-139.

Kernis, M. H. (2003). Toward a conceptualization of optimal self-esteem. *Psychological Inquiry, 14,* 1-26.

Kernis, M. H., & Goldman, B. M. (2006). A multicomponent conceptualization of authenticity: Theory and research. In M. P. Zanna (Ed), *Advances in experimental social psychology* (pp. 284-357). San Diego, CA: Elsevier.

Kilmann, R. H., O'Hara, L. A., & Strauss, J. P. (2010). Developing and validating a quantitative measure of organizational courage. *Journal of Business Psychology, 25,* 15-23.

Koerner, M. M. (2014). Courage as identity work: Accounts of workplace courage. *Academy of Management Journal, 27,* 63-93.

Lapidot, Y., Kark, R., & Shamir, B. (2007). The impact of situational vulnerability on the development and erosion of followers' trust in their leader. *Leadership Quarterly, 18,* 16-34.

Livingstone, H., & Day, A. L. (2005). Comparing the construct and criterionrelated validity of ability-based and mixed-model measures of emotional intelligence. *Educational and Psychological Measurement, 65,* 851-873.

Locke, E. A. (2005). Why emotional intelligence is an invalid concept. *Journal of Organizational Behavior, 26,* 425-431.

Lopez, S., O'Byrne, K., & Peterson, S. (2003). Profiling courage. In S. Lopez & C. R. Snyder (Eds.), *Positive psychological assessment: A handbook of models and measures* (pp. 185-197). Washington, DC: American Psychological Association.

Lord, R. G., & Brown, D. J. (2004). *Leadership processes and follower self identity.* Mahwah, NJ: Erlbaum.

Luthans, F. (2002a). The need for and meaning of positive organizational behavior. *Journal of Organizational Behavior, 23,* 695-706.

Luthans, F. (2002b). Positive organizational behavior: Developing and managing psychological strengths. *Academy of Management Executive, 16,* 57-72.

Luthans, F., & Avolio, B. (2003). Authentic leadership: A positive development approach. In K. S. Cameron, J. E. Dutton, & R. E. Quinn (Eds.), *Positive organizational scholarship* (pp. 241-258). San Francisco, CA: Berrett-Koehler.

Luthans, F., Luthans, K., Hodgetts, R., & Luthans, B. C. (2001). Positive Approach to Leadership (PAL): Implications for today's organizations. *Journal of Leadership Studies, 8(2),* 3-20.

Luthans, F., Luthans, K. W., & Luthans, B. C. (2004). Positive psychological capital: Going beyond human and social capital. *Business Horizons, 47,*45 -50.

Luthans, F., Norman, S. M., & Hughes, L. (2006). Authentic leadership. In R. Burke & C. Cooper (Eds.), *Inspiring leaders* (pp. 84-104). London, UK: Routledge, Taylor & Francis.

Luthans, F., & Youssef, C. M. (2004). Human, social and now positive psychological capital management: Investing in people for competitive advantage. *Organizational Dynamics, 33,*143-160.

Mahoney, A., & Pargament, K. (2004). Sacred changes: Spiritual conversion and transformation. *Journal of Clinical Psychology, 60,*481-492.

Mahoney, A., Pargament, K,, Cole, B,, Jewell, T., Magyar, G., Tarakeshwar, N., Phillips, R. (2005). A higher purpose: The sanctification of strivings in a community sample. *International Journal for the Psychology of Religion, 15,* 239-262.

Martin, J., Knopoff, K., & Beckman, C. (1998). An alternative to bureaucratic impersonality and emotional labor: Bounded emotionality at the Body Shop. *Administrative Science Quarterly, 43,*429-469.

Mattis, J. (2004). Spirituality [religiousness, faith, purpose]. In C. Peterson & M. Seligman (Eds.), *Character strengths and virtues: A handbook and classification* (pp. 599-622). Oxford, UK: Oxford University Press.

Mayer, J., & Salovey, P. (1997). What is emotional intelligence? In P. Salovey & D. Sluyter (Eds.), *Emotional development and emotional intelligence: Educational implications* (pp. 3-34). New York, NY: Basic Books.

Mayer, J., & Salovey, P. (2004). Social intelligence [emotional intelligence, personal intelligence]. In C. Peterson & M. Seligman (Eds.), *Character strengths and virtues: A handbook and classification* (pp. 337-353). Oxford, UK: Oxford University Press.

Mayer, J., Salovey, P., & Caruso, D. (2000). Models of emotional intelligence. In R. Sternberg (Ed.), *Handbook of intelligence* (pp. 396-420). Cambridge, UK: University of Cambridge.

Mayer, J., Salovey, P., & Caruso, D. (2001). *The Mayer-Salovey-Caruso Emotional Intelligence Test (MSCEIT).* Toronto, ON: Multi-Health Systems.

Mayer, J. D., Salovey, P., & Caruso, D. R. (2008). Emotional intelligence: New ability or eclectic mix of traits? *American Psychologist, 63,* 503-517.

Mayer, J. D., Salovey, P., Caruso, D., & Cherkasskiy, L. (2011). What is emotional intelligence and why does it matter? In R. J. Sternberg & J. Kaufman (Eds.), *The handbook of intelligence* (3rd ed., pp. 528-549). New York, NY: Cambridge University Press.

Miceli, M., & Near, J. (2005). Whistle-blowing and positive psychology. In R. A. Giacalone,

C. Jurkiewicz, & C. Dunn (Eds.), *Positive psychology in business ethics and corporate social responsibility* (pp.85-102). Greenwich, CT: Information Age.

Milliman, J., Czaplewski, A. J., & Ferguson, J. (2003). Workplace spirituality and employee work attitudes: An exploratory empirical assessment. *Journal of Orgnaizational Change Management, 16,* 426-447.

Morris, J. A. & Feldman, D. C. (1996). The dimensions, antecedents, and consequences of emotional labor. *Academy of Management Review, 21,* 986-1010.

Naughton, M. J., & Cornwall, J. R. (2006). The virtue of courage in entrepreneurship: Engaging the catholic social tradition and the life-cycle of the business. *Business Ethics Quarterly, 16,* 69-93.

Norton, P. J., & Weiss, B. J. (2009). The role of courage on behavioral approach in a fear-eliciting situation: A proof-of-concept pilot study. *Journal of Anxiety Disorders, 23,* 212-217.

O'Boyle, E. H., Humphrey, R. H., Pollack, J. M., Hawver, T. H., & Story, P. A. (2011). The relation between emotional intelligence and job performance: A meta-analysis. *Journal of Organizational Behavior, 35,* 788-818.

Organ, D. (1988). Organizational citizenship behavior: The good soldier syndrome. Lexington, MA: Lexington.

Pargament, K. (1997). The psychology of religion and coping: Theory, research, and practice. New York, NY: Guilford Press.

Pargament, K. (2002). The bitter and the sweet: An evaluation of the costs and benefits of religiousness. *Psychological Inquiry, 13,* 168-181.

Pargament, K., Magyar, G., Benore, E., & Mahoney, A. (2005). Sacrilege: A study of sacred loss and desecration and their implications for health and well-being in a community sample. *Journal for the Scientific Study of Religion, 44,* 59-78.

Pargament, K., & Mahoney, A. (2009). Spirituality: The search for the sacred. In S. Lopez & C. R. Snyder (Eds.), *Handbook of positive psychology* (2nd ed., pp. 611-619). New York, NY: Oxford University Press.

Peterson, C., & Seligman, M. (2004). *Character strengths and virtues: A handbook and classification.* New York, NY: Oxford University Press.

Pury, C. L. S., Kowalski, R. M., & Spearman, J. (2007). Distinctions between general and personal courage. *Journal of Positive Psychology, 2,* 99-114.

Pury, C. L. S., & Lopez, S. J. (2009). Courage. In S. J. Lopez & C. R. Snyder (Eds.), *Oxford handbook of positive psychology* (2nd ed., pp. 375-382). New York, NY: Oxford University Press.

Pury, C. L. S., & Lopez, S. J. (Eds.) (2010). *The psychology of courage: Modern research on an ancient virtue.* Washington, DC: American Psychological Asssociation.

Quinn, R., & Worline, M. C. (2008). Enabling courageous collective action: Conversations from United Airlines Flight 93. *Organization Science, 19,* 497-516.

Reave, L. (2005). Spiritual values and practices related to leadership effectiveness. *Leadership Quarterly, 16,* 655-688.

Rorty, A. O. (1988). Mind in action: Essays in the philosophy of mind. Boston, MA: Beacon Press.

Rosenthal, S. A., Pittinsky, T. L., Purvin, D. M., & Montoya, R. M. (2007). *National Leadership Index 2007: A national study of confidence in leadership.* Center for Public Leadership, John F. Kennedy School of Government, Harvard University, Cambridge, MA.

Sartre, J. P. (1966). *The age of reason.* New York, NY: Knopf.

Salovey, P., Caruso, D., & Mayer, J. (2004). Emotional intelligence in practice. In P. A. Linley & S. Joseph (Eds.), *Positive psychology in practice* (pp. 447-463). Hoboken, NJ: Wiley.

Salovey, P., & Mayer, J. (1990). Emotional intelligence. *Imagination, Cognition, and Personality, 9,* 185-211.

Salovey, P., Mayer, J., Caruso, D., & Lopes, P. (2003). Measuring emotional intelligence as a set of abilities with the Mayer-Salovey-Caruso Emotional Intelligence Test. In S. Lopez & C. R. Snyder (Eds.), *Positive psychological assessment: A handbook of models and measures* (pp. 251-265). Washington, DC: American Psychological Association.

Salovey, P., Mayer, J., Caruso, D., & Yoo, S. H. (2009). The positive psychology of emotional intelligence. In S. Lopez & C. R. Snyder (Eds.), *Oxford handbook of positive psychology* (2nd ed., pp. 237-248). New York, NY: Oxford University Press.

Sandelands, L. E. (2012). In God we trust: A comparison of spiritualities at work. In K. S. Cameron & G. M. Spreitzer (Eds.), *Oxford handbook of positive organizational scholarship* (pp. 1001-1013). New York, NY: Oxford University Press.

Sawatzky, R., Ratner, P. A., & Chiu, L. (2005). A meta-analysis of the relationship between spirituality and quality of life. *Social Indicators Research, 72,* 153-188.

Seligman, M. E. P. (2002). *Authentic happiness.* New York, NY: Free Press.

Sekerka, L. E., Bagozzi, R. P., & Charnigo, R. (2009) Facing ethical challenges in the workplace: Conceptualizing and measuring professional moral courage. *Journal of Business Ethics, 89,* 565-579.

Sheldon, K., Davidson, L., & Pollard, E. (2004). Integrity [authenticity, honesty]. In C. Peterson & M. Seligman (Eds.), *Character strengths and virtues: A handbook and classification* (pp. 249-271). Oxford, UK: Oxford University Press.

Shelp, E. (1984). Courage: A neglected virtue in the patient-physician relationship. *Social Science and Medicine, 18,* 351-360.

Sutton, R. I. (1991). Maintaining norms about expressed emotions: The case of bill collectors. *Administrative Science Quarterly, 36,* 245-268.

Tsang, J., & McCullough, M. (2003). Measuring religious constructs: A hierarchical approach to construct organization and scale selection. In S. Lopez & C. R. Snyder (Eds.), *Positive psychological assessment: A handbook of models and measures* (pp. 345-360). Washington, DC: American Psychological Association.

Walumbwa, F. O., Avolio, B. J., Gardner, W. L., Wernsing, T. S., & Peterson, S. J. (2008). Authentic leadership: Development and validation of a theory-based measure. *Journal of Management, 34,* 89-126.

Wang, H., Sui, Y., Luthans, F., Wang, D., & Wu, Y. (2014). Impact of authentic leadership on performance: Role of followers' positive psychological capital and rela-tional processes. *Journal of Organizational Behavior, 35,* 5-21.

Wiersma, U. P. (1992). The effects of extrinsic rewards in intrinsic motivation: A meta-analysis. *Journal of Occupational and Organizational Psychology, 65,* 101-114.

Woodward, C. R. (2004). Hardiness and the concept of courage. *Consulting Psychology Journal, 56,* 173-185.

Woodward, C. R., & Pury, C. L. S. (2007). The construct of courage: Categorization and measurement. *Consulting Psychology Journal: Practice and Research, 59,* 135-147.

Worline, M. C. (2003). *Dancing the cliff edge: The place of courage in social life.* Unpublished Ph.D. dissertation, University of Michigan, Ann Arbor.

Worline, M. C. (2010). Understanding the role of courage in social life. In C. Pury & S. Lopez (Eds.), *The psychology of courage: Modern research on an ancient virtue* (pp. 209-226). Washington, DC: American Psychological Association.

Worline, M. C. (2012). Courage in organizations: An integrative review of the "difficult virtue." In K. S. Cameron & G. M. Spreitzer (Eds.), *Oxford handbook of positive organizational scholarship* (pp. 304-315). New York, NY: Oxford University Press.

Worline, M., & Quinn, R. (2003). Courageous principled action. In K. S. Cameron, J. E. Dutton, & R. E. Quinn (Eds.), *Positive organizational scholarship* (pp. 138-157). San Francisco, CA: Berrett-Koehler.

Worline, M., & Steen, T. (2004). Bravery [Valor]. In C. Peterson & M. Seligman (Eds.), *Character strengths and virtues: A handbook and classification* (pp. 213-228). Oxford, UK: Oxford University Press.

Worline, M., Wrzesniewski, A., & Rafaeli, A. (2002). Courage and work: Breaking routines to improve performance. In R. G. Lord, R. J. Klimoski, & R. Kanfer (Eds.), *Emotions in the workplace: Understanding the structure and role of emotions in organizational behavior* (pp. 295-330). San Francisco, CA: Jossey-Bass.

Worthington, E. L., Hook, J. N., Davis, D. E., & McDaniel, M. A. (2011). Religion and spirituality. *Journal of Clinical Psychology, 67,* 204-214.

Wrzesniewski, A. (2012). Callings. In K. S. Cameron & G. M. Spreitzer (Eds.), *Oxford handbook of positive organizational scholarship* (pp. 45-55). New York, NY: Oxford University Press.

Ybarra, O., Rees, L., Kross, E., & Sanchez-Burks, J. (2012). Social context and the psychology of emotional intelligence. In K. S. Cameron & G. M. Spreitzer (Eds.), *Oxford handbook of positive organizational scholarship* (pp. 201-214). New York, NY: Oxford University Press.

Zinnbauer, B., Pargament, K., Cole, B., Rye, M., Butter, E., Belavich, T., Kadar, J. (1997). Religion and spirituality: Unfuzzying the fuzzy. *Journal for the Scientific Study of Religion, 36,* 549-564.

Zinnbauer, B., Pargament, K., & Scott, A. (1999). The emerging meanings of religiousness and spirituality: Problems and prospects. *Journal of Personality, 67,* 889-919.

PSYCHOLOGICAL CAPITAL AND BEYOND

第9章

心理资本的测量和开发：评估投资回报率

通过强调人力资源选拔、安置和开发，组织可以获得战略性的增益价值和竞争性优势，这已经成为人力资源研究者和实践者最重要、最优先的工作之一。随着全球竞争的激烈化，根据增加的账目、变化的工作人口背景、紧缩预算等方面的要求，来自评估人力资源投资和金钱回报方面的挑战已比以往更为关键（Becker, Huselid, & Beaty, 2009; Boudreau & Jesuthasan, 2011; Campbell, Coff, & Kryscynski, 2012; Cascio & Boudreau, 2011; Combs, Liu, Hall, & Ketchen, 2006; Crook, Todd, Combs, Woehr, & Ketchen, 2011; Flumer & Ployhart, 2014; Wright, Coff, & Moliterno, 2014）。然而，尽管被公众关注，在核算人力资源的投资回报、价值及其发展方面，所用的各种方法的信效度和有用性存在着很多争论，远没有得到解决（Latham & Whyte, 1994; Skarlicki, Latham, & Whyte, 1996; Whyte & Latham, 1997）。然而本书所呈现的由我们提出的心理资本的"底线"必须是：得到有效测量的、可开发的以及被证明对绩效有影响。对于组织员工的心理资本开发方面的投资，必须能够计算出这种投资所带来的金钱上的回报。

在本章，我们详细讨论对于工作内外的心理资本而言是最有效的测量工具。在第1章和第2章已经介绍了一些这样的测量工具。24条目的《心理资本问卷》（PCQ-24; Luthans, Avolio, Avey, & Norman, 2007; Luthans, Youssef, & Avolio, 2007）和12条目的简版（PCQ-12; Avey, Avolio, & Luthans, 2011）都可以在Mind Garden的官网上获取，目前研究者可以免费使用这些量表，但在咨询、培训和开发等其他形式上使用时需要支付适度的费用。图9.1展示了PCQ的指导语，以及心理资本四大维度中每个维度的一些例题。我们这里要讨论的另一个最近的测量工具是《内隐心理资本量表》(I-PCQ; Harms & Luthans, 2012)。2012 年，Harms 和 Luthans 在《组织行为学期刊》(*Journal of Organizational Behavior*) 上发表的一篇文章中对 I-PCQ 有完整的呈现和解释，后面会有讨论。I-PCQ 量表见图 9.2，简单地引用这个来源就可以使用这个量表。

本章也描述了我们的微干预模型，我们已经成功地将其用于开发心理资本好多年 (Luthans, Avey, Avolio Norman, & Combs, 2006; Luthans, Avey, Avoli, & Peterson, 2010; Luthans, Avey, & Patera, 2008; Luthans, Luthans, & Avey, 2014)。心理资本测量和微干预开发的基础是前面第 3—6 章对效能、希望、乐观和韧性的讨论。最后，我们提出一种评估心理资本开发的投资回报率的方法，它虽然简单、可实践，但有可靠的理论基础。为了评估投资回报率，

指导语：这些陈述描述了你现在如何看待自己。请用下面的量表来表示你对每种陈述同意或不同意的程度。

强烈不同意	不同意	有一些不同意	有一些同意	同意	强烈同意
1	2	3	4	5	6

1.	我相信自己能分析长远问题，并找到解决方案。	1	2	3	4	5	6
7.	如果我发现自己在工作中陷入了困境，我能想出很多办法摆脱出来。	1	2	3	4	5	6
13.	在工作中遇到挫折时，我很难从中恢复过来，并继续前进。(R)	1	2	3	4	5	6
19.	工作中，当我遇到不确定的事情时，我通常期盼最好的结果。	1	2	3	4	5	6

图 9.1　PCQ 的例题

请注意：13 题中的 (R) 表示反向计分。

来　源：Reproduced by special permission of the Publisher, Mind Garden, Inc., www.mindgarden.com, from the Psychological Capital Questionnair by Fred Luthans, Bruce J. Avolio, and James B. Arey. Copyright 2007 by Fred Luthans, Bruce Avolio, and James B. Arey. All rights reserved. Futher reproduction is prohibited without the Publisher's writtencontent. Versions of these sample items appeared in Luthans, F., Youssef, C. M., & Avolio, B. J. (2007). Psychological Capital. New York: Oxford University Press, pp. 237-238, and in turn were adapted from Parker (1998), Snyder et al., (1996), Wagnild & Young (1993) and Scheier & Carver (1985).

接下来你会看到关于三种陈述的一系列条目。你的任务是编出一些有关你选定的人物的故事，回答与这些陈述相关的问题。请努力想象正在发生什么，想象之前发生了什么，他们在想什么，有什么感受，接着会发生什么，以及故事会如何结局。你并不需要把故事需要写下来，只是想一想，把故事在脑子里想清楚。然后根据自己关于人物的所想和所感，在每个陈述之后回答下列问题。预计每个故事需要花2～4分钟。故事无所谓对错。请想象任何一种你喜欢的故事。

某人在同他的上级的对话

请记住你的任务是编一个有关此陈述中某人的故事。再说一遍，你并不需要把故事写下来，只是想一想，把故事在脑子里想清楚。然后用下面的标尺来评价你故事中的人物所想所感的程度：

	用反面来描述此人物非常贴切	用反面来描述此人物比较贴切	用反面来描述此人物有点贴切	与此人物无关的想法或感受	与此人物有点贴切	与此人物比较贴切	与此人物非常贴切
1 感到聪明或有智慧	○	○	○	○	○	○	○
2 相信他能够实现自己的目标	○	○	○	○	○	○	○
3 期望将来会发生好的事情	○	○	○	○	○	○	○
4 感到对他的生活满意	○	○	○	○	○	○	○
5 关心是否被重视	○	○	○	○	○	○	○
6 感到被他人接受	○	○	○	○	○	○	○
7 相信他能够从任何已经发生的挫折中恢复过来	○	○	○	○	○	○	○
8 对他的能力感到有信心和自信	○	○	○	○	○	○	○

图 9.2 《内隐心理资本量表》(I-PCQ)

注意：致使用 Harms 和 Luthans 的 I-PCQ 的读者：在另外两页上重复与上述完全相同的问卷页和评价方法，分别在各页的顶端写下"某人有了一份新工作"和"某人在工作中犯了一个错误"陈述。请记住7点量表的分数范围从最左端的-3到中间的0，再到最右端的+3。根据三个陈述中的第2题（希望）、第3题（乐观）、第7题（韧性）、第8题（效能）来计算 I-PCQ 的得分。其他四个条目有意作为缓冲项进行设置的。

来源：Adapted from Harms, P., & Luthans, F. (2012). Measuring implicit psychological constructs in organizational behavior: An example using psychological capital. *Journal of Organizational Behavior*, 33, 589-594.

我们借鉴了大量应用在人力资源管理中的效用分析知识（Cascio & Boudreau, 2011）。我们给出了一些具体的例子，并且提议用其他方法来帮助减少这种分析的一些可能的缺陷。

心理资本测量的特点

研究者们已经设计、研究和验证了各种各样测量效能、希望、乐观、韧性和其他可能的积极心理构念的工具。积极心理学领域的出现，大大增加了研究者对这些测量工具的关注（比如，Lopez & Snyder, 2003，对各种测量工具有一个全面的总结）。下面对于我们在开发心理资本测量时所涉及的一些广为认可、已经发表且具有信效度的测量工具的特点进行了一个简单综述。

采用的量表

已经有多种有理论基础的量表被用于测量积极心理优势和资源。例如，班杜拉（1997）提供了相当多的理论和研究证据来表明，应当从量级和强度方面测量效能。效能的量级维度是个体预期能够完成的任务难度水平。通过让参与者回答是否能够完成有一定难度的某具体任务来进行测量，其中任务的难度水平会逐渐增加。效能的强度维度是指，个体对于自己在各难度水平完成任务能力的确性程度，通过参与者报告的信心程度或者班杜拉所指的效能来测量（Bandura, 1997, 2012; Locke, Frederick, Lee, & Bobko, 1984; Stajkovic & Luthans, 1998a, 1998b）。

然而，迄今已有研究表明，在测量效能上，李克特连续量表与量级-强度法可以相媲美。有研究发现这些李克特量表与传统的量级-强度效能测量，有着类似的因子结构和信效度（Maurer & Pierce, 1998）。例如，我们在 PCQ 里引用了 Parker（1998）的效能工具来测量心理资本的效能维度，并在所有三个心理资本问卷中都使用了同样的表格，该工具就是在工作相关方面使用了李克特量表（PCQ-2、PCQ-12 和 I-PCQ）。

问卷的长度

对于很多可信、可靠的积极心理测量工具而言，其中一个主要批评是，它们包含了大量的条目（Lopez & Snyder, 2003）。例如，塞利格曼（1998）编了一份有 48 个条目的乐观测量，而 Scheier 和 Carver（1985）的测量工具总共才用了 12 个条目来测量乐观。我们从后者选取了一些条目，改编后收入到 PCQ 系列量表中，用来测量心理资本的乐观成分。由于有必要一起测量几个预测变量、结果变量和控制变量，而且大多数情况是在同一个问卷中进行测量，所以采用了包含大量条目的长问卷，最后可能造成问卷太长而减少了参与者愿意回答的比例，也削弱每个测量的信度。另外，科学上想要理想地找到最节俭的方式或方案，就要用尽可能少（不能再少）而又能凭此获得足够信效度的条目，来测量我们所选定的心理资本构念。这就是为什么我们既提供了 24 条目的量表，又为了减少问卷长度，提供了 12 条目的 PCQ 来为心理资本的研究搜集数据。较短的版本可能未必都是可信的，因为测量某个概念的次数越多，越可能无法覆盖其所有方面。然而，一旦你对一个构念了解很多之后，你可以依赖于较短的量表，用它们来"代表"你想要将这些工具应用其中的领域。

措辞和背景

总体上，现有的积极心理学测量工具在非常普遍的层面或在广泛的具体情境中都已经有所开发和验证。大多数测量来自临床运用，并不直接适用于工作（Lopez & Snyder, 2003）。存在的例外是 Parker（1998）的《角色广度自我效能量表》（Role Breadth Self-Efficacy Scale），以及斯奈德（2000）提到的《特定领域的希望量表》（Domain-Specific Hope Scale），其中六个维度中有一个涉及工作。另一方面，文献中大多数韧性量表主要用于评估儿童和青年，正如我们在第 6 章所讨论的，多年来，对这个心理资源感兴趣的发展心理学文献几乎都只瞄准在临床上有相关方面问题风险的青少年群体（Masten, 2001; Masten, Cutuli, Herbers, & Reed, 2009）。因此，虽然有宽泛和深入的研究支持那些我们引用过来测量心理资本的原始问卷，但大多数证据不是针对工作领域中的成年人的，因此需要有措辞上的改编。然而，自从我们出版本书第一版以来，确实已经有成千上万的研究使用了这些测量工具，因此现在，在针对工作情境的领域里，有了宽泛得多和深入得多的研究基础。

由于这个原因，目前三个心理资本测量工具都是专门根据工作情境来措辞的。PCQ-12 也已经成功地用于越来越多已发表的研究中（Avey, Avolio, & Luthans, 2011; Baron, Franklin, & Hmieleski, 2014; Huang & Luthans, 2014; Norman, Avolio, & Luthans, 2010），并在改编后用来测量关系心理资本和健康心理资本（Luthans, Youssef, Sweetman, & Harms, 2013）。PCQ-24 也已经成功地改编到其他领域，比如找工作（Chen & Lim, 2012）、市场领域（见 Friend 等人还未发表的研究）、教育（Luthans, Luthans, & Avey, 2014; Luthans, Luthans, & Jensen, 2012），以及跨文化的应用方面（Dollwet & Reichard, 2013）。然而，措辞需要进行特别改编以适用于具体领域。这种改编有助于解决心理研究中的一个普遍问题，也就是当测量工具被外推到一个不同领域时，与想要测量的东西相比，原来的测量工具会变得太窄或者太宽（Bandura, 2012）。其他研究者也采用类似的方法，从 PCQ 出发，设计了情境特异的或者概念上不同的心理资本测量（Abbas, Raja, Darr, & Bouckenooghe, 2013; Gupta & Singh, 2014; Vogelgesang, Clapp-Smith, & Osland, 2014; Wernsing, 2014）。

I-PCQ（Harms & Luthans, 2012）的措辞也让它可以被轻松地改编到不同的情境中。积极、中性和消极的刺激性触发短语（与经典的投射性人格测验中使用的墨迹或主题统觉测验的图片相反）能够根据应用的特定情境（如医疗保健、教育、商业、军队）进行裁剪。另外，这个量表还有可以减少社会赞许性或说谎的优点，因为其内隐的特点使得参与者很难或缺乏诱惑去猜测量表的目的或在自己的回答上作假（Krasikova, Harms, & Luthans, 2012）。基本的想法是，参与者在脑子里编出关于"某人"（而非自己）的故事，然后评估每个陈述与"某人"的效能、希望、乐观和韧性接近的程度。然后，通过语句触发的积极、消极和中性情境，产生了参与者的心理资本得分。这种内隐量表通常应用于人格测评，对它们的使用在组织行为领域也获得越来越多的关注（De Houwer, Teige-Mocigemba, Spruyt, & Moors, 2009）。

支持心理资本测量的理论框架

除了领域的问题，从理论角度也有一些其他考虑可能会影响心理资本的测量。首先，大多数已经被拿来用于测量积极优势和资源的传统量表，其最初设计是用来测量连续体的另一端的（即消极的心理病理学）。在积极心理学研究中，将积极和看似对立的消极心理能力视为两个独立维度还是两极的问题已经得到了越来越多的重视（对于乐观和悲观问题的全面回顾，见 Kubzansky, Kubzansky, & Maselko, 2004，以及 Peterson & Chang, 2002；工作倦怠和工作投入之间的关系，见 Schaufeli & Bakker, 2004；组织公民行为和反生产工作行为，见 Dunlop & Lee, 2004，以及 Sackett, Berry, Wiemann, & Laczo, 2006；积极和消极态度与评估性过程，见 Cacioppo & Berntson, 1994，以及 Pittinsky, Rosenthal, & Montoya, 2011；积极和消极情感，见 Watson, Clark, & Tellegen, 1988）。由于这个原因，我们抽取出来用于测量心理资本的工具（也就是PCQ）通常假定独立的积极维度，表明这是一个独立的、特别的构念。

其次，心理资本入选标准中最突出的一条是心理资源应当是状态类的，因而是可开发的，而不仅仅是稳定和相对固定的秉性特质。组成心理资本的积极心理测量工具通常在"可开发性"标准上有着清晰的特点。例如，我们在建构自己的心理资本问卷时借鉴的 Parker（1998）的测量工具评估了效能的状态。相反，Judge 和 Bono（2001）的核心自我评价模型测量的却是一般化效能的特质。类似的，斯奈德（2000）提出两个不同的量表，一个是状态类希望量表（Snyder et al., 1996），我们在构建心理资本测量工具时从中借鉴了一些；另一个是不同的特质类希望量表。对于心理资本中的乐观（Scheier & Carver, 1985）和韧性（Wagnild & Young, 1993），我们系统地对公认的已发表量表中的语言进行了改编，使其尽量状态类，而且与工作有关。

在大多数积极心理学测量中，稳定的特质和情境性的状态之间并没有清晰的区别。我们认识到，符合心理测量学（比如可靠）的量表需要表现出一定水平的跨时间稳定性。然而，对心理资本则是一个挑战，因为心理资本的状态类可变性是这个核心构念内部理论机制的组成部分，而不是人为的测量误差。对于理解和评估心理资本而言，在测量的稳定性和其对变化和发展的敏感性之间取得平衡是非常重要的，对此我们在建构 PCQ 测量工具时已经确认。

Wright（2007）为状态类的心理资源提供了有用的指导，比如心理资本在六个月的时间段里是相对稳定的。另一方面，特质和特质类特征（比如人格）则在相当长的时间内表现出高度相关（Conley, 1984）。在检验 PCQ-24 的效度时，为了检验情绪、人格和核心自我评价特质在跨时间上的相对稳定性，我们计算了重测信度。在矫正了内部一致性信度之后，我们发现心理资本确实是"状态类"的。也就是，一方面，它比情绪状态相对更为稳定，但另一方面，比人格和自我评价特质相对更不稳定（Luthans et al., 2007）。换句话说，我们用实证证据证明了心理资本的确符合"状态类"的标准，而它在状态–特质连续体中的位置如第 2 章图 2.1 所示。

最后，特别是在积极心理学中，许多构念被当作其自身的结果来进行概念化和测量（例如，见我们在第 7 章和第 8 章有关其他潜在的心理资本构念的讨论）。虽然拥有信心、充满希望、乐观、有韧性、有创造力和专注的组织领导和员工（积极心理学的主要目标）本身是非常令人向往的事，但积极组织行为学（见第 2 章）的更大价值在于这些因素对员工绩效和所期望的态度结果的可能的影响。因此，我们更多地把心理资本构念设定为输入或前因变量。虽然心理资本研究可能表明，这些积极资源和核心构念本身也可能是结果变量，比如说真实领导力（Avolio & Luthans, 2006），或者甚至是预测想要结果时的调节和中介因素（Gooty, Gavin, Johnson, Frazier, & Snow, 2009; Huang & Luthans, 2014; Liu, 2013; Luthans, Norman, Avolio, & Avey, 2008; Wang, Sui, Luthans, Wang, & Wu, 2014），但我们通常把心理资本描绘成绩效结果的一种前因变量，作为一种人力资源投资。

为了开发员工的高潜力的优势和心理资源，分配稀缺资源（财务资源，以及时间和能量）的组织领导和决策者们应当高度关心心理资本。我们越展现出在心理资本上的投资如何带来个人发展继而是绩效上的高回报，组织领导就越可能开始着手把心理资本纳入他们测量组织绩效的"常规"衡量办法中。这么做的优势在于，大多数经济学指标是对绩效的滞后测量，而心理资本是有关绩效的一种引领性指标和预测因子，正如我们和我们的同事已经反复在实验和实践研究中所证明的一样。

在工作中测量心理资本

在开发 PCQ 量表时，我们借鉴了公认的已发表的效能（Parker, 1998）、希望（Snyder et al., 1996）、乐观（Scheier & Carver, 1985）和韧性（Wagnild & Young, 1993）的相关定义和测量工具。这四个标准量表中每一个都有不同数目的条目和不同的李克特量表点数，而其状态类的程度和与工作的相关度也存在差异。在构念 PCQ-24 时，基于内容效度和表面效度，专家团队从这四个标准工具的每个工具中都一致地选择了 6 个条目，并根据适应工作环境和状态类的需要进行了措辞上的改编，反应方式都是6点的李克特量表。

PCQ-12的条目是从PCQ-24中抽取出来的，包括3个效能条目、4个希望条目（2个测自主性、2个测路径）、3个韧性条目和2个乐观条目。这12个条目是Avey等人（2011）挑选出来的，他们的根据是条目与Stanton等人（2002）所提出的心理测量学标准的符合程度。与PCQ的自陈式测量不同，如前面所述，I-PCQ利用效能、希望、乐观和韧性的定义开发了一些条目，并且增加了一些缓冲项。如图9.2所示，它要求参与者评估每个定义与"某人"（而非他们自己）在积极性（如"某人有了一份新工作"）、消极性（"某人在工作中犯了一个错误"）和中性（"某人在同他的上级对话"）情境中的相似程度。这三个心理资本测量工具除了在条目总数和对每个心理资源的测量条目数上有所不同之外，也在反向计分（PCQ-24有3个，而PCQ-12和I-PCQ则没有）和缓冲项（PCQ-24和PCQ-12没有，而I-PCQ有4个）的数目上有不同。

虽然我们构造两个PCQ测量所借鉴的原始标准量表已经有了相当多的心理测量学支持，但我们还是在所有三个心理资本测量工具上都做了大量分析，包括探索性和验证性因素分析，跨样本的信度分析，这些都为三个工具提供了心理测量学证据（Avey et al., 2011; Harms & Luthans, 2012; Krasikova et al., 2012; Luthans, Avolio et al., 2007; Luthans et al., 2013; Wernsing, 2014）。显然，任何问卷测量都有许多局限性，心理资本测量也不例外。然而至今为止，在世界范围的许多组织里，我们的研究都证明了这些测量工具的信效度，并且这些工具被翻译成了许多不同的语言（见Avey等人2011年的元分析；Newman等人2014年的新文献综述；Dawkins等人2013年的心理测量学综述和临界分析；以及Wernsing于2014年跨12个国家文化考察了心理资本的测量结构不变性）。

心理资本测量与工作相关结果的实证关系

正如在开篇两章所指出的，自心理资本从世纪之初出现以来，已经吸引了相当多的兴趣，而且实证研究也以指数级的方式增长。研究已经实证地分析了积极资源（个人信心或效能、希望、乐观和韧性）、心理资本的整个核心构念与大范围的工作相关结果变量之间的关系。例如，本书的前言部分曾提及过 Avey 和同事（2011）的元分析，它包括 51 个独立样本（N = 12 567 个参与者），其结果表明，心理资本和所期望的员工态度（工作满意度、组织承诺和幸福感）、所期望的员工行为（组织公民行为）以及各种各样的绩效测量（自陈式的、上级评估的和客观的）之间有着显著的正相关。同一个元分析还表明，心理资本和不良的员工态度（玩世不恭、离职意向、工作压力和焦虑）和不良的员工行为（反生产的工作行为）之间存在着显著的负相关。

也如前面所指出的，Newman 和同事（2014）更近期的一篇文献回顾了其他经确认的心理资本研究，进一步提炼了心理资本对组织的相关构念的影响。例如，研究者以已发现心理资本在真实领导力和绩效（Wang, Sui, Luthans, Wang, & Wu, 2014）之间存在调节效应，而且在影响企业家的幸福感时起到一个中介效应（Baron et al., 2014）。总体上，至今为止的实证发现表明，在结果变量的变异中有 10% 到 25% 的范围可以被心理资本所预测。

从表面上，如世俗观点所描绘的，四个心理资本成分"HERO"似乎可以相互交换，而且存在相当多的重复。然而，正如第 2 章所指出的，积极心理学中的实证研究已经清晰地证明，这四种资源有一定的汇聚效度，但重要的是它们之间还有区分效度（Alarcon, Bowling, & Khazon, 2013; Bryant & Cvengros, 2004; Carifio & Rhodes, 2002; Magaletta & Oliver, 1999）。换句话说，即使在实证上这四个概念之间存在一些相似性（即汇聚效度），但在实证上它们之间也存在区别（区分效度）。

重要的是，当这四个概念结合成为心理资本组合而成为一个二阶核心构念时，可以通过验证性因素分析得到它的多维结构（Law, Wong, & Mobley, 1998），并已经得到了稳定的验证（Avey Reichard et al., 2011; Chen & Lim, 2012; Luthans, & Avolio et al., 2007；全面综述可以见 Dawkins et al., 2013）。此外，实证研究已经表明，心理资本与结果变量之间的相关关系高于四种资源中任何单一资源与结果变量的相关关系（Huang & Luthans, 2014; Luthans et al., 2007）。最后，研究已经表明心理资本在预测所期望的工作态度和行为时，有着超出人口统计学变量和已经确立的自我评估、人格特质、人-组织（以及工作）匹配的增益价值（Avey, Luthans, & Youssef, 2010）。

正如我们在第 2 章所指出的，心理资本的确表现出一种协同效应，也就是，（心理资本）整体比其各部分（即效能、希望、乐观和韧性）之和要大。正如 Avey、Avolio 和 Luthans（2011, p. 283）提及的一个例子所解释的："当充满希望的人设立了目标，那效能也能确保人们设立和接受挑战性的目标，而且对成功有着积极的预期。这继而有利于激发个体的积极性并增加努力。而且，如果个体计划了多种路径（也就是希望）以有弹性地从挫折中恢复过来，在必要的时候通过选择其他路径来继续追求成功，这可能继而使得持续的乐观期望变为可能"。换句话说，一种资源与另一种（多种）资源相互作用和促进所产生的努力和行为，比所有部分之和要大。如在第 2 章中所指出的，通过以人为中心（相对于以变量为中心）的潜在构型分析（LPA; Meyer, Stanley, & Vandenberg, 2013），我们目前实证探讨了心理资本四大成分的各种组合，以证明是否某些构型会存在于多种多样的样本中，并且存在不同的结果影响（见还未发表的 Bouckenooghe 等人的研究工作）。此外，在采用以变量为中心的方法作为可能的宏观层面时，情境混淆变量如行业、组织规模、商业单位大小、管理的控制度，以及员工层面的人口统计学变量诸如年龄、性别、伦理背景、教育程度和年限得到控制后，可能可以解释更多的变化，带来更高的解释的变异量（Avey, Reichard et al., 2011; Luthans, Avolio et al., 2007; Youssef & Luthans, 2007）。

这些结果已经在许多样本中得到了支持，比如一家大型航天航空工厂的工程师和技术人员；物流公司的管理者；财务顾问；医院的护士；银行雇员；士兵和警官；保险服务公司的员工；制造业的工人；快速食品店的管理者；服装零售的员工；企业家和小生意主；信息技术工程师；联邦、州和地方政府的员工；以及许多其他样本。跨文化也在不同样本中获得了类似的结果，比如财务100强的某家跨国公司驻扎在世界各地的全球管理者；中国的软件工程师和工厂工人；越南的销售员工；埃及的工厂工人和制药业、石油业和电信业员工；意大利的白领员工；新西兰的高层、中层和低层组织领导和企业家；葡萄牙的商店职员；而且列表在不断变长。全球范围内定期被授予可以用心理资本工具进行研究的许可数量，后续发表的学术期刊文章和在学术会议上报告的实证文章的数目，都是非常令人鼓舞的，也是一种稳步的追踪记录的指标，可以支持这些测量工具的信度和预测效度。然而，我们也赞成 Dawkins 等人（2013）最近做的有关心理资本的综述和批判性分析，他们呼吁在心理资本的心理测量学性能方面，将来需要进行进一步的概念发展和深度研究，这对于继续这个领域的研究和实践非常关键。而且，这些结果为使用心理资本来判定人力资源的价值提供了更多的证据，因为心理资本是与组织绩效有关的一个无形资产。

虽然所介绍的研究结果有了一定的变化，但为了在本章的剩余部分进行说明和举例，可以确定的是心理资本解释了结果变量中达到统计显著的变异量（Avey et al., 2011）。为了实践的目的，我们需要按照建议来做，鼓励研究者和组织决策者们利用最适合其概念框架、数据、假设和需求的方法与统计分析（Goldstein, 1986; Sackett & Mullen, 1993）。

开发工作中的心理资本

在前面的章节，我们已经介绍了开发心理资本各种资源的一些方法和具体指南。例如，在第 3 章，据称可以通过熟练经验、榜样与替代学习、社说服、生理和心理唤醒来发展效能。在第4章，据称可以通过目标设定、参与，以及通过采取能实现目标的替代路径这种应变办法等来发展希望。然后在第5章，据称可以通过对过去的宽恕、对现在的赞赏和追求将来的机会等来发展乐观。最后在第6章，据称可以通过以资产为中心、以风险为中心以及以过程为中心的策略来影响对于资产和风险的解释与利用，从而使韧性得到发展。为了帮助阐述如何符合心理资本入选标准，在第7章和第8章也介绍了一些开发其他潜在心理资源的方法。

由于我们开发了有信效度的心理资本测量工具，并且验证了它们与工作结果的关系，因此我们也把研究兴趣转向了通过微干预研究来开发心理资本。这些短而高度集中的干预利用了前测-后测（利用PCQ工具）控制组实验设计。这些微干预由2～3小时的工作坊组成，通常沿袭如图9.3所示的心理资本干预（PsyCap Intervention, PCI）模型。在这些非常短的微干预研究中，参与者的心理资本平均增长2%。重要的是，接受PCI的实验组在心理资本发展上有统计上显著的增长，但在随机分配并接受一种普遍运用的团队动力学练习（如"沙漠生存"）的控制组却并没有这种增长。

最初的微干预研究是在高度控制的条件下（比如，随机分配到实验组和控制组）进行的，用的是新成长起来的成年人（管理学学生）。这些参与者是进行发展研究的一个重要的年龄组（Arnett, 2000）。然而重要的是，有研究对大量有着不同职业背景并来自不同组织的管理者和员工进行了2～3小时的微干预，也发现了同样的积极效应（在所测量的心理资本上有大概2%的提升），不论在线还是面对面的培训情境都有同样的发现（Luthans et al., 2006, 2008, 2010）。

基于这个新出现的实证证据，出于例证的目的，我们认为2～3小时的微干预工作坊通过使用PCI可以在心理资本上获得的平均可能增益为2%。虽然，有关工作中各种不同的人力资源干预的文献已经报告了更高的百分比（Hunter & Schmidt, 1983），但我们更喜欢用以我们自己的研究为基础的这个相对保守的估计，并以此说明通过工作中高度集中的短期微干预进行心理资本开发可能带来的潜在收益。

PCI的目标是影响心理资本的每个状态和总体水平，以带来绩效影响。

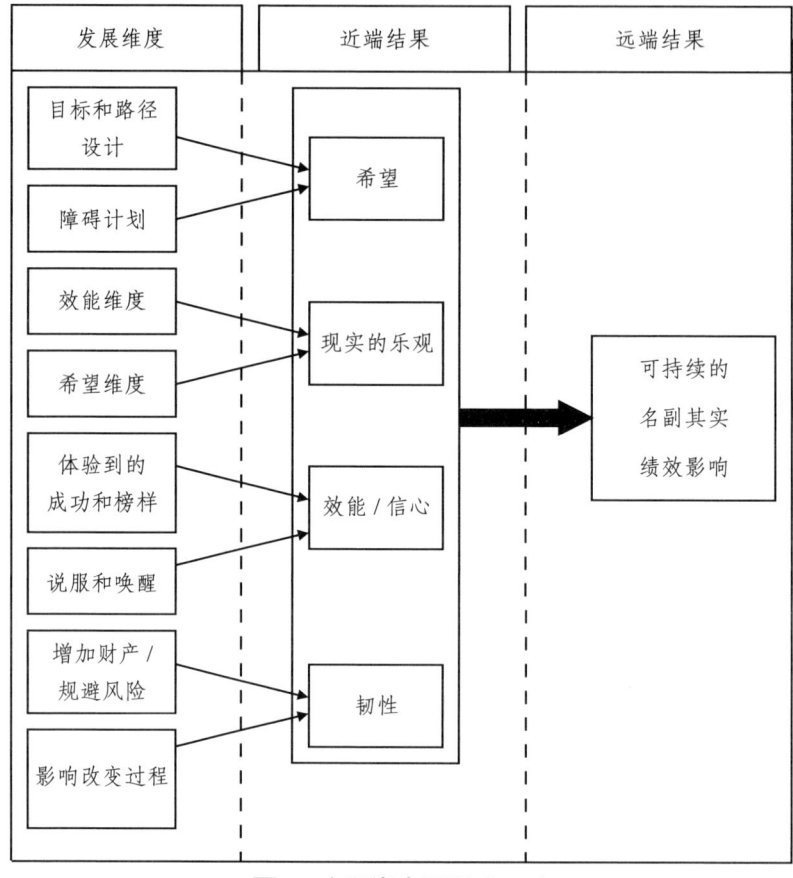

图9.3 心理资本干预（PCI）

来　源：Luthans, F., Avey, J. B., Avolio, B. J., Norman, S. M., & Combs, G. J. (2006). Psychological capital development: Toward a micro-intervention. *Journal of Organizational Behavior, 27*, 387-393.

评估心理资本投资的回报率

虽然近年来，对人力资源的投入影响力进行定量分析的需求和实践尝试在不断增加，但从内容、深度、宽度和复杂度上来看，所采用的方法变化程度很大。我们鼓励人们回顾关于有用性分析的文献，以了解背景信息和技术上的深度（Brogden & Taylor, 1950; Cascio & Boudreau, 2011; Cascio & Ramos, 1986; Cronbach & Gleser, 1965; Hunter & Schmidt, 1983; Hunter, Schmidt, & Judiesch, 1990; Schidt, Hunter, McKenzie, & Muldrow, 1979）。我们也认识到那些针对有用性分析的批评，在有关概念效度、统计信度以及在运用到人力资源管理实践中去的可操作性和可信性方面，都提出了一些警告信息（Latham & Whyte, 1994; Whyte & Latham, 1997）。

在这个评估里，我们选择介绍一个相对简单实际但系统的方法来评估心理资本投资的可能回报。我们所用的这个方法，从概念上讲与传统的有用性分析很相似。然而，研究已经发现传统有用性分析的复杂性，实际上可能会挑战管理者所知觉到的有用性分析结果的可信度，甚至可能颠倒有用性分析的预期影响（Latham & Whyte, 1994）。

有时，作为对能够"用统计说谎"或发现任何想要的结果这一批评的反应，决策者们在面对复杂有用性分析得出的非常积极的发现时，已经减少了他们对原本大有希望的人力资源管理投入的支持（Latham & Whyte, 1994; Whyte & Latham, 1997）。作为这类强烈抵制的结果，有用性分析最近已经被人力资源管理学者们进行了详细阐述（Cascio & Boudreau, 2011），并且被管理咨询者和实践者们进行了简化（Kravetz, 2004）。我们下一步将把有用性分析运用到心理资本和其发展上来，并且我们通过识别其可能的局限和缺陷来结束本章。

为了计算心理资本在如今最杰出的大型全球公司以及更典型的中小公司中所带来的可能财务影响，我们呈现了几个假设的例子。这些例子按照目标和数据可获得性提供了不同的方法。根据我们的元分析研究发现（Avey et al., 2011），我们用 0.3 作为心理资本和绩效之间相关系数的保守估计，以 2% 作为可以通过短期发展性微干预（也就是 PCI 方法，简单在图 9.3 中列出）获得的心理资本增益。

举例1：心理资本对大型全球公司的可能影响

在确定绩效影响时，客观数据是非常难获取的（Dess & Robinson, 1984）。然而，为了说明心理资本在世界级大公司里可能产生的财务影响，我们可以用《福布斯》列表中对外公开的顶级全球公司的销售收入和利润数据。表9.1中列出了前十强公司的最近财务数据。如此表所示，前十强公司的销售收入范围是从1 030亿美元*到4 670亿美元，平均2 070亿美元，标准差是1 390亿美元。它们的利润范围是从140亿美元到450亿美元，平均250亿美元，标准差110亿美元。

评估心理资本对前十强的全球大公司可能带来平均财务影响有一种广为认可的方法，即用下面的有用性分析方程（Cascio & Boudreau, 2011; Hunter & Schmidt, 1983; Skarlicki, Latham, & Whyte, 1996）：

$$U = NTr_{xy}SD_y$$

这里：

U = 可以被心理资本解释的绩效的现金值

N = 被评估的公司或部门数目

T = 心理资本对绩效有影响的平均持续时间

r_{xy} = 心理资本和绩效之间的相关系数

SD_y = 结果变量的标准差

假定我们考察表9.1里这十家公司的平均水平的一家公司的情况（N = 1），并且关注的心理资本的贡献时间是一年（T = 1），那么心理资本的潜在

---

* 根据原文，此处精确到10亿美元，与后文表格中的数字在精确度上不一样。——译者注

财务影响就可以进行如下计算：

$U_{sales} = 1 \times 1 \times 0.3 \times 1\,390 = 420$（亿美元）
$U_{profits} = 1 \times 1 \times 0.3 \times 110 = 30$（亿美元）

换句话说，出于说明的目的，我们举了一个粗略的例子，世界十强的全球公司大约有平均420亿美元的销售收入和30亿美元的利润可以被心理资本所解释。

表9.1 例子1：《福布斯》全球2000强排名前十强公司的销售收入和利润

《福布斯》全球2000强	公司名称	国家	行业	销售额（亿美元）	利润（亿美元）
1	中国工商银行	中国	银行业	1 348	378
2	中国建设银行	中国	银行业	1 131	306
3	摩根大通银行	美国	银行业	1 082	213
4	通用电气	美国	集团公司	1 474	136
5	埃克森美孚	美国	油和天然气	4 207	449
6	汇丰银行	英国	银行业	1 049	143
7	荷兰皇家壳牌集团	荷兰	油和天然气	4 672	266
8	中国农业银行	中国	银行业	1 030	230
9	伯克希尔·哈撒韦公司	美国	集团公司	1 625	148
10	中国石油	中国	油和天然气	3 089	183
平均值				2 071	245
标准差				1 392	106

通过开发干预来增加心理资本的水平，应当会对这些公司的财务有所影响。特别地，以下经过修正的有用性分析公式可以评估心理资本微干预对这些大型公司的可能财务影响：

$\Delta U = NTr_{xy}SD_y (\Delta PsyCap)$

这里：

△U = 心理资本开发带来的结果现金值的增长

△PsyCap = 心理资本开发干预带来的百分比增长

再一次，使用我们最初的心理资本干预研究结果，通过 2～3 小时的微干预能得到 2% 的心理资本发展增量，以此来估计例子里的 △PsyCap：

U_{sales} = 1×1×0.3×1 390×0.02 = 8.34 亿美元的增长

$U_{profits}$ = 1×1×0.3×110×0.02 = 0.66 亿美元的增长

可以粗略地将其解释为：不管这十家全球大型公司当前的心理资本水平是多少，通过心理资本的微干预，它们有潜力获得每年 8.34 亿美元以上的销售收入增长和数千万美元的利润增长。

正如这些全球公司只要在市场份额上增长 2% 就会带来财务收入上的巨大影响，而这个分析表明，类似地，心理资本增长 2% 也会带来重大影响。为了准确评估净收益和心理资本的投资回报，或者我们所称的发展收益（ROD）（Avolio & Luthans, 2006），培训干预的成本（如参与者离开工作的单位时间成本，服务商或培训的间接费用等）会从上面的数据中扣除。然而，尤其在与传统的经济资本回报率相比较时，心理资本投资的 ROD 相对而言要大得多（Youssef & Luthans, 2007）。

举例 2：心理资本对中型公司的可能影响

为了提供更完整的图景，我们不仅从当今最大的公司的角度报告了心理资本的有用性，而且也从具有高潜力的中型公司和小型公司的角度进行了报告，这相当重要。表 9.2 报告了《福布斯》公布的中型股票列表中最强十大公司在最近 12 个月的销售数据。这些数据中的中型股票的市值大约在 20 亿美元到 100 亿美元之间。

如表 9.2 所示，前十强中型公司的销售收入在 2.57 亿美元到 20 亿美元之间，平均是 7.78 亿美元，标准差是 6.33 亿美元。为了估计心理资本在所选十家公司里的平均有用性，我们用了下列方程，也假定只有一家平均的单家公司（N = 1），时期为一年（T = 1），心理资本和绩效之间的相关系数是 0.3，并且以 2% 作为心理资本微干预能够带来的增长：

$$U_{sales} = NTr_{xy}SD_y = 1 \times 1 \times 0.3 \times 6.33 = 1.9（亿美元）$$

$$\triangle U_{sales} = NTr_{xy}SD_y(\triangle PsyCap) = 1 \times 1 \times 0.3 \times 6.33 \times 0.02 = 0.04（亿美元）$$

换句话说，这个例子表明对于这十家中型公司的平均水平而言，心理资本可以解释其收入中的 1.9 亿美元。然而，即使这些公司有很好的人力资源管理实践，它们的员工有高水平的心理资本，平均而言，仍然有潜力通过对这些中型公司进行短期的心理资本开发培训得到大约 400 万美元的销售收入增长。

表 9.2 举例 2：《福布斯》百强中型公司中前十强的销售收入

《福布斯》百强中型公司	公司名称	行业	销售额（亿美元）
1	利亚德基因公司	医疗保健	3.27
2	德克斯户外	服装/鞋类	7.38
3	交互数字公司	技术	2.59
4	网飞公司	零售	15.03
5	忠实航空	交通运输	5.29
6	量体系	技术	2.57
7	迷途者教育	商业服务	4.52
8	空中邮政	零售	20.33
9	美睇系公司	医疗保健	13.81
10	家贝乐教育	商业服务	2.98
平均值			7.777
标准差			6.332

举例3：心理资本对小型公司的可能影响

采用类似于对大型和中型公司进行的有用性分析的方法，表9.3中的数据是从《福布斯》公布的200家最佳小型公司的名单中选取的。如表9.3所示，这十家小型公司的销售收入在14.3千万美元到86.6千万美元之间，平均值为49.7千万美元，标准差是25千万美元。用与其他两个例子同样的假定,,关于这十家公司在一年期间内的平均心理资本的有用性计算如下：

$$U_{sales} = NTr_{xy}SD_y = 1 \times 1 \times 0.3 \times 25 = 7.5（千万美元）$$

$$\triangle U_{sales} = NTr_{xy}SD_y（\triangle PsyCap） = 1 \times 1 \times 0.3 \times 25 \times 0.02 = 0.15（千万美元）$$

换句话说，平均而言，心理资本可以解释这十家小型公司销售收入中的7.5千万美元，而且通过心理资本的微干预可能在这个水平上还有0.15千万美元的增长。

表9.3 例子3：《福布斯》最佳小型公司中前十强公司的销售收入

《福布斯》最佳小型公司	公司名称	州	行业	销售额（千万美元）
1	万灵科制药	CA	制药	62.1
2	大峡谷教育	AZ	商业和个人服务	55.8
3	原型实验室	MN	软件和编程	14.3
4	应美盛	CA	半导体	22.5
5	斯特姆-鲁格	CT	娱乐产品	59.5
6	EPAM 系统	PA	电脑服务	49.3
7	凌云逻辑	TX	半导体	86.6
8	美国硅控股	MD	建筑材料	48.7
9	FleetCor 科技	GA	商业和个人服务	80.4
10	安妮公司	CA	食品加工	17.5
平均值				49.67
标准差				24.99

举例 4：当绩效数据不相关或不可获取时

即使缺少客观绩效测量，仍然可以估计心理资本的投资回报率和开发的有用性。例如，Kravetz（2004）提议"留住一个员工的所有工资成本"就是员工生产力现金值的一种保守估计。推理相当简单——对于其成本而言，员工至少是有贡献的，不然组织就不会花钱留住他们。这种员工成本不仅包括薪酬，也包括政府强制的一些额外福利，以及一些间接费用，诸如设施空间、技术过程、器材和其他间接的费用。Kravetz（2004）通常用一个员工薪酬的 75% 到 250% 来估计这些额外的成本。他建议为了有用性分析的目的，要留住一个员工的总成本（因此有所贡献）应当被设定在员工直接薪酬的 2 倍左右。这些估计也与其他有用性分析的参考文献（Cascio & Boudreau, 2011）一致。

运用这一经验法则，我们能够用下列稍作改动的公式来估计心理资本的贡献效能和开发价值：

$$U_{productivity} = NTr_{xy}(2S)$$
$$\Delta U_{productivity} = NTr_{xy}(2S)(\Delta PsyCap)$$

这里：

$U_{productivity}$ = 在本案例中心理资本可以解释的员工生产力的现金值（贡献）
$\Delta U_{productivity}$ = 通过开发心理资本带来的生产力的现金值（贡献）的增长
N = 员工数目
T = 平均任期
S = 平均薪酬

例如，就说一家有着 500 员工的公司，员工的平均年薪是 5 万美元，且平均在公司任职 5 年。根据这些保守假定，用 Kravetz（2004）的经验法则来评估生产力或贡献（也就是薪水的两倍），再根据我们的研究把心理资本和绩效之间的相关系数设为 0.3，这样心理资本的有用性可以进行如下计算：

$$U_{productivity} = 500 \times 5 \times 0.3 \times 2 \times 5 = 7\ 500（万美元）$$

而且，再利用基于短期开发干预获得的心理资本上 2% 的增长，这个例子里生产力（贡献）的变化可以进行如下计算：

$$\triangle U_{productivity} = 500 \times 5 \times 0.3 \times 2 \times 5 \times 0.02 = 150（万美元）$$

应当注意的是，来自小型公司（见举例 3）的分析结果与那些用传统有用性分析的结果非常相似。我们期望随着时间的推移，在总体上能有效地运用循证实践（Latham, 2009），特别是心理资本投资、开发和管理的组织，可以经历相当可观的成长和价值增长。特别地，我们认为心理资本上的投资回报会比传统经济资本所获取的要大得多，而像传统资本一样，我们也可以考虑组合投资。

为了给这一主张提供研究支持，我们从一家高科技制造公司抽取了有关 74 位工程管理者（平均年薪是 100 900 美元）的实际数据，这些管理者都通过了 2.5 小时的心理资本干预（见图 9.3 的 PCI 模型）。研究的参与者在其心理资本和绩效之间有一个 0.33 的相关。微干预开发课程结束后，他们的心理资本有 1.5% 的增长。然后，我们计算出发展收益（ROD）为 270%（Luthans et al., 2006）。心理资本开发的发展收益计算如下：用有用性公式计算出一年期限内得到的贡献增长为 73 919 美元（$74 \times 1 \times 0.33 \times 2 \times 100\ 900 \times 0.015$），减去开展微干预的总共费用 20 000 美元，再除以开展微干预的全部费用，得到 ROD 为 270%〔即（73 919-20 000）/20 000〕。其中开展微干预的 20 000

美元投入包括：管理者参加 2.5 小时的培训所损失的高工资（50 美元 / 小时，为了包括额外的收益和间接费用需要乘以 2，即 74×2.5×50×2，共 18 500 美元），以及开展微干预所需的服务或培训的间接费用（1 500 美元）。当然，来自真实案例真实数据的结果，通常比用传统经济和财务资本算出来的收益要高得多。

如果我们能够在这家非常大的高科技公司里给所有的员工都进行心理资本开发干预，并能够收到同样的效果的话，那么该工程管理者样本的心理资本投资回报会是更引人注目的。这将是有关平均薪资为 62 500 美元的 17 万名员工。用同样的有用性分析，并且假定获得的结果与从这家非常大的公司的工程管理者样本中得到的一样，那么会带来超过 1 亿美元的贡献，超过 200% 的 ROD，具体数据根据培训团队的大小而有所变化。

通过利用 Kravetz（2004）的经验法则（也就是用两倍的薪水来衡量贡献大小），一组管理者或员工薪资水平排序越高，则开发这组人的心理资本更可能带来实质结果和对组织绩效的更多贡献。而且，开发这些高薪水的员工不仅仅会影响他们的贡献和绩效，还会向下传递，引起其下属同事心理资本的增长（Story, Youssef, Luthans, Barbuto, & Bovaird, 2013 对心理资本的这种传递效应有实证证据）。这样的效应会对全公司的员工态度、行为和绩效带来积极影响（Avolio & Luthans, 2006; Luthans & Avolio, 2003）。

用一个极端的例子来说明上述观点，麦克森医疗供应公司的 CEO 约翰·哈姆格伦是过去几年薪水最高的 CEO（总薪水是 1.312 亿美元），他若在心理资本上有 2% 的增长，则可能给麦克森公司年度绩效带来接近 100 万美元的增长。在这个极端的例子里，我们并不想要暗示，这个领导人单单靠他自己就能通过其心理资本上的一点点增长带来绩效上的戏剧性变化。我们想简单表明的是，在任何组织中，个体的位置越高，心理资本增长将带来的潜在累计影响就越大（通过传递或者社会传染效应对其他人带来影响，见 Avolio & Luthans, 2006; Luthans & Avolio, 2003; Story et al., 2013）。

可能的局限性和缺陷

尽管到目前为止，对心理资本的测量工具、与绩效的关系、发展收益的早期分析都显得十分乐观，但是我们依然需要确认几个潜在的局限性和缺陷。我们将这些潜在的局限性和缺陷分为三类：会影响心理资本测量工具的信效度；会威胁绩效评估和影响的准确度；会在心理资本投资回报率的评估和计算中出现。

测量心理资本中的缺陷

我们在本章前面介绍了测量心理资本时可能会对内在效度、外部效度和总体的构想效度造成影响的一些挑战。心理资本的标准包括专注于积极（而非消极），工作特异性（而不是普遍或其他情境的），与绩效有关（而不是心理资本自己作为一种结果），及发展性状态（而不是相对固定的秉性特质），我们所确立的心理资本工具直接考虑了上述效度问题。例如，Podsakoff 等人（2003）总结了用问卷方法来测量任一心理变量（包括心理资本）可能存在的几种偏差。这些偏差包括一致性、社会赞许性、（对结果的）宽恕性、默许性、短暂情绪状态和条目模糊。虽然心理资本测量存在积极性，但还没有发现最普遍使用的分量表会受到这些偏差的显著影响（如希望量表；Snyder, 2002）。然而，我们建议在测量心理资本时需要对诸如社会赞许性这些可能的偏差加以控制。现在有短量表可以实现这样的控制，比如 Reynolds（1982）改编的经典《马洛-克罗恩社会赞许性量表》（Crowne & Marlowe, 1960）简版，已经得到研究的支持，甚至比原始的长量表更有效和可靠（Loo & Thorpe, 2000）。而且正如前面所述，I-PCQ 为对抗社会赞许性而特意开发出来的。

为了减少可能的偏差，心理资本测量工具考虑并使用了其他一些方法，包含：反向计分条目，在不同的时间点上进行多次测量，用随机安排的控制组来进行干预研究，以及从已经确立的标准积极心理学测量工具中改编一些完善和经过测试的条目来加以利用。尽管如此，仍然存在潜在的威胁。例如，Podsakoff 和同事（2003）指出，量表使用共同的形式和固定的评价锚可能会增加共同的方法误差。然而，我们还没有发现 PCQ 量表产生的因子结构，与文献中测量各种心理资本资源的因子结构之间存在明显的不同。

另外，更短的量表可能带来更多的一致性问题，因为对前面问题的回答仍然出现在参与者的短时记忆中。如果没有测量不同心理资本能力的混合条目，这种记忆会得到进一步增强。虽然混合一些条目，变化量表形式和评价锚是可能的，但另一方面也有权衡，特别在组织行为研究中，量表的长度会显著地减少回收率。

显然任何问卷测量（如我们的三个 PCQ 工具）都会有局限性。为了心理资本测量将来的发展和精炼，我们主张采用一种"三角测量"策略。具体来说就是，个体可以用问卷测量（PCQ 工具）、观察和访谈三种方法，从三个方面对个体的心理资本进行测量，获得多源的数据，并依此决定最后的心理资本得分（有关如何用三角测量来评估领导力行为的例子，见 Berson & Avolio, 2004）。在心理资本的开发阶段，我们也推荐使用定性的方法来获得更多的洞察和更深度的理解（Creswell, 2013）。将来，在同样的心理资本研究中，我们得到建议并开始运用（Fagan, 2014）越来越受欢迎的混合法，在一个系统研究设计中包含数据采集和分析，以及定量和定性数据的混合（Creswell & Plano-Clark, 2011）。

新技术在出现，如照相机可以捕捉人们的面部表情，最低限度至少可以测量人们的积极水平，哪怕不是更为具体的心理资本成分。想象在这样一个世界里，组织抽样获得人们一天中的非言语表达，以此衡量工作上的心理资本水平。从技术角度来讲，已经存在这样的世界可以进行这种未来的评估。

只有通过利用多重方法，我们才可以把单靠使用问卷所固有的偏差减少到最低，这些偏差可能会人为增加（或减少）心理资本得分。

测量绩效中的缺陷

组织行为学研究有一个持续存在的问题，就是客观绩效数据的采集。绩效测量经常是不存在的，就算有也是非常主观、过时、少见、不充分或者并非自愿提供的。当不能直接获得客观绩效测量时，用多种测量可能能够有所弥补，即使这类补充或代替的测量是主观的（Dess & Robinson, 1984）。而且，Chakravarthy（1986）表明，即使在当下，传统的绩效测量也常常是不充分的，他强调了合并满意度测量的作用，因为满意度测量一直稳定地表现为与绩效有关（Judge，Thorensen, Bono, & Patton, 2011）。Harter、Schmidt 和 Hayes（2002, 2003）也支持了这种绩效的组合测量法，包括生产力和利润，也包括离职和客户满意度。

我们在研究里发现，整合绩效的多种测量（如客观的定性和定量数据、财务和销售数据、上级评价、自陈式评估和以业绩为基础的薪酬信息），同时进行态度结果的有效测量（比如工作满意度、离职意向、组织承诺），可以为绩效提供一个更全面的图景（Avey, Luthans, & Youssef, 2010; Avey et al., 2011; Luthans et al., 2007; Youssef & Luthans, 2007）。为了避免共同来源偏差（common source biases），结果评估可以从一个不同的数据源进行采集（比如组织数据或者来自上级的评价），也可以仍然从参与者自身采集，但要在不同的时间、不同的地点，或通过不同的媒介。应当确保匿名，但这对在参与者的预测因子和结果数据之间建立联系可能会形成障碍。然而，已有研究发现，不同的程序和统计方法在这种情境下是有效的（Podsakoff et al., 2003）。

重要的是要记住，上级对下属的绩效评估可能看起来客观，但仍然基于主观的前提。对于绩效最为客观的测量是那些基于实际的硬性数据（比如产品数字或销售额）。显然，其他问题，如共有的投入、技术甚至是运气也都可能影响这些客观数据。而且，在绩效评估中普遍使用的上级评价，通常被许多变量所影响，比如接受评估的员工的组织公民行为（Schmidt, 2009），而且许多感知的和归因的偏差也会影响上级评价。然而，即使有这些潜在问题，这类外在评价仍然被认为比自我评价更可取。

有关绩效测量的另一个显著但通常被忽视的问题是，获得绩效的正确范围和维度。例如，根据组成心理资本测量的构念的本质，我们会建议，心理资本测量更可能去预测一个范围更大的绩效标准。具体来说，比如效能、希望、乐观和韧性等构念，从它们的本质来看，很可能预测高端的人力绩效，特别是那些涉及耐久性和持续性的测量。因此，如果绩效测量关注的是组织中"典型"绩效范围，那么心理资本测量会大大低估对绩效的预测，因为没有涉及高端的绩效范围，这可以称之为标准缺陷。在我们确立心理资本与绩效之间的元关联之前，我们主张不仅在普通条件下需要测量绩效，在卓越的情况下也需要。

转换型领导的相关文献中有一个例子，它说明了需要考察绩效范围的问题。Lim 和 Ployhart（2004）报告，在预测典型和卓越的绩效时，转换型领导量表的效度范围是 0.30 ~ 0.60。因为转换型领导量表是用来预测超过期望的绩效的，所以一点都不奇怪，它在预测卓越的绩效时比仅仅是预测典型绩效要好得多。我们相信，对于组织如何测量绩效这一问题，可能在已经完成的有关心理资本的研究中也同样存在。将来的研究需要考察有关更好地预测高端绩效这一命题。

测量心理资本投资回报中的缺陷

除了在测量心理资本和绩效的相关性时可能存在问题之外，Podsakoff 和同事（2003）的工作指出，在用心理资本对绩效和态度结果的影响来评估心理资本开发干预的投资回报时所使用的有用性分析也存在潜在缺陷。一个主要担心是，共同方法偏差可能导致发现和放大微小的或不存在的关系，而未能发现或削弱了强的和真正的关系。

我们有关心理资本的大多数研究结果是通过同时在程序和数据上尽量减少共同方法偏差获得的。然而，Cote 和 Buckley（1987）那广泛、跨学科的分析表明，即使存在一些共同方法偏差，得到的心理资本平均解释结果变量大约为10%（绩效方面）到20%（态度方面）的变异量，实际上可能有一个更高的真实变异量。然而，正如前面所讨论的，至今为止，完善的心理资本测量工具，多样化的结果测量和测量源，以及控制可能的混淆变量，这些因素都有益于心理资本相关研究的信效度。

更具体地，在与有用性测量相关方面，最常谈到的一个难点是对 SD_y 的估计，也就是所关心的结果变量的标准差。我们在前面例子中做的计算也不例外。除了结果数据的短缺和相关性的局限，诸如随机性和正态性这样的各种假定可能不一定适用于各种情境。确实，公司会想要一种偏态分布的绩效，也就是绩效分布是向上偏移的。对于高绩效组织来说，一个正态分布的绩效并不能成为它的优势。

我们在说明有用性分析的示例中并没有用随机的公司样本。然而，研究者和实践者们能够通过利用具体公司的纵向数据来确保结果符合假定。这些数据可以组成一个随机的结果变量，因为个体有机会从所积累的更大的数据样本中抽取，或者理想地，形成一套完整的结果数据，对所研究的每一家公司（也就是 y– 总体）进行一段时间的积累。未来的这类研究能够促使使用更为实际的 SD_y 估计，特别是在干预研究中，这类数据很少有报告（Hunter & Schmidt, 1983）。

另外，心理资本从定义上来讲是一个可塑造的状态。这种状态类的标准意味着它有发展的潜力，因而它不仅在参与者间有变异性，在参与者内也有跨时间的变异性，这意味着存在个体内的变化。虽然心理资本的可变性和发展潜力在概念上和实践上是令人向往的，但这对于我们目前采用的方法而言是一种挑战。我们已经在干预研究设计中采用随机分配的控制组，作为应对此类挑战的一种方法。我们的纵向研究也支持类似的结论（Avey, Luthans, Smith, & Palmer, 2010; Peterson, Luthans, Avolio, Walumbwa, & Zhang, 2011）。我们认为这些设计步骤必须科学考量心理资本的影响和其跨时间的发展性。

最后，在评估心理资本的影响时有一个重要的挑战，也就是为所评估的结果变量选择恰当的分析水平。统计上而言，个体水平的结果变量是与心理资本相关的最简单的变量，因为心理资本也在个体水平被测量。然而，这些结果变量并不总是可获得的，而且它们也可能不是组织最优先考虑的，或者对组织而言不是最有意义的。对组织来说，最优先、最有意义的结果变量越来越依赖于跨单位展现出来的工作整合。例如，为了在其医疗保健系统内提供无缝护理，一个大的医疗保健公司增强了团队和团队之间的整合。组织领导已经了解到，组织各部分之间的传递能够在护理和安全性上做出巨大改变。

随着考察组织如何跨界工作的趋势在不断增加，组织最关心的可能是利用团队、组织层面的重要结果变量，比如前面关于有用性分析示例中所用到的销售和利润数字。例如，Harter 及其同事（2002），Peterson 和 Luthans（2003）都用了商业水平的结果变量来评估员工投入和领导的希望所带来的影响，这些变量通常在个体水平进行考察，而不是把它们与组织层面的结果变量相联系。然而，整合可能并不总是在统计上具有可行性或者合理性，特别是因为人们经常能在心理测量（如心理资本测量）中发现高的组内变异性。这些高水平的变异使得整合并不合理，因为均值不能代表团队在某个特定测量上的方差。

现在已经提出了各种各样的方法在更高的分析层面上评估心理资本（如 McKenny, Short, & Payne, 2013; Newman et al., 2014），并且在这个领域有新出现的一些实证研究（Clapp-Smith, Vogelgesang, & Avey, 2009; Haar, Roche, & Luthans, 2014; Mathe-Soulek, Scott-Halsell, Kim, & Krawczyk, 2014; Memili, Welsh, & Kaciak, 2014; Memili, Welsh, & Luthans, 2013; Peterson & Zhang, 2011）。这些研究所基于的前提是：个体水平的心理资本和团队水平的心理资本具有相同结构。而我们会建议把此作为一个有效的假定。这意味着，从本质上来讲，心理资本对于个体的意义和对于团队或组织的意义是相同的。把心理资本测量的参照点从个体转移到团队水平上，这为将来探讨团队或组织水平的心理资本提供了一条有趣的方法。

总之，为了符合标准并且与这些年以来几乎所有的人力资源管理方法相区别，心理资本必须表现出绩效影响力。在本章，我们试图证明心理资本在绩效和ROD上的影响力，以及在将来如何尽量有效地开展这种证明。

参考文献

Abbas, M., Raja, U., Darr, W., & Bouckenooghe, D. (2013). Combined effects of perceived politics and psychological capital on job satisfaction, turnover intentions, and performance. *Journal of Management,* doi:10.1177/0149206313495411.

Alarcon, G. M., Bowling, N. A., & Khazon, S. (2013). Great expectations: A meta-analytic examination of optimism and hope. *Personality and Individual Differences, 54,* 821-827.

Arnett, J. J. (2000). Emerging adulthood: A theory of development from the late teens through the twenties. *American Psychologist,* 55,469-480.

Avey, J. B., Avolio, B. J., & Luthans, F. (2011). Experimentally analyzing the impact of leader positivity on follower positivity and performance. *Leadership Quarterly, 22,*282-294.

Avey, J. B., Luthans, F., Smith, R. M., & Palmer, N. F. (2010). Impact of positive psychological capital on employee well-being over time. *Journal of Occupational Health Psychology, 15,*17-28.

Avey, J. B., Luthans, F., & Youssef, C. M. (2010). The additive value of positive psychological capital in predicting work attitudes and behaviors. *Journal of Management, 36,*430-452.

Avey, J. B., Reichard, R. J., Luthans, F., & Mhatre, K. H. (2011). Meta-analysis of the impact of positive psychological capital on employee attitudes, behaviors, and performance. *Human Resource Development Quarterly, 22,*127-152.

Avolio, B., & Luthans, F. (2006). *The high impact leader.* New York, NY: McGraw-Hill.

Bandura, A. (1997). *Self-efficacy: The exercise of control.* New York, NY: Freeman.

Bandura, A. (2012). On the functional properties of perceived self-efficacy revisited. *Journal of Management, 38,* 9-44.

Baron, R. A., Franklin, R. J., & Hmieleski, K. M. (2014). Why entrepreneurs often experience low, not high levels of stress: The joint effects of selection and psychological capital. *Journal of Management,* doi:10.1177/0149206313495411.

Becker, B. E., Huselid, M. A., & Beaty, R. W. (2009). *The differentiated workforce: Transforming talent into strategic impact.* Boston, MA: Harvard.

Berson, Y., & Avolio, B. J. (2004). Linking transformational and strategic leadership: Examining the leadership system of a high-technology organization in a turbulent environment. *Leadership Quarterly, 15,* 625-646.

Boudreau, J. W., &Jesuthasan, R. (2011). Transformative HR: How great companies use evidence-based change. New York, NY: Wiley.

Brogden, H. E., & Taylor, E. K. (1950). The dollar criterion: Applying the cost accounting concept to criterion construction. *Personnel Psychology, 3,* 133-154.

Bryant, F. B., & Cvengros, J. A. (2004). Distinguishing between hope and optimism. *Journal of Social and Clinical Psychology, 11,* 273-302.

Cacioppo, J. T., & Berntson, G. G. (1994). Relationship between attitudes and evaluative space: A critical review, with emphasis on the separability of positive and negative substrates. *Psychological Bulletin, 115,* 401-423.

Campbell, B. J., Coff, R., & Kryscynski, D. (2012). Rethinking sustained competitive advantage from human capital. *Academy of Management Review, 37,* 376-395.

Carifio, J., & Rhodes, I. (2002). Construct validities and the empirical relationships between optimism, hope, self-efficacy, and locus of control. *Work, 19,* 125-136.

Cascio, W. F., & Boudreau, J. W. (2011). *Investing in people: Financial impact of human resource initiatives* (2nd ed.). Upper Saddle River, NJ: Pearson.

Cascio, W. F., & Ramos, R. A. (1986). Development and application of a new method for assessing job performance and behavioral/economic terms. *Journal of Applied Psychology, 71,* 20-28.

Chakravarthy, B. S. (1986). Measuring strategic performance. *Strategic Management Journal, 7,* 437-458.

Chen, D. J. Q., & Lim, V. K. G. (2012). Strength in adversity: The influence of psychological capital on job search. *Journal of Organizational Behavior, 33,* 811-839.

Clapp-Smith, R., Vogelgesang, G. R., & Avey, J. B. (2009). Authentic leadership and positive psychological capital: The mediating role of trust at the group level of analysis . *Journal of Leadership and Organizational Studies, 15,* 227-240.

Combs, J. G., Liu, Y., Hall, A., & Ketchen, D. (2006). How much do high-performance work practices matter? A meta-analysis of their effects on organizational performance. *Personnel Psychology, 59,* 501-528.

Conley, J. J. (1984). The hierarchy of consistency: A review and model of longitudinal findings on adult individual differences in intelligence, personality, and self-opinion. *Personality and Individual Differences, 5,* 11-25.

Cote, J., & Buckley, R. (1987). Estimating trait, method, and error variance: Generalizing across 70 construct validation studies. *Journal of Marketing Research, 24,* 315-318.

Creswell, J. W. (2013). Qualitative inquiry and research design: Choosing among five approaches (5th ed.). Thousand Oaks, CA: Sage.

Creswell, J. W., & Plano-Clark, V. L. (2011). *Desigining and conducting mixed methods research* (2nd ed.). Thousand Oaks, CA: Sage.

Cronbach, L.J., & Gleser, G. C. (1965). *Psychological tests and personnel decisions* (2nd ed.). Urbana: University of Illinois Press.

Crook, T. R., Todd, S. Y., Combs, J. G., Woehr, D. J., & Ketchen, D. J. (2011). Does human capital matter? A meta-analysis of the relationship between human capital and firm performance. *Journal of Applied Psychology, 96,* 443-456.

Crowne, D. P., & Marlowe, D. (1960). A new scale of social desirability independent of psychopathology. *Journal of Counseling Psychology, 24,* 349-354.

Dawkins, S., Martin, A., Scott, J., & Sanderson, K. (2013). Building on the positive: A psychometric review and critical analysis of the construct of psychological capital. *Journal of Occupational and Organizational Psychology, 86,* 348-370.

De Houwer, J., Teige-Mocigemba, S., Spruyt, A., & Moors, A. (2009). Implicit measures: A normative analysis and review. *Psychological Bulletin, 135,* 347-368.

Dess, G. G., & Robinson, R. B., Jr. (1984). Measuring organizational performance in the absence of objective measures: The case of the privately held firm and conglomerate business unit. *Strategic Management Journal, 5,* 265-273.

Dollwet, M., & Reichard, R. (2013). Assessing cross-cultural skills: Validation of a new measure of cross-cultural psychological capital. *International Journal of Human Resource Management,* doi.org/10.1080/09585192.2013.845239.

Dunlop, P. D., & Lee, K. (2004). Workplace deviance, organizational citizenship behavior, and business unit performance: The bad apples do spoil the whole barrel. *Journal of Organizational Behavior, 25,* 67-80.

Flumer, I. S., & Ployhart, R. E. (2014). "Our most important asset" : A multidiciplinary/multilevel review of human capital valuation for research and practice. *Journal of Management, 40,* 161-192.

Fagan, H. (2014). PsyCap and the impact on the development of interculturalsensitivity of healthcare educators: A mixed methods study. Unpublished Ph.D. dissertation, University of Nebraska, Lincoln.

Goldstein, I. L. (1986). Training in organizations: Needs, assessment, development, and evaluation. Monterey, CA: Brookes/Cole.

Gooty, J., Gavin, M. Johnson, P., Frazier, L,, & Snow, D. (2009) In the eyes of the beholder: Transformational leadership, positive psychological capital and performance. *Journal of Leadership and Organization Studies, 15,* 353-357.

Gupta, V., & Singh, S. (2014). Psychological capital as a mediator of the relationship between leadership and creative performance behaviors. *International Journal of Human Resource Management, 25,* 1373-1394.

Haar, J., Roche, M., & Luthans, F. (August 1-5, 2014). *Do leaders' psychological capital and engagement influence follower teams or vice-versa.* Paper presented at Academy of Management Conference, Philadelphia, PA.

Harms, P., & Luthans, F. (2012). Measuring implicit psychological constructs in organizational behavior: An example using psychological capital. *Journal of Organizational Behavior, 33,* 589-594.

Harter, J., Schmidt, F., & Hayes, T. (2002). Business-unit-level relationship between employee satisfaction, employee engagement, and business out-comes: A meta-analysis. *Journal of Applied Psychology, 87,* 268-279.

Harter, J., Schmidt, F., & Hayes, T. (2003). Well-being in the workplace and its relationship to business outcomes: A review of the Gallup studies. In C. Keyes & J. Haidt (Eds.), *Flourishing: Positive psychology and the life well-lived* (pp. 205-224). Washington, DC: American Psychological Association.

Huang, L., & Luthans, F. (2014). Toward better understanding of the learning goal orientation-creativity relationship: The role of positive psychological capital. *Applied Psychology: An International Review,* doi: 10.1111 /apps.12028.

Hunter, J. E., & Schmidt, F. L. (1983). Quantifying the effects of psychological interventions on employee job performance and work-force productivity. *American Psychologist, 38,* 473-478.

Hunter, J. E., Schmidt, F. L., & Judiesch, M. K. (1990). Individual differences in output variability as a function of job complexity. *Journal of Applied Psychology, 75,* 28-42.

Judge, T. A., & Bono, J. E. (2001). Relationship of core self-evaluations traits—self-esteem, generalized self-efficacy, locus of control, and emotional stability—with job satisfaction and job performance: A meta-analysis. *Journal of Applied Psychology, 86,* 80-92.

Judge, T. A., Thorensen, C.J., Bono, J. E. & Patton, G. K. (2001). The job satisfaction-job performance relationship: A qualitative and quantitative review. *Psychological Bulletin, 127,* 376-407.

Krasikova, D. V., Harms, P. D., & Luthans, F. (April, 2012). *Telling stories: Validating an implicit measure of psychological capital.* Paper presentated at 27th Meeting of Society for Industrial and Organizational Psychology, San Diego, CA.

Kravetz, D. (2004). Measuring human capital: Converting workplace behavior into dollars. Mesa, AZ: KAP.

Kubzansky, L. D., Kubzansky, P. E., & Maselko, J. (2004). Optimism and pessimism in the context of health: Bipolar opposites or separate constructs? *Personality and Social Psychology Bulletin, 30,* 943-956.

Latham, G. P. (2009). Becoming the evidence-based manager: Making the science of management workfor you. Boston, MA: SHRM/Davies-Black.

Latham, G. P., & Whyte, G. (1994). The futility of utility analysis. *Personnel Psychology, 47*i 31-46.

Law, K. S., Wong, C., & Mobley, W. H. (1998). Toward a taxonomy of multidimensional constructs. *Academy of Management Review, 23,*741-755.

Lim, B. C., & Ployhart, R.E. (2004). Transformational leadership: Relations to the five-factor model and team performance in typical and maximum contexts. *Journal of Applied Psychology, 89,* 610-621.

Liu, Y. (2013). Moderating effect of positive psychological capital in Taiwan's life insurance industry. *Social Behavior and Personality, 41,*109-112.

Locke, E., Frederick, E., Lee, C., & Bobko, P. (1984). Effects of self-efficacy, goals and task strategies on task performance. *Journal of Applied Psychology, 69,* 241-251.

Loo, R., & Thorpe, K. (2000). Confirmatory factor analyses of the full and short versions of the Marlowe-Crowne social desirability scale. *Journal of Social Psychology, 140,*628-635.

Lopez, S., & Snyder, C. R. (Eds.). (2003). *Positive psychological assessment: A handbook of models and measures.* Washington, DC: American Psychological Association.

Luthans, F., Yousef, C. M., & Avolio, B, J. (2007). *Psychological capital: Developing the human competitive edge.* Oxford: Oxford Press.

Luthans, B. C., Luthans, K. W., & Avey, J. B. (2014). Building the leaders of tomorrow: The development of academic psychological capital. *Journal of Leadership and Organizational Studies, 21,*191-200.

Luthans, B. C., Luthans, K. W., & Jensen, S. (2012). The impact of business school students' psychological capital on academic performance. *Journal of Education for Business, 87,*253-259.

Luthans, F., Avey, J. B., Avolio, B. J., Norman, S. M., & Combs, G. J. (2006). Psychological capital development: Toward a micro-intervention. *Journal of Organizational Behavior,*

*27,*387-393.

Luthans, F., Avey, J. B., Avolio, B. J., & Peterson, S. (2010). The development and resulting performance impact of positive psychological capital. *Human Resource Development Quarterly, 21,*41-66.

Luthans, F., Avey, J. B., & Patera, J. L. (2008). Experimental analysis of a web-based training intervention to develop positive psychological capital. *Academy of Management Learning and Education, 7,* 209-221.

Luthans, F., & Avolio, B. (2003). Authentic leadership: A positive development approach. In K. S. Cameron, J. E. Dutton, & R. E. Quinn (Eds.), *Positive organizational scholarship* (pp. 241-258). San Francisco, CA: Berrett-Koehler.

Luthans, F., Avolio, B. J., Avey, J. B., & Norman, S. M. (2007). Positive psychological capital: Measurement and relationship with performance and satisfaction. *Personnel Psychology, 60,* 541-572.

Luthans, F. Norman, S. M., Avolio, B. J., & Avey, J. B. (2008). The mediating role of psychological capital in the supportive organizational climate-employee performance relationship. *Journal of Organizational Behavior, 29,* 219-238.

Luthans, F., Youssef, C. M., & Avolio, B. J. (2007). *Psychological capital: Developing the human competitive edge.* New York, NY: Oxford University Press, Appendix, 237-238.

Luthans, F., Youssef, C. M., Sweetman, D., & Harms, P. (2013). Meeting the leadership challenge of employee well-being through relationship PsyCap and health PsyCap. *Journal of Leadership and Organizational Studies, 20,*114-129.

Magaletta, P. R., & Oliver, J. M. (1999). The hope construct, will and ways: Their relations with efficacy, optimism, and general well-being. *Journal of Clinical Psychology, 55,*539-551.

Maurer, T. J., & Pierce, H. R. (1998). A comparison of Likert scale and traditional measures of self-efficacy. *Journal of Applied Psychology, 83,* 324-329.

Masten, A. S. (2001). Ordinary magic: Resilience process in development. *American Psychologist, 56,* 227-239.

Masten, A. S., Cutuli, J. J., Herbers, J. E, & Reed, M. G. J. (2009). Resilience in development. In S. J. Lopez & C. R. Snyder (Eds.), *Oxford handbook of positive psychology* (2nd ed., pp. 117-131). New York, NY: Oxford University Press.

Mathe-Soulek, K., Scott-Halsell, S., Kim, S., & Krawczyk, M. (2014). Psychological capital in the quick service restaurant industry: A study of unit level performance. *Journal of Hospitality and Tourism Research,* doi:10.1177/10963348014550923.

McKenny, A. F., Short, J. C., & Payne, T. (2013). Using computer-aided text analysis to elevate constructs: An illustration using psychological capital. *Organizational Research*

*Methods, 16,*152-184.

Memili, E., Welsh, D. H. B., & Kaciak, E. (2014). Organizational psychological capital of family franchise firms through the lens of the leader-member exchange theory. *Journal of Leadership and Organization Studies, 21,* 200-209.

Memili, E., Welsh, D. H. B., & Luthans, F. (2013). Going beyond research on goal setting: A proposed role for organizational psychological capital of family firms. *Entrepreneurship Theory and Practice, 37,*1289-1296.

Meyer, J. P., Stanley, L. J., & Vandenberg, R. J. (2013). A person-centered approach to the study of commitment. *Human Resource Management Review, 23,*190-202.

Newman, A., Ucbasaran, D., Zhu, F., & Hirst, G. (2014). Psychological capital: A review and synthesis. *Journal of Organizational Behavior, 35,* S120-S138.

Norman, S. M., Avolio, B. J., & Luthans, F. (2010). The impact of positivity and transparency on trust in leaders and their perceived effectiveness. *Leadership Quarterly, 21,*350-364.

Parker, S. (1998). Enhancing role breadth self-efficacy: The roles of job enrichment and other organizational interventions. *Journal of Applied Psychology, 6,* 835-852.

Peterson, C., & Chang, E. (2002). Optimism and flourishing. In C. Keyes & J. Haidt (Eds.), *Flourishing: Positive psychology and the life well-lived* (pp. 55-79). Washington, DC: American Psychological Association.

Peterson, S., & Luthans, F. (2003). The positive impact of development of hopeful leaders. *Leadership and Organizational Development Journal, 24,* 26-31.

Peterson, S. J., Luthans, F., Avolio, B. J., Walumbwa, F. O., & Zhang, Z. (2011). Psychological capital and employee performance: A latent growth modeling approach. *Personnel Psychology, 64,*427-450.

Peterson, S. J., & Zhang, Z. (2011). Examining the relationships between top management team psychological characteristics, transformational leadership, and business unit performance. In M. A. Carpenter (Ed.), *Handbook of top management research* (pp. 127-149). New York, NY: Edward Elgar.

Pittinsky, T. L., Rosenthal, S., & Montoya, R. M. (2011). Liking is not the opposite of disliking: The functional separability of positive and negative attitudes toward minority groups. *Cultural Diversity and Ethnic Minority Psychology, 17,*134-143.

PodsakofF, P., MacKenzie, S., Lee, J., & PodsakofF, N. (2003). Common method biases in behavioral research: A critical review of the literature and recommended remedies. *Journal of Applied Psychology, 88,* 879-903.

Reynolds,W. (1982). Development of reliable and valid short forms of the Marlowe-Crowne social desirability scale. *Journal of Clinical Psychology, 38,* 119-125.

Sackett, P. R., Berry, C. M., Wiemann, S. A., & Laczo, R. M. (2006). Citizenship and counterproductive behavior: Clarifying relations between the two domains. *Human Performance, 19,* 441-464.

Sackett, P. R., & Mullen, E. J. (1993). Beyond formal experimental design: Towards an expanded view of the training evaluation process. *Personnel Psychology, 46,* 613-627.

Schaufeli, W. B., & Bakker, A. B. (2004). Job demands, job resources, and their relationship with burnout and engagement: A multi-sample study. *Journal of Organizational Behavior, 25,* 293-315.

Scheier, M., & Carver, C. (1985). Optimism, coping, and health: Assessment and implications of generalized outcome expectancies. *Health Psychology, 4,* 219-247.

Schmidt, F. (2009). Select on intelligence. In E. Locke (Ed.), *Handbook of principles of organizational behavior* (2nd ed., pp. 3-17). West Sussex, UK: Wiley.

Schmidt, F. L., Hunter, J. E., McKenzie, R. C., & Muldrow, T. W. (1979). Impact of valid selection procedures on work-force productivity. *Journal of Applied Psychology, 64,* 609-626.

Seligman, M. E. P. (1998). *Learned optimism.* New York, NY: Pocket Books.

Skarlicki, D. P., Latham, G. P., & Whyte, G. (1996). Utility analysis: Its evolution and tenuous role in human resource management decision making. *Revue Canadienne des Sciences de l' Administration, 13*(1), 13-21.

Snyder, C. R. (2000). *Handbook of hope.* San Diego, CA: Academic Press.

Snyder, C. R. (2002). Hope theory: Rainbows in the mind. *Psychological Inquiry, 13,* 249-275.

Snyder, C. R., Sympson, S. C., Ybasco, F. C., Borders, T. F,, Babyak, M. A., & Higgins, R. L. (1996). Development and validation of the state hope scale. *Journal of Personality and Social Psychology, 70,* 321-335.

Stajkovic, A. D., & Luthans, F. (1998a). Self-efficacy and work-related performance: A meta-analysis. *Psychological Bulletin, 124,* 240-261.

Stajkovic, A. D., & Luthans, F. (1998b). Social cognitive theory and self-efficacy: Going beyond traditional motivational and behavioral approaches. *Organizational Dynamics, 26,* 62-74.

Stanton, J. M., Sinar, E. F., Balzar, W. K., & Smith, P. C. (2002). Issues and strategies for reducing the length of self-report scales. *Personnel Psychology, 55,* 167-194.

Story, J. S., Youssef, C. M., Luthans, F., Barbuto, J. E., & Bovaird, J. (2013). Contagion effect of global leaders' positive psychological capital on followers: Does distance and quality of relationship matter? *International Journal of Human Resource Management, 24,* 2534-2553.

Vogelgesang, G., Clapp-Smith, R., & Osland, J. (2014). The relationship between positive psychological capital and global mindset in the context of global leadership. *Journal of Leadership and Organization Studies, 21,* 165-178.

Wagnild, G., & Young, H. (1993). Development and psychometric evaluation of the resiliency scale. *Journal of NursingMeasurement, 1(2),* 165-178.

Wang, H., Sui, Y., Luthans, F., Wang, D., & Wu, Y. (2014). Impact of authentic leadership on performance: Role of followers' positive psychological capital and relational *processes. Journal of Organizational Behavior, 35,* 5-21.

Watson, D., Clark, L. A., & Tellegen, A. (1988). Development and validation of brief measures of positive and negative affect: The PANAS *scAes. Journal of Personality and Social Psychology, 54,* 1063-1070.

Wernsing, T. (2014). Psychological capital: A test of measurement invariance across 12 national cultures. *Journal of Leadership and Organization Studies, 21,* 179-190.

Whyte, G., & Latham, G. (1997). The futility of utility analysis revisited: When even an expert fails. *Personnel Psychology, 50,* 601-610.

Wright, P. M., Coff, R., & Moliterno, T. P. (2014). Strategic human capital: Crossing the great divide. *Journal of Management, 40,* 353-370.

Wright, T. A. (2007). A look at two methodological challenges for scholars interested in positive organizational behavior. In D. Nelson & C. L. Cooper (Eds.), *Positive organizational behavior: Accentuating the positive at work* (pp. 177-190). Thousand Oaks, CA: Sage.

Youssef, C. M., & Luthans, F. (2007). Positive organizational behavior in the workplace: The impact of hope, optimism, and resilience. *Journal of Management, 33,* 774-800.

PSYCHOLOGICAL CAPITAL AND BEYOND

第 10 章

心理资本的旅程：现在和进入未来

自从几年前我们发表了第一本有关心理资本的书以来，全世界来自各种领域、不同国家的学者们和实践者们对心理资本表现出相当大的兴趣，这已经非常让人欢欣鼓舞。正如在本书开头所提及的，心理资本已经走出了私营的营利组织，被运用于军事人员、飞行员、警官、心理健康和社会工作从业者、教育者、高尔夫球手、大多数运动的教练和运动员、护士和其他医疗保健人员、政府部门的员工和志愿者们。除了各种类型的组织中的员工和领导，心理资本也已经被用于学校的孩子、青少年、有风险的青年、大学生、失业人员和老年人。证据表明几乎每个人都可以从一定健康剂量的积极性中获益，不仅在工作中，而且在各种各样的生活领域里。这为不同行业的研究者和循证的实践者们提供了巨大的机会。然而，总是存在一些风险和挑战，要么过于简化一个构念的关系网，要么对一个概念以偏概全，没有考虑那些塑造其价值、功效和对所期望结果有影响的情境因素。结尾这章的目的在于，为那些感兴趣拓展心理资本的科研和实践人员提供一个总结，谈谈我们现在站在哪里，以及将来前行的路标在哪里。

提出的概念模型

心理资本领域已经提出了一些全面的概念模型。第一个模型出现在《牛津积极心理学与工作手册》(*Oxford Handbook of Positive Psychology and Work*) 一书中，如图 10.1 所示。这个模型的目的是提供研究心理资本的一种"大局"

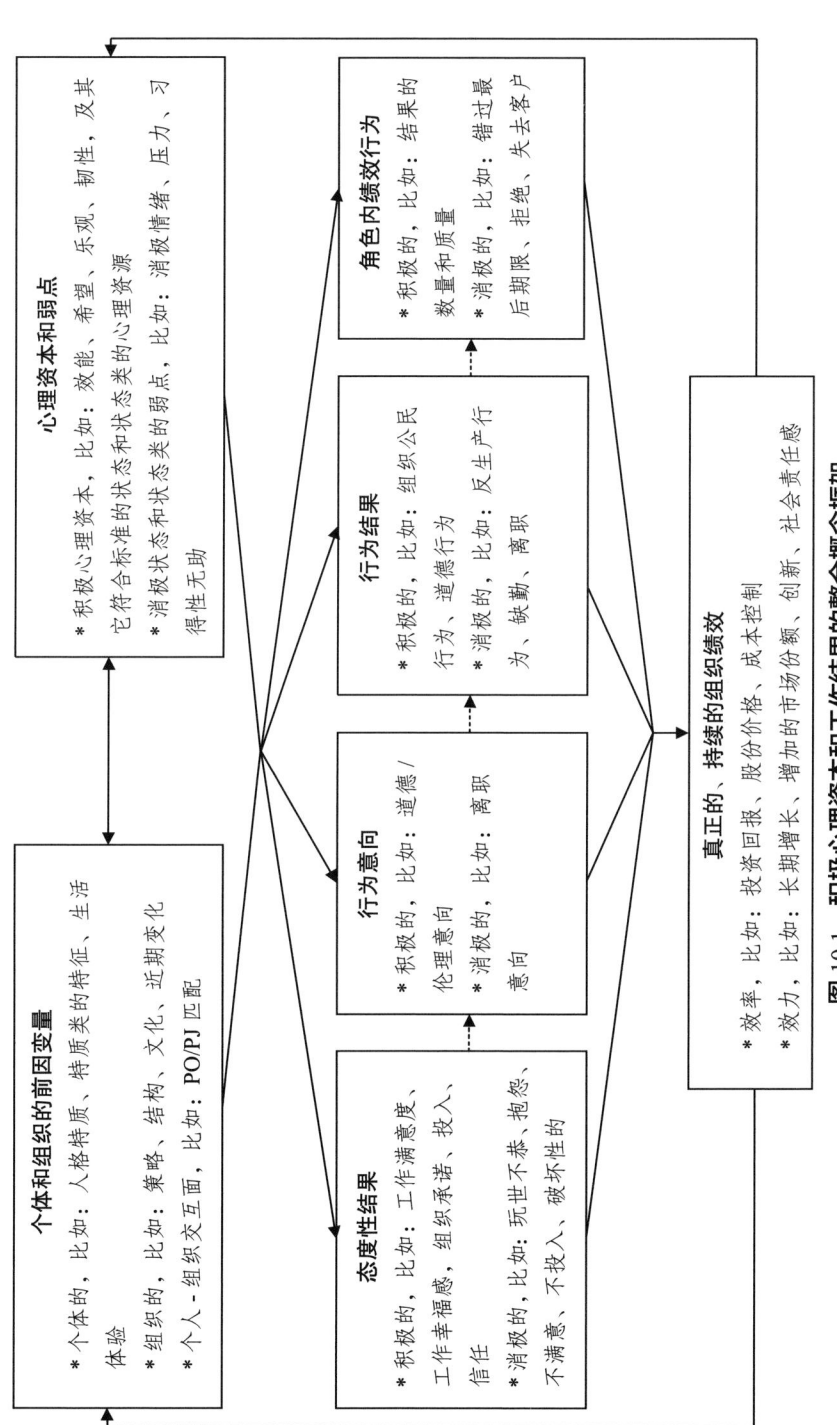

图 10.1 积极心理资本和工作结果的整合概念框架

来源：Adapted Youssef, C. M., & Luthans, F. (2010). An integrated model of psychological capital in the workplace. In P. A. Lindley, S. Harrington, & N. Garcea (Eds.), *Oxford handbook of positive psychology and work.* (pp. 277-288). Oxford, UK: Oxford.

观,并且提出心理资本研究和一般的积极心理学研究中的一些挑战,也就是:(1)积极和消极概念之间的平衡,(2)大范围的特质和状态,(3)多种水平的分析,以及(4)多种结果(Youssef & Luthans, 2010)。

更具体地来说就是,要更好地理解积极性,就与对消极性和消极构念的平衡理解不可分割。正如本书通篇所解释的一样,消极构念(比如无望和无助),不一定表示它们是本书所讨论的积极构念所在连续体上的另一极端。相反,消极性应当被看作一套独立的构念和机制,能够影响、塑造、平衡但有时也会压制积极性的发展(Cameron, 2008;也可以参考第1章有关于这个问题的详细处理)。

进一步来说,心理资本的理解、开发和投资发生在个体水平的特质和特质类因素(天性-教养的争论)的界限之内,而这有待于得到认可。特质-状态连续体(见图2.1,及第2章中的相关讨论)已经是贯穿本书的一个常见主题,在提及组成心理资本的每一种心理资源或潜在的心理资源时得到了强调。虽然基线的特质和特质类的特征可能被许多人看作是局限性,但是最近在神经学上的研究进展表明,即使这类相对稳定的特征也能够在恰当的条件下变得可塑(Davidson, 2012; Pluess & Belsky, 2013)。

此外,虽然心理资本主要是一个个体水平的构念,但对它的理解和应用,特别有关前因变量和结果变量时,需要用一种多水平的方法。各种各样的情境因素当然能够影响个体的心理资本水平。在本章的后面,我们也会讨论团队和组织因素如何能够调节心理资本和各种结果变量之间的关系,以及心理资本自身能够被提高到更高的分析水平上(McKenny, Short, & Payne, 2013)。重要的是,在不久的将来,心理资本开发的结果不仅可以具体到个体水平上,也将可以具体到团队、组织和社区或社会水平上。

最后,虽然心理资本的入选标准强调了一种切实的绩效影响,但不应当把这看作是一种纯粹功利的范式。对于组织决策者而言,在其向股东辩护自己的资源分配决策和优先顺序时,可以计量的投资回报是必要的,特别是在今天这种竞争性的环境和微弱利润的情况下。然而，这种回报并不试图以其他重要的结果为代价。我们相信心理资本的财务影响能够仅仅通过触发真正的积极态度、意愿和行为的循环而实现，如图10.1的中间部分所示（Youssef & Luthans, 2010）。这些联系心理资本和其多种结果变量的机制在本章后面会讨论。

换句话说，心理资本不单单只是基于奖赏和认可的一种行为强化方式。相反，如我们在《牛津幸福手册》(*Oxford Handbook of Happiness*)中所介绍的第二个概念框架一样，心理资本能够触发一个上升螺旋，投入认知、情感、意念（conative）和社交机制，带来非同凡响的绩效和其他所期待的结果（Youssef & Luthans, 2013）。认知上，心理资本塑造了我们解释情境的方式。特别地，心理资本产生了"对于环境和成功可能性的积极评价"(Luthans, Avolio, Avey, & Norman, 2007, p. 550)，这增强了努力、动机和毅力。情感上，心理资本引起许多各种不同的积极状态，这能有助于拓宽想法–行动策略、构建身体、心理和社会资源（Fredrickson, 2009）。意念上，心理资本增强自主性思维和有效的目标追寻，带来更有目的和意图的行动，以及一种控制感（Bandura, 2001, 2008, 2012）。社交方面，心理资本和总体上的积极性增加了相互的吸引，这会促进关系、网络和联结（Dutton & Ragins, 2006）。

在《积极组织心理学进展》(*Advances in Positive Organizational Psychology*)中已经提出的第三个模型如图10.2所示（Youssef-Morgan & Luthans, 2013）。这个模型基于前两个模型，特别强调心理资本背后的自主性、可塑性和社会性机制。此外，这个模型超越工作背景，涉及心理资本在健康和关系领域的可能好处。重要的是，生活领域之间的关系被认为是互惠的，这意味着随着时间的推移，每一个领域由于某种原因会相互之间影响和被影响。这些工作–生活改进的动态界面（Demerouti, 2012; Greenhaus & Powell, 2006; McNall, Niclin, & Masuda, 2010）以及总体上积极和自我强化的螺旋（Fredricson, 2003; Luthans, Youssef, & Rawski, 2011; Salanova, Bakke & Llorens,

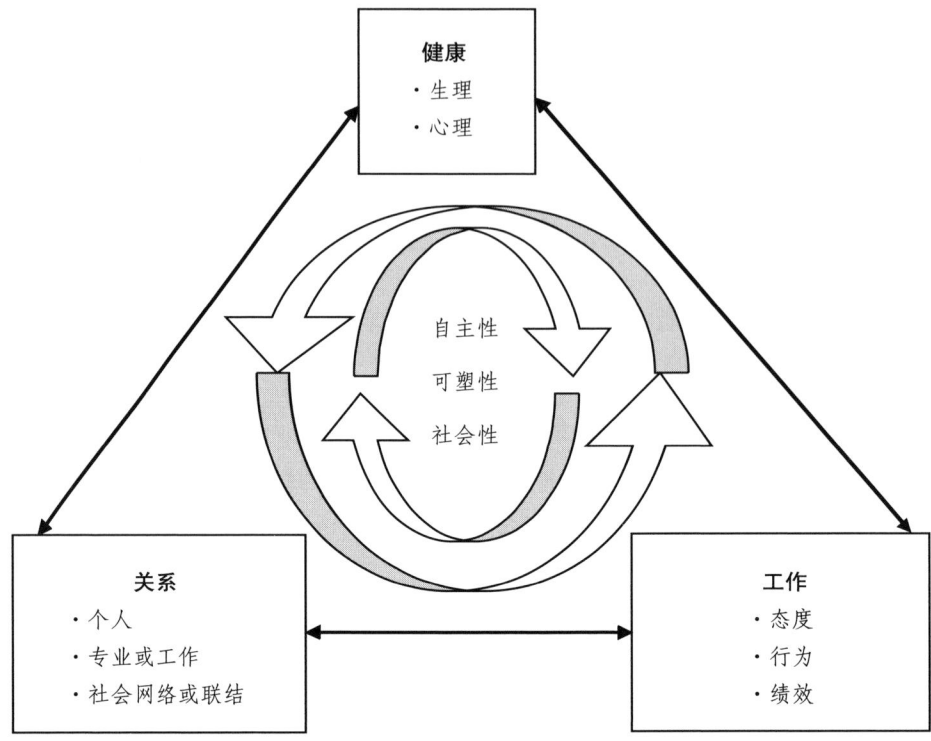

图 10.2　积极性在工作和工作之外的整体模型

来　源：Youssef-Morgan, C. M., & Luthans, F. (2013). Psychological capital theory: Toward a positive holistic model. In A. Bakker (Ed.), *Advances in positive organizational psychology* (pp. 145-166). Bingley, UK: Emerald. Used with permission of the publisher.

2006; Walter & Bruch, 2008）正在获得相当多的关注和支持。

真实领导力

在综合的心理资本理论模型之外，最紧密相关的一个平行发展是真实领导力。心理资本在真实领导力最初的概念化过程中起着重要的作用（Avolio & Luthans, 2006; Luthans & Avolio, 2003），我们在第 8 章把真实性当作心理资本的一个潜在成分进行讨论时，曾简单介绍过真实领导力。在过去的十年，已经有成百上千的研究考察了从对抗性领导到教室里的领导这样多种情境下的真实性领导。在这个时期，人们已经付出了相当多的努力，证实真实领导力可以区别于其他积极领导构念，如转换型、伦理性和精神领导力方面，当然也包括与心理资本本身的区别（Gardner, Cogliser, Davis, & Dickens, 2011）。

这部分研究已经清楚地表明真实领导力从三个独特的方面对积极领导文献有贡献。第一，就像心理资本一样，真实领导力代表一个高阶构念。这就强调了在开发此类领导以及预测心理或绩效结果时，要组合考察与真实领导力相关的各成分构念的重要性。第二，真实领导力增强了其他积极领导构念（如谦逊）和其他风格对于绩效结果的预测。它提供了一个额外的"领导基础"来说明，积极领导能够解释任何个体或团队水平上的绩效的总体变异。第三，有关真实领导力的理论和实证研究工作的出现支持了把这些领导成分作为一个基础加以考察的正当性，因为在此基础上，其他积极的领导形式——而且我们现在会加上追随品质——得以出现和发展，比如转换型领导。

今天，基于 Avolio 和 Gardner（2005）的工作和许多其他在 Gardner 等人（2011）一文中回顾到的发生在那个时候的文献中的文章以及后续的一些文献，领导力文献已经确定了组成真实领导力的四个核心成分或构念。这些构念包括领导的自我意识、平衡的加工、透明性及道德与伦理。支持真实领导力四成分模型的大量证据已经在全球各种各样的样本和各种各样的组织背景中得以确认（Avolio, 2011l; Caza, Bagozzi, Woolley, Levy, & Caza, 2010; Moriano, Molero, & Mangin, 2011）。另外，真实领导力也已经被运用到团队或小组层面，被证明有相似的发现。

Hannah、Walumbwa 和 Fry（2011）考察了真实领导力的跨层效应，揭示了一个团队领导的真实性水平可以预测这个领导所带领的小组所展现出来的平均真实性水平。他们揭示，团队成员们会把领导的真实性转移到自己在团队内的人际互动中。自我意识更强的团队成员，也是更透明、更平衡和更有道德的，他们进行互动，提升了团队整体的真实领导力。也很明显，在高绩效团队中，团队的平均真实性水平更高，在团队内展现真实的领导行为就有更高的一致性。

Walumbwa、Hartnell、Aryee 和 Christensen（2011）通过测量真实领导力、沟通氛围和工作团队中所展现出来的知识分享水平，来考察工作团队中的创造力。真实领导力的评价与工作团队的创造力存在正相关。这一关系也被团队中显现出来的沟通氛围和知识分享所调节。该研究的作者也报告了真实领导力可以在转换型领导评价之外解释 14% 的团队水平的创造力。这一发现表明真实领导力增强了转换型领导对于创造力这一结果的预测力。

更多的研究不断发现真实领导力和其他结果变量之间的重要关系。Giallonardo、Wong 和 Iwasiw（2010）报告了真实领导力与护士的工作满意度呈正相关，部分受到护士工作投入水平的调节。Wong、Laschnger 和 Cummings（2010）也在护士样本中发现，真实领导力的评估与员工的言论行为、知觉到的看护品质存在正相关。真实领导力还与领导的信任（Clapp-Smith, Vogelgesang, & Avey, 2009），组织的承诺（Jensen & Luthans, 2006），下属的公民行为、建议和工作投入（Giallonardo et al., 2010），下属的工作绩效（Wang, Sui, Luthans, Wang, & Wu, 2014; Wong & Cummings, 2009），心理幸福感（Toor, Ofori, & Arain, 2007）以及公司绩效（Hmieleski, Cole, & Baron, 2012）都存在正相关。

总体上，过去十年所积累的研究已经清楚地证实大多数有关真实领导力的早期模型或理论的根本性预期（Avolio & Gardner, 2005）。所遗留下来的问题是，要把有关真实领导力的组成成分这种基础性工作拓展到真实领导力开发的领域中去。确实，与真实领导力开发有关的最初发展模型（Luthans & Avolio, 2003），大多仍然未得到检验，这些与心理资本有关，因而有可能成为真实领导力研究的下一个前沿。最重要的是，在图 10.3 所示的这个模型里，我们考虑的是，先整合心理资本的构念和领导的积极形式，在下一个十年理论和研究则需要专注于考察如何才能对绩效产生最积极的影响。

心理资本概念模型的支持证据与不足之处

现在我们以心理资本概念模型为基础（见图 10.1 和图 10.2），简单总结了迄今为止的一些发现，以支持这些模型中的多种成分并突出一些重要的不足和新出现的其他研究领域。我们在前面章节中已经对许多这类发现进行了细致的讨论，但这里的目的就是要提供一个简单的印象，这样可以知道现在我们在哪里，以及我们需要去哪里。重要的是，我们突出和总结了心理资本与其前因、中介、调节和结果变量之间的关系的潜在理论机制，以便把将来的理论建构和实证研究导向更可行、具有解释力的模型，并且告知人们有效的循证实践。我们会简单总结至今为止在心理资本的结果、前因、中介和调节因素这个一般主题下的支持证据。

心理资本的结果变量

大多数心理资本的实证研究支持心理资本与各种所期待的结果变量之间的关系。例如，前面所引用的 Avey、Reichard、Luthans 和 Mhatre（2011）对截至当时为止的 51 项心理资本研究进行了元分析，支持员工的心理资本和积极工作态度（满意度、组织承诺、心理幸福感）、行为（组织公民行为）和绩效（自评、上级评价和客观测量）之间的关系，也发现心理资本和负面工作态度（玩世不恭、离职意向、压力、焦虑）和行为（偏差行为）之间的显著负相关。这些发现已经在许多各种各样的工作、人群和文化中得到重复，也已经得到前面所引用的 Newman 等人（2014）最近有关心理资本的全面综述的进一步支持。

此外，有纵向研究支持心理资本是绩效（Peterson et al., 2011）和幸福感（Avey et al., 2010; Roche, Haar, & Luthans, 2014）的一个预测因子。最近的发现也支持心理资本是茁壮成长和个人发展的预测因子（Patterson, Luthans, & Jeung）。除了工作相关之外，心理资本也能预测对健康和关系的满意度，以

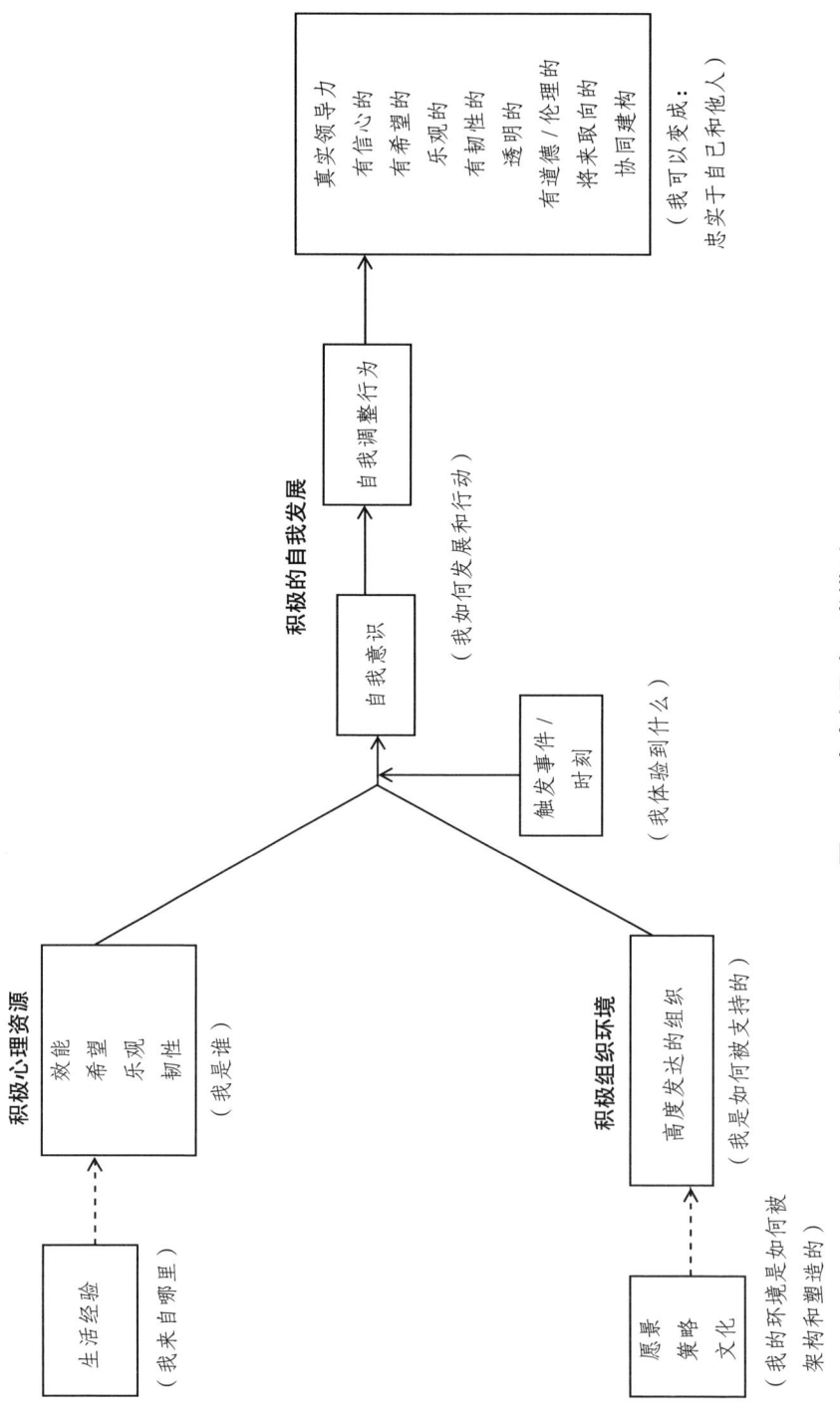

图 10.3 真实领导力开发模型

来源：Adapted from Luthans, F., & Avolio, B. J. (2003). Authentic leadership development. In K. S. Cameron, J. E. Dutton, & R. E. Quinn (Eds.), *Positive organizational scholarship* (pp. 241-258). San Francisco, CA: Berrett-Koehler.

及这些生活领域中的客观结果，比如与家庭和朋友相处的时间、体重指数和胆固醇水平（Luthans, Youssef, Sweetman, & Harms, 2013）。

虽然心理资本能够预测所有这些重要结果是令人鼓舞的，但科学研究和循证实践的进步也要求，有能力去解释心理资本和这些结果变量之间的关系的潜在理论机制。这就是我们看到的许多已发表文章——也包括作为同行评审和编辑的角色所看到的许多被拒的投稿——的不足之处。因此，为了引导高品质的将来研究，我们为读者总结了理论机制，能够解释心理资本和每一个受实证支持的结果变量之间的关系，也包括一些有效地建构这些重要理论主张的典范文献。总结如表10.1所示。许多这种机制也已经在前面章节中详细讨论过。我们希望将来的研究和实践可以用这个总结来拓展心理资本在预测之外的解释和理解因果关系的功能，而且更重要的是，通过利用心理资本的开发来促进积极变化和竞争性优势。

幸福感的例子

我们能够以心理资本和幸福感之间的关系为例来获得和解释这一关系的潜在机制。虽然幸福感经常和快乐一词互换使用，幸福感通常被公认为是包含个体对情绪幸福感（积极和消极情感、生活满意度和快乐）、心理幸福感（自我接受、个人成长、生活意义、环境掌控、自主性和与他人的积极关系）和社会幸福感（社会接受、实现、贡献、凝聚力和整合）的知觉和感受，是一个宽泛构念（全面的综述，见Diener, Suh, Lucas, & Smith, 1999; Keyes & Magyar-Moe, 2003）。此外，当然，幸福感也与被广泛认可的身体和心理健康（没有可被诊断的身体和心理疾病）的一些维度有关。

由于幸福感和许多工作内外的重要结果变量有关，幸福感本身也是所期待的结果。例如，快乐即多产这一员工假设已经在这些年被大量的研究所广泛考察和支持（Wright & Cropanzano, 2004）。与员工幸福感有关的可计量成本节省，也开始得到很好的记录并且被证明是实质存在的（Cascio &

表 10.1 心理资本的结果变量和内在理论机制

结果变量	机制	参考文献示例
绩效	效能：自主性、自我决定、目标选择、毅力	Luthans, Avolio et al., 2007
	希望：目标设定、应急计划	
	乐观：积极评价、乐观解释风格	
	韧性：恢复并反弹	
满意度	积极评价	Luthans et al., 2013
承诺	需要的实现	Avey et al., 2011
快乐/幸福感	积极评价、在重要生活领域的满意度	Luthans et al., 2013
	记忆保留	Youssef & Luthans, 2013; Bakker & Oerlemans, 2012
	减轻负面过程和负面偏差资源理论；拓展和构建	Avey et al., 2010; Youssef & Luthans, 2013
	多样性	Sheldon et al., 2013
	目标追寻和进展	Diener et al., 2009
健康	自主性	Luthans et al., 2013
	自主性、可塑性、好交际	Youssef-Morgan & Luthans, 2013
	大脑功能	Davidson, 2012
关系	社会资源、情绪感染	Luthans et al., 2013
	自主性、可塑性、好交际	Youssef-Morgan & Luthans, 2013
成长/自我发展	自主性的工作行为	Paterson et al., 2014
公民行为（OCB）	拓展和构建	Avey, Luthans, & Youssef, 2010
偏差行为（CWB）	韧性和应对	Avey, Luthans, & Youssef, 2010
玩世不恭	积极情绪、消极情绪、自主性	Avey, Luthans, & Youssef, 2010
压力/焦虑	吸引-选择-磨损	Baron et al., 2014
	积极评价、应对、认知资源	Avey et al., 2009
离职意向/离职	积极预期、韧性适应和反弹	Avey, Luthans, & Youssef, 2010

Boudreau, 2011）。而且，Judge 等人的研究支持生活满意度和幸福感是工作满意度的前因变量（Judge & Watanabe, 1993），这继而与工作绩效有强相关（Judge, Thoresen, Bono, & Patton, 2001）。另外，快乐和生活满意度已经被证明与身心健康（Ryff & Singer, 2003）、个人成长、压力应对（Diener & Fujita, 1995; Emmons, 1992, Folkman, 1997; Fordyce, 1988），以及对重要的生活领域的满意度（Diener, 2000; Diener et al., 1999）有关。Lyubomirsky、King 和 Diener（2005）的元分析研究也在生活的许多方面建立了快乐、幸福感与成功的关系。该研究基于横断、纵向和实验研究的证据，支持了从快乐、幸福感到成功的因果关系，而并非反方向。

如表 10.1 所示，可以用几个理论机制从概念上建立心理资本与幸福感的关系。首先，幸福感可以由个体对于生活总体和特定事件与环境的认知和情感评估来塑造（Bakker & Oerlemans, 2012; Diener, Oishi, & Lucas, 2009）。正如本书通篇所讨论的，基于对过去的积极解释风格、对现在的动机性努力和毅力，以及对将来的积极预期和意愿性目标追寻，心理资本提供了一种可行的机制，形成对过去、现在和将来事件的积极评价。第二，与这些积极评价有关，心理资本能够有助于减少那些与我们身上普遍的消极偏差有关的消极评估（Baumeister, Bratslavsky, Finkenauer, & Vohs, 2001；也可见第 1 章的详细讨论）。在工作中，心理资本能够促进幸福感的积极形式，有助于管理与非现实目标和野心有关的普遍问题，如工作狂和工作倦怠（Bakker & Oerlemans, 2012）。

第三，构成幸福感的一个成分是对重要生活领域的满意度（Diener, 2000; Diner et al., 1999）。已经有研究发现心理资本可以预测重要生活领域的满意度，如工作、关系和健康等领域（Luthans et al., 2013）。第四，Diener 和同事（2000）也证明，幸福感作为对生活满意度的总体评估，超越了各具体领域的满意度评价之和。幸福感也可以通过保持有关各种生活事件的记忆而得到塑造，已经证明这些记忆从数量和品质上与真实经历不同（Kahneman, 2011;

Kim-Prieto, Diener, Tamir, Scollon, & Diener, 2005)。积极性（即心理资本）能够促进那些持续影响幸福感所必备的关注、解释和记忆保持过程（Diener & Biswas-Diener, 2008; Lyubomirsky, 2001）。

第五，基于资源理论，心理资本可以被认为是一种心理资源。对于资源可获得性的认知评估常常被用来作为全球健康评估的指标（Wright & Hobfoll, 2004）。因此，一种知觉到的心理资源（心理资本）的储备，能够促进幸福感的评估（Avey et al., 2010）。根据拓展和构建理论（Fredrickson, 2003），积极性和心理资本能够有助于构建这种心理资源的储备，带来更高的幸福感。最后，享乐适应对于幸福感是不利的。Sheldon、Boehm 和 Lyubomirsky（2013）提议把多样性作为防止享乐适应、维持幸福感的一种关键机制。类似地，在重要目标上主动追寻和取得进展能够有助于维持幸福感（Diener et al., 2009）。自主性的目标追寻是心理资本的一个组成成分，它能够提供必要的多样性来增进幸福感。

我们抽取了六个在心理资本和幸福感之间建立联系的理论机制，用同样的方法可以用表10.1来建构一些令人信服的理论主张，以解释心理资本和许多其他重要结果变量之间的关系。我们强烈鼓励心理资本领域的学者和循证实践家们，基于这些和其他一些理论机制，而不仅仅依赖于确定性的模型和数据挖掘，来支持这些（机制性的）关系从而产生他们所渴望看到的结果和变化。

心理资本的前因变量

除了结果变量，对心理资本进行概念化也需要对其前因变量进行理解，或者说是通常出现在最理论化的模型中，被我们亲密的同事 Avey（2014）称之为"左边"系列的变量。正如在本书中通篇所强调的一样，心理资本是一种发展性的、状态类的心理资源，有一个特质类的基线。因此，各种特质和特质类的特征都可能影响心理资本及其发展的潜力。而且，心理资本可能被各种情境因素所影响。Avey（2014）调查了心理资本的三大类前因变量：人口统计学变量（比如年龄、性别和任职年限）、个体差异（比如自尊和积极主动性人格）和情境因素（比如领导和工作设计）。他发现个体差异的证据最强，接着是领导力（比如真实性、道德和辱虐式管理），然后是工作特征（如任务复杂性），最后是年龄。虽然在 Avey 的这个研究里，性别和任期并不是心理资本的前因变量，但在另一个 Combs、Milosevic、Jeung 和 Griffith（2012）的研究里却发现，参与者的种族身份和其心理资本之间有着正相关关系。类似地，在 Avey、Avolio 和 Luthans（2011）的一个实验研究里，领导积极性（心理资本）的情境因素和问题复杂度被证明是下属心理资本的前因变量。Luthans、Norman、Avolio 和 Avey（2008）也发现支持性的组织氛围能够预测心理资本，而 Liu（2013）发现知觉到较多领导支持的人，有较高水平的心理资本。

心理资本研究通常把人口统计学变量、个体差异和情境因素作为控制变量。例如，Avey、Luthans 和 Youssef（2010）对年龄、性别、任期、年薪、工作层级、教育层级、两个大五人格特质维度（外向性和责任心）、核心自我评价、人－组织匹配和人－工作匹配进行了控制。在这些人口统计学、个体差异和情境变量之外，心理资本解释了大多数结果变量（组织公民行为、玩世不恭、离职意向和反生产行为）上的额外变异。类似地，Luthans、Avolio、Avey 和 Norman（2007）对年龄、教育程度、大五人格特质和核心自我评价进行了考察。他们发现只有外向性、责任心和核心自我评价与心理资本及其结果变量有关。

然而，控制人口统计学变量、个体差异和情境因素，与把它们作为前因变量加入一个整合的概念模型并不相同。控制变量通常被当作"普通猜想"来排除。虽然控制变量也应当有一个强的概念基础（Aguinis & Vandenberg, 2014），但是把某个特定变量描述成心理资本的一个前因变量，这表明这个变量与结果变量之间还没有一个系统的关系，但解释了结果变量中的一些变异，而且与心理资本有系统的相关，能够预测和解释心理资本。因此，通过潜在的机制，人口统计学变量、个体差异和情境变量影响（或者不能影响）心理资本，这些机制成了概念框架中的整合成分。例如，一般效能是核心自我评价的一个成分，很可能是更为状态类和领域特异性的心理资本效能成分的一个前因变量，因为一般性效能确立了特质基础和基线，这可以促进或者阻碍自我效能的意愿性发展。

  重要的是，对各种心理资本的前因变量和在这些变量与心理资本之间建立因果联系的机制进行概念化，也就把心理资本当作了这些前因变量和各种心理资本结果变量之间的中介因素。例如，有证据表明真实领导力是心理资本的一个前因变量（Avey，2014）。这意味着真实领导力和下属的态度、行为和绩效之间的关系，至少部分由心理资本所解释，也就是心理资本有助于解释这些关系。因此，有必要通过回答类似下列问题，为心理资本作为其前因变量和结果变量之间的中介机制构建理论基础：真实的领导如何增强其下属的效能、希望、乐观和韧性？他们如何充实其下属的自主性、动机、对于过去和现在环境的评估，以及知觉到的将来成功的机会？边界条件也需要重要对待，比如是否存在一个点在那时下属的心理资本成了领导的替代品或者中和物，如果存在，究竟是在何时以及在何种条件下。有可能在某些情境下会存在非线性关系，而且这种可能性会得到充分地理论化和实证考察。这也使得考察各种心理资本中介因素和调节因素的重要性浮出水面，我们将在下一步做出讨论。

心理资本的中介因素和调节因素

  不像心理资本的前因变量和结果变量，有关心理资本中介因素和调节因素的研究还正在出现。例如，Avey、Wernsing 和 Luthans（2008）发现积极情绪是心理资本和与组织变革有关的员工态度及行为之间的关系的中介。根据认知中介理论和情感事件理论，他们主张通过心理资本提升的认知评估可能先于对于变革的情绪反应。正如在第2章所讨论的一样，作为一种状态类的资源，心理资本可能影响诸如正性情绪这样更为直接而短暂"纯净"状态，这继而能够影响态度和行为。类似地，一些更为接近的结果变量可能是心理资本和更远的结果变量之间的关系的中介。比如，在企业家群体（Baron, Franklin & Hmieleski, 2004）和士兵群体（Schaubroeck, Riolli, Peng, & Spain, 2011）中，压力已经被证明是心理资本和幸福感之间的关系的中介。而且，在证明全球领导的心理资本会对下属的心理资本存在传递效应时，Story和同事（2013）发现领导–下属关系（也就是领导-成员交换）是这种传递影响的中介。

在群体水平的分析上，Clapp-Smith、Vogelgesang和Avey（2009）也发现对管理的信任是心理资本和财务绩效（销售增长）之间的关系的中介。他们如下解释这一关系："管理中的团队信任的共同法则创造了组织力，把共同目标（销售）从个人成就改变到了团队成功上"（p. 232）。换句话说，个体水平的心理资本可能促进个体朝着个体目标发展并实现个体目标，但在团队水平，这也能带来对管理的信任，从而促进追寻团队目标并获得成功。

我们也应当注意，到一定阶段，把联系心理资本及其结果变量的一些理论机制操作化为可测量的变量，从而能够作为中介因素加以检验，变得更有价值和更能提供信息。例如，如表10.1和图10.2所示，常常有人建立理论认为自主性是一种能够实现心理资本的结果的重要机制。然而，为了实证上检验这一想法，Paterson、Luthans和Jeung（2014）提议和测量了任务焦点和密切联系作为自主性工作行为的操作化定义，并且考察它们是否是心理资本和兴旺发展之间的中介因素。任务焦点被证明是一个中介因素而密切联系只被证明是心理资本的一个结果变量，但并不是心理资本和兴旺发展之间的中介因素。这些发现进一步阐明了当作为一种中介机制时，什么可以或者不可以构成自主性。

再谈到可能的调节因素，Avey 和同事（2011）的元分析表明，对于心理资本及其结果变量之间的关系，在美国所做的研究比其他国家的更强，在服务部门得到的比其他部门样本得到的更强。另外，前面所引的 Avey 和同事（2008）的研究中，其中积极情绪是心理资本和与组织变革有关的态度性、行为性结果变量之间的关系的中介，而心智觉知（增强的觉知）被发现调节了心理资本和积极情绪之间的关系，就是在更高的心智觉知水平上，心理资本在提升积极情绪上的好处更为显著。在另一个研究中，诺曼和同事（2010）发现参与者对于组织的认同调节了他们的心理资本和其组织公民及偏差行为的关系。换句话说，他们对组织越认同，则与组织公民行为的正相关关系更强，而与偏差行为的负相关关系更强。

在团队水平的分析上，转换型领导可以调节高层管理团队的心理资本和单位绩效之间的关系，比如转换型领导力水平高时，关系是显著的正相关，而转换型领导力水平低时，关系并不显著（Peterson & Zhang, 2011）。这一发现意味着转换型领导的存在可能对把团队水平的积极性优势物化为团队的单位绩效来说是必要的。除了领导力，一个行业的动态本质也可以调节企业家的心理资本和新组织绩效之间的关系，即在越动态的环境中，关系更强（Hmieleski & Carr, 2008）。

我们应当注意到很多心理资本的前因变量，常常被当作控制变量纳入心理资本模型，这应当从概念上严肃对待，并且将其作为可能调节心理资本和其前因变量或结果变量或上述两者的调节因素而得到实证上的检验。例如，Baron 和同事（2014）发现年龄调节了企业家群体中心理资本的减压作用，即年纪越大的企业家体验到心理资本和压力之间有更强的负相关。因此，把年龄仅仅是概念化为一个前因变量或者只是把它当作一个控制变量，并不能必然反映这个人口统计学变量在完整的心理资本理论框架中的全部贡献。

类似地，已经得到普遍证明，特质类的个体差异是许多状态和状态类资源的前因变量，这继而成为特质类的个体差异和多种结果变量之间的关系的中介（Chen, Gully, Whiteman, & Kilcullen, 2000）。然而，在个体内水平上，Ilies 和同事（2006）发现，特质类的个体差异能够在个体内横跨一段时间，调节状态和结果变量之间的关系。特别地，虽然在短暂的积极情感和组织公民行为之间存在着关联，有更高宜人性水平的员工会表现出更多跨时间稳定的组织公民行为模式。换句话说，与较不宜人的同事相比，他们的行为会更少依赖于更为短暂的积极情感。

这些发现表明，心理资本的好处可能超越了这些直接的中介效应。与其他个体和情境因素的交互可以解释有关绩效和其他所期待结果中的额外的、独特的变异量，为了对心理资本所能贡献的好处有一个更好的全面了解，这种交互作用需要得到解释。这些结果也指出了一些能够或多或少补偿心理资本好处的边界调节，这就有必要对更大范围的调节因素进行深思熟虑。正如我们接下来要讨论的，当心理资本被应用于跨水平分析时，这是特别重要的。

心理资本的跨水平分析

正如本书前面所指出的，心理资本已经被引用在团队（Clapp-Smith et al., 2009; Haar, Roche & Luthans, 2014; Peterson & Zhang, 2011）和组织层面（McKenny, Short & Payne, 2013; Mathe-Soulek, Scott-Halsell, Kim & Krawczyk, 2014; Memili, Welsh & Luthans, 2014）的分析中。而在社区层面（见 Positivity Matters-Lincoln 网站），甚至在国家层面（如 Bandura 在非洲国家通过电视节目增强效能的工作），通过发动积极性来开发心理资本也很有意义。为了给心理资本的研究和应用建造一个强的循证管理理论和实践，我们也强调构建一个引人注目的概念性案例和整合理论框架非常重要。而不能仅仅依赖于实证的、数据驱动的证据来拓展心理资本的边界。

把心理资本提升到个体层面的分析之外是可能的，这不仅因为至今为止的实证研究表明那个方向存在大有希望的结果，也因为跨水平的分析上存在"概念性同构"和"功能性同构"。概念性同构指的是这一构念的操作化和法则关系是否在不同层次的分析上有变化。功能性同构指的是更高水平的构念是否可以和低层的构念一样，预测相同的结果变量。McKenny 和同事（2013）证明，当心理资本被提升到较高的分析水平时，能够同时反映概念性和功能性同构。

例如，班杜拉（1997, p. 477）已经把集体效能定义为"一个团队对于自己具备整体能力，能够组织和做出产生既定成就水平所需要的行为过程的共同信念"。这个定义清晰地与个体水平的效能（见第 3 章）进行了概念性同构。而且，团队水平的元分析也支持了集体效能和绩效之间的关系（Gully, Incalcaterra, Joshi, & Beaubien, 2002; Stajkovic, Lee, & Nyberg, 2009），这支持了功能性同构。类似地，积极组织学术文献提供了实质的概念证据，而且在一些情况下新出现的实证证据也支持了希望、韧性和许多其他个体心理资源在组织层面的概念化和功能性的同构。这类"理论借用"是构成组织研究进展的一部分（Whetten, Felin, & King, 2009）。

Kozlowski 和 Klein（2000）的多层理论发展框架强调，提升到更高层面进行分析的可能性依赖于与此构念相关的一些重要的"什么、如何、何时、何地和为什么"（或者有时候更重要的是"为什么不"）的回答。运用到心理资本，"什么"和"何地"出现跨水平分析的心理资本被概念性和功能性同构所解释。同样地，个体表现出效能、希望、乐观和韧性，团队、组织和其他集体也能表现出这些特征并且能够通过提升绩效而从中获益。另一方面，"何时"和"为什么"的问题要求对于可能的中介和调节机制有一个深入的研究，因为这些可能在跨水平分析中发生变化。因此，回答"如何"这个问题要求走出组织研究中最普遍用到的简单的聚合模型。

Chan（1998）为把构念提升到更高的分析水平提供了五种可能的模型。

至今，只有三种模型已经被用于心理资本：（1）加法模型，更高水平的构念被操作化定义为低水平构念的总和或平均；（2）直接的一致性模型，更高水平的构念被操作化定义为低水平构念在团队内的一致性；以及（3）参照点转换模型，在评估组内一致性之前，对高水平构念进行操作化定义时，把低水平的参照点替换为高水平的参照点。另两个模型是（4）离差模型，其中变异性而不是组内的一致性成了焦点的构念并被操作化定义为更高水平的构念，以及（5）过程模型，其中强调变化性或者情节变化过程，以及这些过程得以在不同层面进行传递的机制。

离差模型和过程模型在心理资本的研究中非常有前景，因为他们强调心理资本的异质性和动态，这还不必然被其他三种模型所捕捉到。Kozlowski 和 Klein（2000）提出一个大范围的离差模型，比如"模式化出现"、"最小化或最大化出现"及其他。把模式化出现应用到心理资本上，一个团队可能展现出一种独特的心理资本集体剖面，这可能在简单的整合之外还能预测团队水平和个体水平的结果变量。类似地，在最小化或最大化出现时，团队的心理资本可能分别通过最弱或最强的联系而得到最佳反映。例如，传染理论可能意味着一些高度积极的个体可能拉动团队其他人的积极性水平。类似地，一堆关键的非常消极的个体可能对团队其他人是有毒害的。不幸的是，这些模型在概念化和应用到实证研究中是非常有挑战的。

最后，虽然个体水平的分析是诸如心理资本这样的心理资源的一个自然的研究起点，Kozlowski、Chao、Grand、Braun 和 Kuljanin（2013）强调，一个构念的多层建模应当考虑（1）自下而上的产生机制和（2）自上而下的情境影响过程。自下而上的产生机制从低的分析水平入手，并把构念提升到一个较高的水平。这已经是心理资本研究至今的进展方向，尽管微观基础文献（Barney & Felin, 2013; Devinney, 2013）支持个体内水平是一个更妥当的起始点。另一方面，在自上而下的机制中，较低水平的构念和现象被较高水平的情境因素所塑造、促进和局限。为了丰富而全面地理解心理资本如何运作、如何发展以及可以如何被利用在各种水平上产生最佳功能，上述两个方面都是必要的。

心理资本研究和实践的将来意义和方向

当我们结束本书时，我们为那些有兴趣把心理资本整合到其将来研究日程，或者将心理资本带到对人力资源管理和开发更有效的实践中去的人，提供一些最后的观察和建议。

不像大多数创新的例子，其中较早的适应者必须承担高风险，忍受可能的失败或消极回报（至少是短期的），正如此书所介绍的，我们已经展现，心理资本有独特的潜力成为一种低风险、低成本、高回报的投资。

我们的希望是，本书可以激励进一步的研究和应用来提炼我们对于心理资本的理解，并改善其发展过程的效能。而且，从对于一般定量研究特别是有用性分析的最近批评来看，我们鼓励使用经典的研究设计，但我们并不希望简单放弃不显著或未预期的实证结果，在缺乏进一步调研的基础上将其看作"误差"。例如，元分析的发现已经提升了我们对心理资本－结果变量之间的可能调节因素的认识（Avey et al., 2011）。

更大范围的定量和定性研究方法和对于结果的三角测量，能够进一步支持和帮助拓展心理资本研究。例如，分层线性模型能够把心理资本提高到更高的分析水平上，而潜在成长模型能够增加我们对心理资本跨时间的动态轨迹的认识。在团队和更大的集体比如组织中观察心理资本的增长，也会成为将来研究议程的一个重要部分。

许多其他可能的心理资源，比如那些在第7和8章中所提到过的，应当实证考察它们与心理资本的汇聚程度，因而拓展和丰富心理资本这一构念。

当我们顺游而下时，一个最大的挑战是把心理资本在工作中的增长与真实领导发展过程联系起来。我们预期真实领导力发展会促进心理资本的增长，而反之亦然。随着时间的推移，验证个体如何能够对其他人的成长起作用，这将成为一个重要的研究议题。

我们仅仅开始抓住心理资本如何在其他文化中发展和影响绩效的本质是什么这些问题的表面。我们想象在把心理资本应用到各种不同的文化背景时，会有更多大量的跨文化工作需要去完成。

最后，从本书开篇以及在这章，我们鼓励你继续保持与"大局观"相一致的视角，我们强调，哪怕随着更多心理资本理论构建和研究的出现，在一般人类行为，特别是心理资本方面的研究上，保持一种宽泛的、跨专业的视角是非常重要的。当整合生活不同领域的研究时，可能出现各种各样的协同效应。知识传授不仅来自积极心理学、积极组织学术研究和积极组织行为，而且来自教育、临床心理学、运动、健康保健等工作里的社会情境，从中可以学到很多东西，而学到的东西又能影响知识的传授。一个更广阔的视角也能够促进跨文化维度的整合，而理解跨文化维度对于当今全球环境下的竞争性和积极合作是至关重要的。随着（我们的）第一本书开启了心理资本的历程，我们希望你认同这本书把心理资本推向前进，而在这一无尽的旅程中，本章已经为之指出了正确的方向。

参考文献

Aguinis, H., & Vandenberg, R. J. (2014). Anounce of prevention is worth a pound of cure: Improving research quality before data collection. *Annual Review of Organizational Psychology and Organizational Behavior, 1,* 569-595.

Avey, J. B. (2014). The left side of psychological capital: New evidence on the antecedents of PsyCap. *Journal of Leadership and Organizational Studies, 21,* 141-149.

Avey, J. B., Avolio, B. J., & Luthans, F. (2011). Experimentally analyzing the impact of leader positivity on follower positivity and performance. *Leadership Quarterly, 22,* 282-294.

Avey, J. B., Luthans, F., & Jensen, S. (2009). Psychological capital: A positive resource for combating stress and turnover. *Human Resource Management, 48,* 677-693.

Avey, J. B., Luthans, F., Smith, R. M., & Palmer, N. F. (2010). Impact of positive psychological capital on employee well-being over time. *Journal of Occupational Health Psychology, 15,* 17-28.

Avey, J. B., Luthans, F., & Youssef, C. M. (2010). The additive value of positive psychological capital in predicting work attitudes and behaviors. *Journal of Management, 36,* 430-452.

Avey, J. B., Reichard, R. J., Luthans, F., & Mhatre, K. H. (2011). Meta-analysis of the impact of positive psychological capital on employee attitudes, behaviors, and performance. *Human Resource Development Quarterly, 22,* 127-152.

Avey, J. B., Wernsing, T. S., & Luthans, F. (2008). Can positive employees help positive organizational change? *Journal of Applied Behavioral Science, 44,* 48-70.

Avolio, B. J. (2011). *Full range leadership development.* Thousand Oaks, CA: Sage.

Avolio, B. J. & Luthans, F. (2006). *The high impact leader: Moments matter in accelerating authentic leadership development.* New York, NY: Mc-Graw-Hill.

Avolio, B. J., & Gardner, W. L. (2005). Authentic leadership development: Getting to the root of positive forms of leadership. *Leadership Quarterly, 16,* 315-338.

Bakker, A. B., & Oerlemans, W. G. M. (2012). Subjective well-being in organizations. In K. Cameron & G. M. Spreitzer (Eds.), *Oxford handbook of positive organizational scholarship* (pp. 178-189). New York, NY: Oxford University Press.

Bandura, A. (1997). *Self-efficacy: The exercise of control.* New York, NY: Freeman.

Bandura, A. (2001). Social cognitive theory: An agentic perspective. *Annual Review of Psychology, 52,* 1-26.

Bandura, A. (2008). An agentic perspective on positive psychology. In S. J. Lopez (Ed.), *Positive psychology: Exploring the best in people* (pp. 167-196). Westport, CT: Greenwood.

Bandura, A. (2012). On the functional properties of perceived self-efficacy revisited. *Journal of Management, 38,* 9-44.

Baron, R. A., Franklin, R. J., & Hmieleski, K. M. (2014). Why entrepreneurs often experience low, not high levels of stress: The joint effects of selection and psychological capital. *Journal of Management.* doi:10.1177/0149206313495411.

Barney, J., & Felin, T. (2013). What are microfoundations? *Academy of Management Perspectives, 27,* 138-155.

Baumeister, R. F., Bratslavsky, E., Finkenauer, C., & Vohs, K. D. (2001). Bad is stronger than good. *Review of General Psychology, 5,* 323-370.

Cameron, K. S. (2008). Paradox in positive organizational change. *Journal of Applied Behavioral Science, 44*, 7-24.

Cascio, W. F., & Boudreau, J. W. (2011). *Investing in people: Financial impact of human resource initiatives* (2nd ed.). Upper Saddle River, NJ: Pearson Education.

Caza, A., Bagozzi, R. P., Woolley, L., Levy, L., & Caza, B. B. (2010). Psychological capital and authentic leadership: Measurement structure, gender comparison, and cultural extension. *Asia Pacific Journal of Business Administration, 2,* 53-70.

Chan, D. (1998). Functional relations among constructs in the same content domain at different levels of analysis: A typology of composition models. *Journal of Applied Psychology, 83,* 234-246.

Chen, G., Gully, S. M., Whiteman, J. A., & Kilcullen, R. N. (2000). Examination of relationships among trait-like individual differences, state-like individual differences, and learning performance. *Journal of Applied Psychology, 85,* 835-847.

Clapp-Smith, R., Vogelgesang, G. R., & Avey, J. B. (2009). Authentic leadership and positive psychological capital: The mediating role of trust at the group level of analysis. *Organizational Studies, 15,* 227-240.

Combs, G. M., Milosevic, I., Jeung, W., & Griffith, J. (2012). Ethnic identity and job attribute preferences: The role of collectivism and psychological capital. *Journal of Leadership and Organizational Studies, 19,* 5-16.

Davidson, R. (2012). *The emotional life of your brain.* New York, NY: Hudson/Penguin.

Demerouti, E. (2012). The spillover and crossover of resources among partners: The role of work-self and family-self facilitation. *Journal of Occupational Health Psychology, 17,* 184-195.

Devinney, T. M. (2013). Is microfoundational thinking critical to management thought and practice? *Academy of Management Perspectives, 27,* 81-84.

Diener, E. (2000). Subjective well-being: The science of happiness and a proposal for a national index. *American Psychologist, 55,* 34-43.

Diener, E., & Biswas-Diener, R. (2008). *Happiness: Unlocking the mysteries of psychological wealth.* Malden, MA: Blackwell.

Diener, E., & Fujita, F. (1995). Resource, personal striving, and subjective well-being: A monothetic and idiographic approach. *Journal of Personality and Social Psychology, 68,* 926-935.

Diener, E., Napa-Scollon, C. K., Oishi, S., Dzokoto, V., & Suh, E. M. (2000). Positivity and the construction of life satisfaction judgments: Global happiness is not the sum of its *pans. Journal of Happiness Studies, 1,* 159-176.

Diener, E., Oishi, S., & Lucas, R. E. (2009). Subjective well-being: The science of happiness and life satisafation. In S. Lopez & C. R. Snyder (Eds.), *Oxford handbook of positive psychology* (2nd ed., pp.187-194). New York, NY: Oxford University Press.

Diener, E., Suh, E. M., Lucas, R. E., & Smith, H. L. (1999). Subjective well-being: Three decades of progress. *Psychological Bulletin, 125,* 276-302.

Dutton, J. E., & Ragins, B. R. (Eds.). (2006). Exploring positive relationships at work: Buildinga theoreticalandresearch foundation. London, UK: Psychology Press.

Emmons, R. A. (1992). Abstract versus concrete goals: Personal striving level, physical illness, and psychological well-being. *Journal of Personality and Social Psychology, 62,* 292-300.

Folkman, S. (1997). Positive psychological states and coping with severe stress. *Social Science and Medicine, 45,* 1207-1221.

Fordyce, M. W. (1988). A review of research on the happiness measures: A sixty second index of happiness and health. *Social Indicators Research, 20,* 355-381.

Fredrickson, B. L. (2003). Positive emotions and upward spirals in organizations. In K. S. Cameron, J. E. Dutton, & R. E. Quinn (*Eds.*), *Positive organizational scholarship* (pp. 63-175). San Francisco, CA: Berrett-Koehler.

Fredrickson, B. L. (2009). *Positivity.* New York, NY: Crown/ Random House.

Gardner, W. L., Cogliser, C. C., Davis, K. M., & Dickens, M. P. (2011). Authentic leadership: A review of the literature and research agenda. *Leadership Quarterly, 22,* 1120-1145.

Giallonardo, L. M., Wong, C. A., & Iwasiw, C. L. (2010). Authentic leadership of preceptors: Predictor of new graduate nurses' work engagement and job satisfaction. *Journal of Nursing Management, 18,* 993-1003.

Greenhaus, J. H., & Powell, G. N. (2006). When work and families are allies: A theory of work-family enrichment. *Academy of Management Review, 31,* 72-92.

Gully, S. M., Incalcaterra, K. A., Joshi, A., & Beaubien, J. M. (2002). A meta-analysis of team-efEcacy, potency, and performance: Interdependence and level of analysis as moderators of observed relationships. *Journal of Applied Psychology, 87,* 819-832.

Haar, J. M., Roche, M. A., & Luthans, F. (August 1-5,2014). *Do leaders' psychological capital and engagement influence follower teams or vice-versa?* Paper presented at Academy of Management Conference, Philadelphia, PA.

Hannah, S. T., Walumbwa, F. O., & Fry, J. (2011). Leadership in action teams: Team leader and members' authenticity, authenticity strength, and performance outcomes. *Personnel Psychology, 64,* 771-801.

Hmieleski, K. M., & Carr, J. C. (2008). The relationship between entrepreneur psychological capital and new venture performance. *Frontiers of Entrepreneurship Research*. Babson Park, MA: Babson College.

Hmieleski, K. M., Cole, M. S., & Baron, R. A. (2012). Shared authentic leadership and new venture performance. *Journal of Management, 38,* 1476-1499.

Ilies, R., Scott, B. A., & Judge, T. A. (2006). The interactive effects of personal traits and experienced states on intraindividual patterns of citizenship behavior. *Academy of Management Journal, 49,* 561-575.

Jensen, S. M., & Luthans, F. (2006). Entrepreneurs as authentic leaders: Impact on employees' attitudes. *Leadership and Organization Development Journal, 27,* 646-666.

Judge, T. A., Thoresen, C. J., Bono, J. E., & Patton, G. K. (2001). The job satisfaction-job performance relationship: A qualitative and quantitative review. *Psychological Bulletin, 127,376-407.*

Judge, T. A., & Watanabe, S. (1993). Another look at the job-satisfaction-life satisfaction relationship. *Journal of Applied Psychology, 78,* 939-948.

Kahneman, D. (2011). *Thinking fast and slow.* New York, NY: Farrar, Straus and Giroux.

Keyes, C., & Magyar-Moe, J. (2003). The measurement and utility of adult subjective well-being. In S. Lopez & C. R. Snyder (Eds.), *Positive psychological assessment: A handbook of models and measures* (pp. 411-425). Washington, DC: American Psychological Association.

Kim-Prieto, C., Diener, E., Tamir, M., Scollon, C. N., & Diener, M. (2005). Integrating the diverse definitions of happiness: A time-sequential framework of subjective well-being. *Journal of Happiness Studies, 6,* 261-300.

Kozlowski, S. W. J., Chao, G. T., Grand, J. A., Braun, M. T., & Kuljanin, G. (2013). Advancing multilevel research design: Capturing the dynamics of emergence. *Organizational Research Methods, 16,* 581-615.

Kozlowski, S. W. J., & Klein, K. J. (2000). A multilevel approach to theory and research in organizations: Contextual, temporal, and emergent processes. In K. J. Klein & S. W. J. Kozlowski (Eds.), *Multilevel theory, research and methods in organizations: Foundations, extensions, and new directions* (pp. 3-90). San Francisco, CA:Jossey-Bass.

Liu, Y. (2013). Moderating effect of positive psychological capital in Taiwan's life insurance industry. *Social Behavior and Personality, 41,* 109-112.

Luthans, F., & Avolio, B. J. (2003). Authentic leadership development. In K. S. Cameron, J. E. Dutton, & R. E. Quinn (Eds.), *Positive organizational scholarship* (pp. 241-258). San Francisco. CA: Berrett-Koehler.

Luthans, F., Avolio, B. J., Avey, J. B., & Norman, S. M. (2007). Psychological capital: Measurement and relationship with performance and satisfaction. *Personnel Psychology,*

60, 541-572.

Luthans, F., Norman, S. M., Avolio, B. J., & Avey, J. B. (2008). The mediating role of psychological capital in the supportive organizational climate-employee performance relationship. *Journal of Organizational Behavior, 29,* 219-238.

Luthans, F., Youssef, C. M., & Rawski, S. L. (2011). A tale of two paradigms: The impact of psychological capital and reinforcing feedback on problem solving and innovation. *Journal of Organizational Behavior Management, 31,* 333-350.

Luthans, F., Youssef, C. M., Sweetman, D., & Harms, P. (2013). Meeting the leadership challenge of employee well-being through relationship PsyCap and health PsyCap. *Journal of Leadership and Organizational Studies, 20,* 114-129.

Lyubomirsky, S. (2001). Why are some people happier than others? The role of cognitive and motivational processes in well-being. *American Psychologist, 56,* 239-249.

Lyubomirsky, S., King, L., & Diener, E. (2005). The benefits of frequent positive affect: Does happiness lead to success? *Psychological Bulletin, 131,* 803-855.

Mathe-Soulek, K., Scott-Halsell, S., Kim, S., & Krawczyk, M. (2014). Psychological capital in the quick service restaurant industry: A study of unit level performance. *Journal of Hospitality and Tourism Research,* doi: 10.1177/10963348014550923.

McKenny, A. F., Short, J. C., & Payne, T. (2013). Using computer-aided text analysis to elevate constructs: An illustration using psychological capital. *Organizational Research Methods, 16,* 152-184.

McNall, L. A., Nicklin, J. M., & Masuda, A. D. (2010). A meta-analytic review of the consequences associated with work-family enrichment. *Journal of Business and Psychology, 25,* 381-396.

Memili, E., Welsh, D., & Luthans, F. (2014). Going beyond research on goal setting: A proposed role for organizational psychological capital of family firms. *Entrepreneurhsip Theory and Practice, 37,* 1289-1296.

Moriano, J. A., Molero, F., & Mangin, J. P. L. (2011). Authentic leadership: Concept and validation of the ALQ in Spain. *Psicothema, 23,* 336-341.

Newman, A., Ucbasaran, D., Zhu, F., & Hirst, G. (2014). Psychological capital: A review and synthesis. *Journal of Organizational Behavior, 35,* S120-S138.

Norman, S. M., Avey, J. B., Nimnicht, J. L., & Graber-Pigeon, N. P. (2010). The interactive effects of psychological capital and organizational identity on employee citizenship and deviance *behaviors. Journal of Leader ship and Organizational Studies, 17,* 380-391.

Paterson, T. A., Luthans, F., & Jeung, W. (2014). Thriving at work: Impact of psychological capital and supervisor support. *Journal of Organizational Behavior, 35,* 434-446.

Peterson, S. J., Luthans, F., Avolio, B. J., Walumbwa, F. O., & Zhang, Z. (2011). Psychological capital and employee performance: A latent growth modeling approach. *Personnel Psychology, 64,* 427-450.

Peterson, S. J., & Zhang, Z. (2011). Examining the relationships between top management team psychological characteristics, transformational leadership, and business unit performance. In M. A. Carpenter (Ed.), *Handbook of top management research* (pp. 127-149). New York, NY: Edward Elgar.

Pluess, M., & Belsky, J. (2013). Vantage sensitivity: Individual differences in response to positive experiences. *Psychological Bulletin, 139,* 901-916.

Roche, M., Haar, J., & Luthans, F. (2014). The role of mindfulness and psychological capital on the well-being of leaders. *Journal of Occupational Health Psychology,* in press.

Ryff, C. D., & Singer, B. (2003). The role of emotion on pathways to positive health. In R. J. Davidson, K. R., Scherer, & H. H. Goldsmith (Eds.), *Handbook of affective sciences.* New York, NY: Oxford University Press.

Salanova, M., Bakker, A. B., & Llorens, S. (2006). Flow at work: Evidence for an upward spiral of personal and organizational resources. *Journal of Happiness Studies, 7,* 1-22.

Schaubroeck, J., Riolli, L., Peng, A. C., & Spain, E. (2011). Positive psychological traits, appraisal and well-being among soldiers deployed in combat: Individual resilience to different levels of traumatic exposure. *Journal of Occupational Health Psychology, 16,* 18-37.

Sheldon, K. M., Boehm, J., & Lyubomirsky, S. (2013). Variety is the spice of happiness: The hedonic adaptation prevention model. In S. A. David, I. Boniwell, & A. C. Ayers (Eds.), *Oxford handbook of happiness* (pp. 901-914). New York, NY: Oxford University Press.

Stajkovic, A. D., Lee, D., & Nyberg, A. (2009). Collective efficacy, group potency, and group performance: Meta-analysis of their relationships, and test of a mediation model. *Journal of Applied Psychology, 94,* 814-828.

Toor, S-R., Ofori, G., & Arain, F. M. (2007). Authentic leadership style and its implications in project management. *Business Review,* 2, 31-55.

Walter, F., & Bruch, H. (2008). The positive group affect spiral: A dynamic model of the emergence of positive affective similarity in work groups. *Journal of Organizational Behavior, 29,* 239-261.

Walumbwa, F. O., Hartnell, A. L., Aryee, S., & Christensen, C. A. (August, 2011). *Fostering creativity in work groups: Authentic leadership, communication climate, and knowledge sharing.* Paper presented at the Academy of Management Annual Meetings, San Antonio, TX.

Wang, H., Sui, Y., Luthans, F., Wang, D., & Wu, Y. (2014). Impact of authentic leadership on performance: Role of followers positive psychological capital and relational processes. *Journal of Organizational Behavior, 35,* 5-21.

Whetten, D., Felin, T., & King, B. (2009). The practice of theory borrowing in organization studies. *Journal of Management, 35,* 537-563.

Wong, C. A., & Cummings, G. G. (2009). The influence of authentic leadership behaviors on trust and work outcomes of health care staff. *Journal of Leadership Studies, 3,* 6-23.

Wong, C. A., Laschnger, H. K. S., & Cummings, G. G. (2010). Authentic leadership and nurses' voice behavior and perceptions of care quality. *Journal of Nursing Management, 18,* 889-900.

Wright, T. A., & Cropanzano, R. (2004). The role of psychological well-being in job performance: A fresh look at an age-old quest. *Organizational Dynamics, 33,* 338-351.

Wright, T. A., & Hobfoll, S. E. (2004). Commitment, psychological well-being and job performance: An examination of conservation of resources (COR) theory and job burnout. *Journal of Business and Management, 9,* 389-406.

Youssef, C. M., & Luthans, F. (2010). An integrated model of psychological capital in the workplace. In A. Linley, S. Harrington, & N. Garcea (Eds.), *Oxford handbook of positive psychology and work* (pp. 277-288). New York, NY: Oxford University Press.

Youssef, C.M., & Luthans, F. (2013). Developingpsychological capital in organizations: Cognitive, affective, conative, and social contributions of happiness. In S. A. David, I. Boniwell, & A. C. Ayers (Eds.), *Oxford handbook of happiness* (pp. 751-766). New York, NY: Oxford University Press.

Youssef-Morgan, C. M., & Luthans, F. (2013). Psychological capital theory: Toward a positive holistic model. In A. Bakker (Ed.), *Advances in positive organizational psychology* (pp. 145-166). Bingley, UK: Emerald.